דת ודין

דיני ישראל ומנהגיו לכל ימות השנה

נערך בשפה קלה וקצרה ע״פ הפוסקים
הראשונים והאחרונים ובפרט מספרי

חיי אדם וקצור שלחן ערוך

בארבעה חלקים.

חלק שלישי

יכיל בקרבו קדושת שבת, הכנת שבת, המפליג בספינה, הדלקת הנרות,
דיני התפלה בשבת וביו״ט, מוקצה, עניני חול האסורים בשבת, חולה
בשבת, יולדת בשבת, עירובי חצירות, מלאכות האסרות בשבת וביו״ט,
מוצאי שבת, ראש חדש, חדש ניסן, כל דיני מצות, בדיקת חמץ, ערב
פסח, ליל פסח, ספירה, תענית ציבור, תשעה באב, ראש השנה, יום
הכיפורים, סוכות, חנוכה, פורים.

לונדון
P. VALLENTINE & SON'S (Succrs.) 9, Commercial St., London, E.
תרע״ח

LAWS AND CUSTOMS
OF ISRAEL

COMPILED FROM THE CODES

CHAYYÊ ADAM חיי אדם

AND

KIZZUR SHULCHAN 'ARUKH קיצור שלחן ערוך

IN FOUR PARTS

PART III.

Laws concerning the holiness of Sabbath, the preparation for the Sabbath, one who embarks (on the Friday), the kindling of the Sabbath lights, Service on Sabbath and Holydays. Rules concerning Mukzeh (things not intended for use), week-day matters prohibited on Sabbath. Laws concerning an invalid on Sabbath, a woman in confinement on Sabbath, the 'Erub with reference to buildings with a common court, work forbidden on Sabbath and Holydays, the termination of Sabbath. Laws concerning New Moon, the month of Nisan, Matzos (unleavened bread), search for leaven, the Eve of Passover, the Passover Night, Counting the 'Omer, Public Fasts, the Ninth of Ab, New Year, the Day of Atonement, Tabernacles, Chanukah and Purim.

REVISED AND EDITED BY

בן ישראל

LONDON:
P. VALLENTINE AND SON'S (SUCCESSORS)
9, COMMERCIAL STREET, LONDON, E.
1916.

תוכן הענינים:

CONTENTS OF VOL. III.

דת ודין.

חלק שלישי.

גודל קדושת שבת והמחללה הרי הוא כמו עכו"ם ודיני הכנת שבת.

א. "שבת קודש", היא האות גדול והברית שנתן לנו הקב"ה לדעת, כי בששת ימי עשה ה' את השמים ואת הארץ וכל אשר בהם, ושבת ביום השביעי והוא יסוד האמונה, ששקולה שבת בכל המצות. כל המשמר את השבת כהלכתה, כאלו מקיים כל התורה כולה, וכל המחלל את השבת כאלו כפר בכל התורה כולה

ב. כל המחלל את השבת בפרהסיא הרי הוא כעובד כוכבים לכל דבריו. ופרהסיא הוי בפני עשרה מישראל, ולאו דוקא שעושה בפניהם ממש, אלא שיודעין בהעבירה.

ג. לפיכך משבח הנביא ואומר, "אשרי אנוש יעשה זאת, ובן אדם יחזיק בה שומר שבת מחללו" וגו' וכל השומר את השבת כהלכתה, ומכבדו ומענגו כפי כחו, ג"כ מפורש ע"פ הנביא שכרו גם בעוה"ז, חוץ מן השכר הרב הצפון לעולם הבא, שנאמר, "אם תשיב משבת רגלך, עשות חפציך ביום קדשי, וקראת לשבת עונג, לקדוש ה' מכובד, וכבדתו מעשות דרכיך ממצוא חפצך ודבר דבר, אז תתענג על ה', והרכבתיך על במתי ארץ והאכלתיך נחלת יעקב אביך כי פי ה' דבר".

ד. כתיב "זכור את יום השבת לקדשו", פי' שיזכור בכל יום ויום את יום השבת לקדשו, שאם נזדמן לו דבר מאכל חשוב שאינו שכיח

רל"ח

THE
LAWS & CUSTOMS
OF ISRAEL.

VOL· 3.

THE IMPORTANCE OF THE HOLINESS OF THE SABBATH AND ITS DESECRATION ALSO THE LAWS OF PREPARATIONS FOR SABBATH.

1, The holy Sabbath is the great sign and covenant that the Most Holy, blessed be His name, has given us to know "that in six days God made the heavens and the earth and all that is in them and rested on the seventh day," and that is the foundation of the Faith, for Sabbath is equal to all other commandments. Observing all the laws of Sabbath is like fulfilling the whole of the Torah, whilst desecrating the Sabbath is like the denial of the Torah in its entirety.

2. Violation of the Sabbath publicly is regarded as the serving of strange gods. Publicity is constituted through the mere knowledge by ten Jews of the desecration without their actually seeing same.

3. Hence the praise of the prophet: "Blessed is the man that doeth this and the son of man that holdeth fast by it : that keepeth the Sabbath from profaning it," etc. One observing the Sabbath according to its laws, honouring it to his utmost ability, is rewarded in this world besides the great reward in store for him in the world to come, as this too is set forth by the prophet: "If thou restrain thy foot for the sake of Sabbath, not doing thy business on My holy day : and if thou call the Sabbath a delight, the holy day of the Lord, honourable : and honour it by not doing thy usual pursuits, by not following thy own business, and speaking (vain) words. Then shalt though find delight in the Lord; and I will cause thee to tread upon the high places of the earth, and I will cause thee to enjoy the inheritance of Jacob thy father; for the mouth of the Lord hath spoken it."

4. It is written : " Remember the Sabbath-day to keep it holy," which means remembering daily the Sabbath day to keep it holy, thus on coming across a delicious viand of a rare kind, and which is not liable

בכל יום, והוא דבר שאינו מתקלקל, יקנהו לכבוד שבת, וטוב יותר לקנות בערב שבת לכבוד שבת מלקנות ביום ה'. אך דבר שצריך הכנה, יקנה ביום ה'. ועל כל דבר שהוא קונה, יאמר לכבוד שבת. מתקנת עזרא שיהיו מכבסין הבגדים בחמישי בשבת לכבוד שבת, ולא בע"ש, מפני שבערב שבת צריך להתעסק בצרכי שבת.

ה. מצוה על כל אדם, שאע"פ שיש לו כמה משרתים, מ"מ יעשה גם הוא בעצמו איזה דבר לכבוד שבת, כדי לכבדו, כדמצינו באמוראים. רב חסדא היה מחתך את הירק דק דק, ורבה ורב יוסף היו מבקעים עצים, ור' זירא היה מדליק את האש, ורב נחמן היה מתקן את הבית, ומכנים כלים הצריכים לשבת, ומפנה כלי החול. ומהם ילמוד כל אדם, ולא יאמר לא אפגום בכבודי, כי זהו כבודי, שהוא מכבד את השבת.

ו. המנהג בכל ישראל לאפות בבתיהם לחמים לכבוד שבת, כדי שתקיים האשה מצות הפרשת חלה. ועושין שלש לחמים, גדול, ובינוני, וקטן. הבינוני לסעודה הלילה, והגדול לסעודת היום, להראות כי כבוד היום עדיף, והקטן לסעודה שלישית.

ז. יכין בשר ודגים יפים ומטעמים ויין משובח כפי יכלתו כי מצוה לאכול בכל סעודה מסעודת שבת „דגים" אם אינם מזיקים לו. אבל אם מזיקין לו, או שאינם ערבים לו לא יאכלם, כי השבת לעונג ניתן, ולא לצער. וישחיז את הסכין שזהו ג"כ מכבוד השבת ויתקן את הבית ויציע את המטות ויפרום מפה על השלחן ותהא פרוסה כל יום השבת. וישמח בביאת השבת. ויחשוב בדעתו אלו היה מצפה שיבוא אליו איזה אדם יקר וחשוב איך היה מתקן את הבית לכבודו. ומכ"ש לכבוד שבת מלכתא.

ח. אפי' עני שבישראל יזדרז ויתאמץ לענג את השבת. ויצמצם בכל השבוע, כדי שיהיה לו מעות לכבוד שבת. ואם אין לו מעות, ילוה
רלט

to be spoilt through keeping, it should be purchased in honour of the Sabbath. It is however preferable to make the purchases in honour of the Sabbath on the eve of Sabbath rather than on Thursday. But articles requiring preparation should be procured on Thursday. Expression should be given while purchasing that it is in honour of the Sabbath. In accordance to the by-laws of Ezra, the clothes should be washed on Thursday in honour of the Sabbath but not on the Sabbath eve as on that day due attention is needed to the requirements of the Sabbath.

5. It is mandatory upon all, even upon one having numerous domestics, to do something in honour of the Sabbath thereby doing homage unto it, as it was the habit of the Rabbis. Rabbi Chisdo, for instance, used to cut the vegetables very thin. Ruboh and Rabbie Josie used to chop wood. Rabbi Ziro was in the habit of lighting the fire. Rabbi Nachmon put the house in order, bringing all the utensils needed for disposing of [the things used during the week. Others should emulate their example and not regard it undignified, for it is indeed an honour to honour the Sabbath.

6. It is a general custom throughout Israel to bake in their houses loaves in honour of the Sabbath, in order that the woman may be enabled to perform the precept requiring her to separate the dough-cake. Three loaves should be baked, a large loaf, a medium sized one, and a small one; the medium sized one for the evening feast, the large one for the feast in the day-time to show that the Sabbath is entitled to greater honour, the small loaf is left for the third meal.

7. One should prepare choice meat, fish, dessert and good wines, in accordance with his means, for it is desirable to eat fish at every Sabbath meal provided it agrees with him and they are eatable, but not otherwise, for the Sabbath is given us for pleasure and not for sorrow; the [cutlery also in the house should be sharpened and polished in honour of the Sabbath and fresh coverings put on the beds; one should also prepare handsome utensils, and have the household furniture nicely arranged, and the table should be covered with a cloth, which should remain upon the table the entire Sabbath day. He should rejoice with the coming in of the Sabbath, and reflect how the expectation of receiving a distinguished guest would make him active in setting his house in order, how much more so then in honour of Queen Sabbath.

8. Even the poorest of Israel should endeavour with all his might and main to take delight in the Sabbath, he should economise the entire week in order to have sufficient funds wherewith to honour the Sabbath, and if one has no money he should borrow it even upon

אפי' על משבנות לצרכי שבת ועל זה אמרו רז"ל בני לוה עלי ואני
פורע, וכל מזונותיו של אדם קצובים לו מר"ה, חוץ מהוצאות שבת
ויו"ט, שאם מוסיף מוסיפין לו. ואם השעה דחוקה לו ביותר ע"ז אמרו
רז"ל "עשה שבתך חול ואל תצטרך לבריות". ומ"מ אם אפשר לו, יראה
על כ"פ לעשות לכבוד שבת איזה דבר מועט, כגון דגים קטנים וכדומה.
מי ששלחו לו איזה דבר לאכלו בשבת, יש לו לאכלו בשבת ולא
להשאירו לחול.

ט. אין לעשות מלאכה בדרך קבע בע"ש ממנחה קטנה ולמעלה
אבל בדרך ערעי, מותר, ולצורך שבת, גם אח"כ מותר, ומי שהוא עני
ורוצה להשתכר לצורך שבת, מותר לו כל היום, כמו בחול המועד.
לספר את ישראל מותר כל היום אפי' מעשה אומן אפי' בשכר מפני
שהתספורת ניכר שנעשה עכשיו בשביל השבת. יש להסגיר את החניות
שעה אחת לפני השבת.

י. מט' שעות זמניות ולמעלה מצוה למנוע מלקבוע סעודה אפי'
מה שהוא רגיל בחול, וסעודה שאינו רגיל בה בחול אפילו הוא סעודת
מצוה אם יהיה אפשר לעשותה ביום אחר, אסור לעשותה בערב שבת
כל היום אפילו בבקר. אך סעודת מצוה שזמנה קבוע היום, כגון „מילה",
„ופדיון הבן", וכדומה, מותר. ומ"מ נכון להקדימה בבוקר ולא ירבה בת
ומכ"ש שלא לאכול אכילה גסה, כדי שיאכלו סעודת שבת לתיאבון.

יא. חייב כל אדם להשלים פרשיותיו עם הצבור דהיינו שיקרא
בכל שבוע פרשת השבוע שנים מקרא ואחד תרגום. ומצוה מן המובחר
הוא לקרותה בע"ש אחר חצות היום ויש לקרות כל פ' דהיינו פתוחה,
או סתומה, ב"פ, ואח"כ התרגום עליה ואפילו הפרשה מסיימת באמצע
פסוק יפסיק שם. ובגמר, יש לומר אחר התרגום פסוק אחד בתורה. כדי
לסיים בתורה. וטוב שלא יפסיק בשיחה בין הקריאה, ונוהגין לקרות גם
ההפטרה. ויש נוהגין עוד לומר אח"כ שיר השירים, ומי שהוא בדרך,
ואין לו רק חומש בלי תרגום יקרא ב"פ מקרא וכשיבא למקום שיהיה לו

a pledge in order to provide for the Sabbath ; of such a one did our Rabbis, of blessed memory, say, " My children borrow for my sake and I will repay" (sayeth the Lord) All that a man disburses for his subsistence is determined and decreed upon the New Year, with the exception of his outlays for Sabbaths and Holidays, for which days, if he increases his outlays, there is a corresponding increase in his income, if, however, one is in needy circumstances, he should be guided by the maxim of our Rabbis, of blessed memory, " Make thy Sabbath as a week-day (not to spend any more for that day) and do not require the aid of the community," nevertheless, if at all possible, he should do some little thing, distinctive for the Sabbath, procure small fishes and such like. One to whom an edible was sent with the express object of having him partake thereof on Sabbath, should eat it on Sabbath and not leave it for a week-day.

9.　No work of a fixed character should be pursued on the eve of Sabbath from about 2½ hours before nightfall, but work of a desultory nature is permissible. It is equally permissible when it is required for the Sabbath. When the person is poor and desires to gain sufficient for the requirements of the Sabbath, for him work is permissible all the day as on the Intermediate days of Festivals. Hair-cutting for Israelites is also permissible all day, even in the manner of an artisan, and even for pay, inasmuch as it is obvious that the hair-cutting done then, is for the sake of the Sabbath. It is customary to close shops an hour before Sabbath is due.

10.　As soon as a quarter of the day preceding night-fall has arrived, it becomes mandatory to abstain from making a regular feast, even according to one's custom on a week-day, or even a feast of the precepts, if it be possibie to make it some other day, it is forbidden to make it the entire day preceding Sabbath, even in the morning. The feast of a precept, however, which has a set time for its performance, e.g., a circumcision or a redemption of the first-born, is permissible. Nevertheless it is proper to hasten its performance in the morning, and not to spend too much time thereon, and one should particularly avoid eating to excess, in order to eat the Sabbath-meal with relish.

11.　It is obligatory to conclude each week the weekly portion, viz. : Scripture twice and Targum once. This precept is best performed by reading it on the Sabbath eve in the afternoon, one should read each " Parsha " (sub-division) whether it ends a chapter or not, twice, then its Targum, at the conclusion thereof he should read, after the Targum, one verse in the Torah, in order that he may conclude with a sentence of the Torah. It is well for one not to interrupt the reading with conversation, and it is also customary to read the " Haphtorah." After that is done, some make it a practice to say the "Song of Songs." One who is on the road and has only a Pentateuch, without Targum, should read the Scripture twice, and on arrival at a place where he can obtain the Targum, he should read the Targum. The

תרגום, יקרא התרגום. גם יש לו לכל ירא שמים ללמוד פירש"י על הסדרה. ואם לאו בר הכי הוא ילמוד פירוש אשכנזי על הסדרה בגון ספר צאינה וראינה וכדומה, שיבין ענין הסדרה.

יב. מצוה על כל אדם לרחוץ בכל ע"ש פניו ידיו ורגליו בחמין. ואם אפשר ירחוץ כל גופו בחמין ויטבול א"ע במקוה.

יג. ומצוה לחוף את הראש, ולגלח הצפרנים, וכן לספר שערות ראשו, אם היו גדולים. ואין לקוץ צפרני ידיו ורגליו ביום אחד. גם אין לקוץ צפרניו או לספר שערות בר"ח אפילו חל בערב שבת. יש מקפידין שלא ליטול הצפרנים ביום ה', כי מתחילין לגדל ביום שבת, שהוא יום השלישי. טוב ליזהר לשרוף את הצפרנים.

יד. בכל ער"ש יפשפש במעשיו, ויתעורר בתשובה, לתקן כל הקלקולים שעשה בששת ימי המעשה. כי ערב שבת כולל כל ימי השבוע כמו ער"ח כולל כל החודש.

טו. ישתדל שיהיו לו בגדים נאים, וגם טלית של מצוה נאה לכבוד שבת, דכתיב „וכבדתו", ודרשינן שלא יהא מלבושך של שבת כמלבושך של חול. ואפי' אם הוא בדרך ילבש בגדי שבת, כי אין המלבושים לכבוד הרואים, אלא לכבוד השבת.

טז. התבשילין צריכין להשגיח להסירן מן הגחלים קודם שבת. ואם שכח ולא הסירן, אזי אם יבא בשבת לקחת הקדירה וגחלים בוערות סביב לה שאם יקח את הקדירה יזיז את הגחלים, אסור לישראל לקחת אותה, וע"י עכו"ם מותר.

יז. התבשילין שמטמינין בתנור ליום השבת כנהוג, אע"פ שהפתח אינו טוח בטיט מותר. ואסור לפתוח את התנור בלילה כי שמא יש קדרות שעדיין לא נתבשלו כל צרכן ועל ידי שיסתום אח"כ את התנור יגרום בישול.

רמא

more rigorous ought to study Rashi's commentary upon the Law-section, but if he is incapable thereof, he should learn the meaning of the section through a translation in the vernacular.

12.   On Sabbath eve it is mandatory to wash face, hands and feet with warm water.   And if possible the entire body should be bathed in warm water to be followed by immersion in a ritual bath.

13.   It is likewise mandatory to comb the hair, pare the nails, and cut the hair if too long ; but finger and toe nails should not be cut on the same day, nor should the nails and hair be cut on Rosh Chodesh falling on a Sabbath eve.   Some object to the paring of nails on Thursday, as the growth would commence on Sabbath, being the third day.

14.   All deeds should be reviewed on Sabbath eve and repentance aroused resolving to amend all misdeeds committed during the six days, for Sabbath eve embodies all the week days as does the eve of Rosh Chodesh the entire month.

15.   An endeavour should be made to have fine clothes as well as a nice Tallith in honour of Sabbath, for it is written : "And thou shalt honour it " which is expounded by our Rabbis to mean that the garments for the Sabbath should not be the same as those for week-days ; and even while on a journey the attire of Sabbath clothes is desirable for the array is not in honour of the onlookers but in deference to the Sabbath.

16.   Victuals must be removed from burning coals before Sabbath begins.   In the event of forgetting to do so, it is prohibited for an Israelite to remove it because the burning coals might be touched (and cause to flare up).   It is, however, permitted to have it done through a non-Jew.

17.   Victuals placed in the oven for consumption on Sabbath, as is customary, is permitted, even though the door of the oven is not closed with mortar.   But the door of the oven is not to be opened during the night (Friday) for fear that the food there had not yet properly been cooked and by the subsequent closing of the oven cooking will be accelerated.

יח. הא דמותר להטמין גם כשאין התנור טוח בטיט, זהו דוקא כשמטמינין בשר, וכן אפילו כשמטמינין מיני קטניות, ומיני בצק, אלא שמטמינים זמן הרבה קודם הלילה באופן שיוכל להתבשל קודם הלילה קצת עד שיהא ראוי לאכילה ע"י הדחק, אבל כשמטמינין מיני קטניות ומיני בצק סמוך ללילה, צריכין דוקא לטוח התנור בטיט וצריכין ליזהר בזה, ואם לא עשו כן אז אפי' בדיעבד המאכלים אסורים עד למ"ש בכדי שיעשו.

יט. בשבת כשפותחין את התנור שהוא טוח בטיט יש לפתחו על ידי עכו"ם. ואם אין עכו"ם יש לפתחו על ידי קטן. ואם אין קטן מותר גם לגדול לפתחו ויש לעשות על ידי שינוי.

כ. סמוך לחשכה, ישאל לאנשי ביתו בלשון רכה, הפרשתם חלה, ויאמר להם הדליקו את הנר.

כא. חייב אדם למשמש בבגדיו בע"ש קודם חשכה אם אין מחט תחוב בהם או אם אין איזה דבר בכיסים ואפי' במקום שיש עירוב שמא יש איזה דבר מוקצה.

באיזה אופן מותר לתת קודם שבת מלאכה לעכו"ם ולהשאיל ולהשכיר לו כלים.

א. אסור להניח לעכו"ם שיעשה מלאכת ישראל בשבת וסמכוהו על הפסוק "כל מלאכה לא יעשה" דמשמע אפילו על ידי עכו"ם. ואם מוסר לעכו"ם את המלאכה בע"ש אע"פ שהעכו"ם עושה בשבת מותר. אבל רק באלו האופנים שהעכו"ם יקח את החפץ מביתו של ישראל קודם השבת, ולא בשבת.

ב. ויקצוץ להעכו"ם שכרו שאז הוא עושה את המלאכה בשביל עצמו שיקבל שכרו. ולכן מי שיש לו משרת עכו"ם לזמן ידוע, אסור להניח לו לעשות מלאכה בשבת, מפני שהמלאכה היא רק לתועלת

רמ"ב

18. The permission to place victuals in an oven enclosed by mortar refers only to meat, vegetables and other comestibles of a doughy nature, but it must be placed there a considerable time before Sabbath begins, so that the food should be cooked a little before Sabbath. If, however, it is placed in the oven close to nightfall then the door must be closed with mortar. This must be strictly observed otherwise it is prohibited to partake of the food till the expiration of Sabbath.

19. It is desirable that the door of the oven which is closed with mortar should be opened by a non-Jew, or, if a non-Jew is not present a child might do it, but in the absence of either it may be done by anyone in a somewhat changed way than would be done on ordinary days.

20. Before darkness approaches the household should be gently asked whether the dough-cake had been separated, and that the candles should be lit.

21. It is obligatory to examine the clothes on Sabbath eve and remove a needle (or pin) that may be sticking there as well as other articles from the pockets; this must be done even in places where there is a "Sabbath Boundary," because the articles might belong to the class that must be "set aside" during Sabbath.

UNDER WHAT CONDITIONS WORK MAY BE DONE ON SABBATH THROUGH A NON-JEW.

1. It is forbidden to allow a non-Jew to do work for a Jew on the Sabbath, it being based upon the precept that "no work should be done" which implies even through a non-Jew. But if the work is delivered to the non-Jew on Sabbath eve, even if the latter does it on the Sabbath, it is permissible, but only on the following conditions: That the non-Jew should take the work from the Israelite's house before Sabbath, but not on the Sabbath day.

2. That a stipulated amount should be given the non-Jew in payment for the work, as then the latter does the work for his own sake, in order to get paid, therefore one who employs a non-Jewish

הישראל. ועכו"ם הנוסע לאיזה מקום, וישראל נותן אגרת שישאהו שמה וישאהו גם בשבת, צריך הישראל לתת לו איזה שכר כדי שהעכו"ם יעשה בשביל שכרו ולא בחנם.

ג. השכר יהא קצוב לכל המלאכה, ולא יהא העכו"ם שכיר יום.

ד. אסור לקבוע להעכו"ם שיעשה המלאכה בשבת. ואפילו אם אינו קובע לו בפירוש שיעשה בשבת, אלא שהוא קובע לו זמן שיגמר המלאכה סמוך לאחר השבת, וידוע כי א"א שיגמור את המלאכה עד יום זה, אם לא יעשה גם בשבת, גם כן אסור. וכן אם שולח בידו אגרת ואומר לו ראה שתביאהו שמה ביום פלוני וידוע כי א"א להגיע שמה אא"כ ילך גם בשבת גם כן אסור. וכן אם יום השוק הוא ביום שבת, אסור לתת לנכרי מעות בע"ש שיקנה לו איזה דבר שידוע שאינו מוצא לקנותו כ"א בשבת, וכן אסור ליתן לו איזה דבר למכרו בענין זה, ואולם אופן זה שאינו קובע לו בפי' שיעשה בשבת, אינו אסור אלא בנותן לו בע"ש, אבל קודם לכן מותר לתת לו החפץ לעשות, או מעות לקנות.

ה. המלאכה לא תהא במחובר לקרקע כגון בנין או עבודת השדה. אבל עבודת הבנין אסור שיעשה עכו"ם בשבת, אע"פ שהישראל קצץ עמו כל שכר הבנין לגמרי, ובשעת דחק גדול יעשה שאלת חכם, ואפי' לסתת אבנים ולתקן קורות לצורך בנין, אם ידוע שהמה של ישראל, והנכרי עושה ברחוב במקום פרהסיא, אסור שיעשה בשבת וכן עבודת השדה, כגון לחרוש או לקצור וכדומה, אפילו אם שכר את העכו"ם שיעשה כל המלאכה בעד סכום ידוע ואינו שכיר יום, אסור. אבל אם העכו"ם נוטל חלק מן התבואה, מותר. ואם השדה הוא במקום רחוק שאין ישראל דר בתוך תחום שבת ממנו, מותר גם בשכירות בסכום ידוע, ובלבד שלא יהא העכו"ם שכיר יום.

ו. מי שיש לו שדה או ריחים, מותר להשכירן לעכו"ם, ואע"פ שהעכו"ם עושה בהם מלאכה בשבת, אבל מרחץ אסור להשכיר לו, ואם

domestic for a stated period, is forbidden to allow the latter to do any work on Sabbath, as the work is solely for the benefit of the Israelite.

3. The non-Jew should be paid a stipulated amount for the entire work and not hired by the day.

4. It is forbidden to engage a non-Jew to do work especially on the Sabbath, even if he does not expressly tell him that he should do it on the Sabbath, but orders its completion immediately after Sabbath, and it is obvious that it cannot be finished by that time unless it is done on the Sabbath, that is forbidden. Likewise if one sends a message through a non-Jew and tells him, "see that you deliver it there on such a day," and it is obvious that it is impossible for him to reach there unless he travels on the Sabbath, this is also forbidden. If a fair (or market) is to be held on the Sabbath-day, it is forbidden to give a non-Jew money on the Sabbath-eve, to buy for him a certain thing, which he surmises he cannot obtain on any other day except on the Sabbath-day, under such circumstances it is also forbidden to give him anything to sell, nevertheless if one does not give the non-Jew explicit instructions to do the work on the Sabbath, it is not forbidden, unless he delivers the work to him on a Sabbath-eve, but previous to that day he is permitted to give him the work to do, or the money to make the purchase.

5. The work should not be of a nature that is connected with the soil, such as in building, or farm-work : indeed, it is forbidden to have a non-Jew work on a building on the Sabbath, even if the Israelite had agreed to pay him a certain amount for the entire work on the building, but in case of urgent necessity one should consult an eminent Rabbi. Even to 'quarry stones, and to prepare beams for building purposes, if it is obvious that they belong to an Israelite, and the non-Jew works thereon publicly in the street, it is forbidden to have it done on the Sabbath. The above is applicable also to farming, i.e., ploughing, or reaping, and the like, even if the non-Jew be hired at a stipulated price for the whole work so that the latter is not a day labourer, it is still forbidden ; if, however, the non-Jew has a share in the crops, and it is also customary in that locality for the worker on the farm to receive a share of the crops, it is permissible, and if the farm is an out-of-the-way place, where there is no Jew in the vicinity within 2,000 paces (a תחום שבת) thereof, it is permissible even if the non-Jew performs the work for a stipulated sum, so long as he is not hired by the day.

6. The owner of a farm or mill may rent them to a non-Jew although the latter works therein on the Sabbath, but one is forbidden to rent a bathing establishment to a non-Jew, but if the Israelite does

המרחץ אינו של ישראל אלא בשכירות מעכו"ם יעשה שאלת חכם איך
ינהוג בו. וכן מי שהוא מחזיק מכם. ווירט-הויז. צינגעל-הוטטע. גלאז-הוטטע
וכדומה. צריך לעשות שאלת חכם איך ינהוג בהם.

ז. בביתו של ישראל אסור להניח לעכו"ם שיעשה מלאכה בשום
א'פן, ואפי' משרת עכו"ם שרוצה לעשות מלאכה בשביל עצמו, צריכין
למחות בו.

ח. אומן עכו"ם שעשה מלבוש בשביל ישראל, והביאו לו בשבת,
מותר ללבשו. ואם ידוע שגמרו בשבת, אין ללבשו, כי אם לצורך גדול.
אבל אסור ליקח כלים ומלבושים מבית האומן אפילו מאומן ישראל
בשבת ויו"ם. ועכו"ם שאינו אומן, אלא שיש לו חנות שמוכר מנעלים
וכדומה, מותר לישראל המכירו, ליקח ממנו בשבת ולנעלם, ובלבד שלא
יקצוץ עמו דמי המקח. וגם לא יהיו דברים שהובאו מחוץ לתחום.

ט. כלים שעושין בהם מלאכה כגן מחרישה, וכיוצא בה אסור
להשכיר לעכו"ם בע"ש. ואף על פי שאין אנו מצווין על שביתת כלים
מ"מ כיון שהוא נוטל שכר, והשכירו בע"ש, מחוי כאלו העכו"ם הוא
שלוחו. וביום ה' מותר לו להשכירו. ולהשאיל לו, מותר אפילו בע"ש
ואפילו כלים שעושין בהן מלאכה, ובלבד שיקחם העכו"ם מביתו של
ישראל קודם הכנסת שבת. אפי' אם מתנה עם העכו"ם שהוא ישאל לו
עבור זאת כליו בפעם אחר מותר, ולא אמרינן בכה"ג דהוי בשכירות,
וכן להשכיר לו כלים שאין עושין בהם מלאכה, מותר אפילו בע"ש
כשהעכו"ם מוציאם קודם שבת.

י. הא דמותר להשכיר כלים לעכו"ם באופנים הנזכרים. דוקא
כשאינו נוטל שכר שבת בפ"ע, אלא בהבלעה תוך שאר ימים, כגון
שמשכיר להדש, או לשביע, ואומר לו בעד כל שבוע, או בעד כל חדש
תתן לי כך וכך. או אפי' בעד כל ב' ימים או כל ג' ימים אבל שכר
שבת בפ"ע, אסיר ליטול אפי' השכיר לו לשנה, והושבין ימים נפרדים,
שאומר אני משכיר לך לשנה, או לחדש, ובעד כל יום ויום תתן לי

רמ"ד

not own the bathing establishment, but has only rented it from a non-Jew, he should consult the ecclesiastical authorities how to act as also on other matters arising in this connection.

7. It is forbidden, under any circumstances, to allow a non-Jew to do work at the Israelite's house (on the Sabbath), even a non-Jewish domestic who desires to do some work himself, should be forbidden to do it.

8. If a non-Jewish tailor made a garment to order for an Israelite and brought it to him on the Sabbath, the latter is permitted to put it on, if, however, it be known that the tailor completed it on the Sabbath, it should not be worn, unless in great necessity, but it is forbidden to take utensils or garments from the house of a workman, even a Jewish workman, on a Sabbath or Festival. From a non-Jew who is not a manufacturer, but has a shop where he sells boots, etc., an Israelite who is acquainted with him is permitted to take a pair of shoes and put them on ; there should, however, be no mention of their price, nor should they be of merchandise brought in from without the " Sabbath Boundary " (תחום שבת).

9. It is forbidden to hire to a non-Jew on the Sabbath-eve workman's tools, such as a plough, etc., for although it is not mandatory upon us to cause utensils "to rest" on the Sabbath, nevertheless, inasmuch as he gets paid for it, and has hired it on the Sabbath-eve, it appears as if the non-Jew is his agent, but on a Thursday it is permissible for a Jew to hire it to the non-Jew ; lending it, is however permitted even on a Sabbath eve, even utensils with which work is done, the non-Jew however, should take them from the Israelite's house previous to the time of Sabbath, it is permissible even if the former makes the non-Jew agree to reciprocate by the loan of utensils at some future date, and it is not considered as equivalent to hiring it. It is also permitted to hire, even on a Sabbath-eve, utensils with which no work is done, providing the non Jew removes them before Sabbath.

10. Hiring utensils to a non-Jew on the conditions aforementioned, is permissible only, if one does not take the hire for the Sabbath day separately, but is included amongst the rest of the days, e.g., he hires it by the month or by the week and tells him, " you will pay me so much per week, or per month," or even "for every two or three days," but it is forbidden to take hire for Sabbath by itself even if he hired it by the year, but he reckons the hire for each day separately, and says, "I hire you this by the year or by the month, and you will pay me so much per day," even if the non Jew, thereafter, pays him for the entire time in one lump sum, he is forbidden to take hire for the Sabbaths, inasmuch as each day is reckoned by

כך וכך. אף על פי שאח״כ משלם העכו״ם בעד כל הימים בב״א אסור ליטול שכר המגיע לשבתות, כיון שמחשבין ימים נפרדים, ואסור ליטול שכר שבת שלא בהבלעה אפי׳ בעד כלים שאין עושין בהן מלאכה, ואפי׳ בעד חדר לדור בו. ואיסור שכר שבת הוא בין מעכו״ם, בין מישראל.

דין המפליג בספינה.

א. אין מפליגין בספינה על הים פחות משלשה ימים קודם שבת, דהיינו מיום ד׳ ואילך אסור, אבל אם הולך לדבר מצוה, מותר אפי׳ בע״ש.

ב. על הנהרות מותר להפליג בספינה בכל ענין, אפי׳ בע״ש, ובלבד שלא יצטרך הישראל לעשות שם מלאכה בשבת, ואפי׳ אם בהמות מוליכות את הספינה מותר.

ג. והיכא דמותר להפליג בספינה בע״ש, אם נכנס בה בע״ש וישב שם עד חשיכה, אף על פי שחוזר לביתו, ולן בביתו, מותר ליכנס בה אח״כ ביום השבת, ובלבד שלא תלך הספינה בשביל ישראלים לחוד, אך מאחר שהיה בביתו בשבת, קנה שביתה בביתו, ולכן אם הלכה הספינה יותר מתחום שבת, ובאה בשבת ליבשה, אין לו שם אלא ד׳ אמות, ויותר מזה אסור לו ללכת שמה.

ד. ללכת בספינה בשבת כדי להתפלל בעשרה, או למצוה אחרת, אם הספינה הולכת גם בשביל אחרים, יש להתיר, ומ״מ יש להישראל ליכנס בתוך הספינה בע״ש בעוד יום, ולישב שמה עד שתחשך, ואח״כ יכול לחזור לביתו וחוזר בשבת לתוך הספינה. אבל שתלך הספינה בשביל הישראל לבד אין להתיר (עיין בספר נתיב חיים סי׳ רמ״ח שהאריך בענין זה).

דין הדלקת הנרות.

א. חייב כל אדם להפריש א״ע ממלאכה להדליק את הנרות לכל הפחות חצי שעה קודם צאת הכוכבים, ואם אמרו בבהכ״נ „מזמור

רמח

itself. It is also forbidden to take hire for the Sabbaths which are not included amongst other days, even utensils with which work is not done, even for the rental of a room, the prohibition to take Sabbath-hire is applicable, alike from a non-Jew and from an Israelite.

LAWS CONCERNING EMBARKING ON A VESSEL.

1. A vessel crossing the ocean should not be boarded less than three days before the Sabbath, thus it is forbidden from Wednesday on, but if bound on a sacred mission, it is permitted to embark even on a Sabbath-eve.

2. It is permitted to board a vessel crossing a stream under any circumstances, even on a Sabbath-eve, as long as the Israelite is not required to do any work there on the Sabbath. Even if the barges are pulled by cattle, it is permissible.

3. To board a ship on a Sabbath-eve can only be permitted, if one goes on board on the Sabbath-eve and remains there until night-fall, in this wise, even if one returned home remaining there overnight, it is still permitted to embark thereafter, on the Sabbath, so long as the vessel does not make the trip for Israelites only, but inasmuch as by having remained home on the Sabbath, the "Sabbath rest" had been acquired there, if, therefore the ship had made a longer journey than 2,000 paces and had reached land on the Sabbath, it is permitted to walk no more than 4 paces there, and further than that it is forbidden to go.

4. Boarding a vessel on the Sabbath for the sake of praying in an assembly of ten, or for the sake of performing another precept may be permitted, if the vessel makes the trip also for others, it is never-theless obligatory upon the Israelite to go on board on the Sabbath-eve while it was yet day, and to remain there until after night-fall, after which he may return home, and come back again on the Sabbath; but to have the vessel make the trip only for the Israelite, should not be permitted. (vide Nessiv Chayim 248).

LAWS CONCERNING THE LIGHTING OF THE SABBATH CANDLES.

1. It is obligatory upon every one to put work aside and to light the Sabbath candles at least half an hour before the appearance of the stars ; if מומור שיר ליום השבת was said in the Synagogue, even if it be

שיר ליום השבת, אע״פ שעדיין יש שתי שעות עד הלילה, מ״מ חל שבת על המועט, ואסורים בכל המלאכות, ואפי׳ מי שבא מעיר אחרת לכאן, חל עליו שבת מיד כשאמרו בציבור מזמור שיר ליום השבת, ובעיר שיש בה שתי בתי כנסיות, אין אחת נגררת אחר חברתה.

ב. מצוה להרבות בנרות לכבוד שבת. יש נוהגין להדליק עשרה, ויש מדליקין שבעה, ועכ״פ ראוי שלא לפחות משתי נרות, נגד זכור ושמור. ואך בשעת הדחק גם בחד סגי, ויהיו ארוכים, שידליקו לכל הפחות עד לאחר האכילה, ויהדר לקנות נרות יפות. וטוב שתתן מקודם איזה פרוטות לצדקה.

ג. מצוה מן המובחר להדליק בשמן זית. וגם שמן הרגיל בינינו שקדין בלומענעהל כשר, אבל שאר שמנים, יש מהם שאינם כשרים. וגם הפתילה יהדר שיהא מצמר גפן או פשתן או קנבוס, כי בשאר דברים יש מהם שאינם כשרים, ובמדינתנו נוהגין להדליק בנרות העשויות מחלב והן כשרות, אבל להניח חתיכת חלב בתוך כלי ובתוכו פתילה, אסור להדליק כן.

ד. כבר ידוע שכל המצות מברכין עליהם עובר לעשייתן, אבל בהדלקת הנרות לשבת, כיון שבהדלקה מקבלת האשה שבת על עצמה, והברכה הרי הוא התחלה להדלקה, וא״כ אם תברך תחלה לא תוכל עוד להדליק, ע״כ היא מדלקת תחלה. וכדי שתהא הברכה עובר לעשייתן, פורשה ידיה כנגד פניה שלא תראה הנרות, ומברכת, ומסירה את הידים ורואה את הנרות, והוי כאלו בירכה קודם ההדלקה (ומשום לא פלוג נוהגות כך גם ביו״ט) ועיקר הנרות שבהן הוי קבלת שבת, הן אלו שעל השלחן שאוכלין עליו, וע״כ תדליק אותן באחרונה, ובשעת הצורך כגון שהיא צריכה ללכת למבילה או לחופה או לשאר דבר נחוץ, תוכל להתנות שאינה מקבלת שבת בהדלקה, ואז תוכל לברך קודם הדלקה, ואפי׳ תנאי בלב סגי.

yet two hours before night, the observance of Sabbath is nevertheless obligatory upon the minority from that time, and any manner of work is forbidden. Even an arrival from another city is also obliged to observe the Sabbath immediately מזמור שיר ליום השבת has been said by the congregation. In a city, however, where there are two synagogues, one is not led by the other.

2. It is mandatory to honour the Sabbath by the lighting of many candles. Some are accustomed to light ten, others seven, at any rate, one should not light less than two candles, for it is written, "Remember and observe"; one candle is only allowable in case of necessity; they should be long so that they should burn at least till after the meal, and one should be particular to buy nice candles. It is well that women should give some charity before lighting the candles.

3. It is mandatory to light with olive oil and almond oil which is generally used is also כשר (ritually clean), but there are certain oils that are not כשר. The wick too should be of good quality, such as wool, flax or canvas, for there are kinds that are not suitable for the purpose. It is correct to make candles from tallow as is the general custom in most countries, but it is prohibited to place a quantity of tallow in a vessel, put a wick into it and light it.

4. It is a well-known fact that the blessing relating to a precept is said before the precept is performed, but in the lighting of the Sabbath-candles, inasmuch as by lighting them, the woman assumes the holiness of the Sabbath, and as the blessing is initiative to the lighting, if she would first say the blessing, she would no longer be able to light them, she should therefore first light them, and in order that the blessing be said previous to the performance of the precept she should spread her hands before her face in order to shut out the sight of the candles and pronounce the blessing, she should then put her hands down and gaze upon the candles, it is thus considered as if she said the blessing before lighting them (and in order not to make an exception, this custom also obtains on Holydays). The lighting of the candles that are on the table at which the meal is partaken, is essential to inaugurating the Sabbath, she should therefore light those the last. If she be compelled to go away on account of an urgent matter she may make a mental condition on lighting the candles, that she does not thereby inaugurate the Sabbath, and thus pronounce the blessing before lighting them.

ה. מצות הדלקת הנרות, חלה בין על האנשים בין על הנשים, אלא שהנשים מוזהרות בה יותר מפני שהן מצויות בבית, ועוד, מפני שהאשה כבתה נרו של עולם שהחטיאה לאדם הראשון והחשיכה נשמתו שקרויה נר כמ"ש נר אלהים נשמת אדם. ולכן צריכה היא לתקן זאת בהדלקת הנרות לכבוד שבת, ולכן אם האשה בביתה, היא קודמת למצוה זאת, ומ"מ יש לו להאיש גם כן לסייע במצוה, ויתקן את הנרות ויהבהב אותן דהיינו שידליקן ויכבן כדי שיהיו נוחים אח"כ להדליק, ואשה יולדת, בשבת הראשון ידליק הבעל ויברך, אבל אח"כ וגם בכל פעם שהיא נדה, מדלקת ומברכת.

ו. נוהגות הנשים שקודם הדלקת הנרות רוחצות ולובשות בגדי שבת, ואשרי להן, וצריכין להתפלל מנחה תחלה כי בהדלקת הנרות היא מקבלת שבת ע"ע ואינה יכולה להתפלל אח"כ מנחה של חול. ואשה שנתאחרה בעסקיה, ובאה לביתה קרוב לחצי שעה קודם שבת שאם תרחץ ותלבש תוכל לבא לידי ספק חילול שבת, מצוה יותר שתדליק כמות שהיא משתבא ח"ו לידי ספק חילול שבת, ואם הבעל רואה שהיא מתאחרת מלבא. מצוה גדולה שידליק הוא, ואל ישגיח ברוגזה.

ז. אם האיש מדליק הנרות והוא צריך לעשות אחרי כן איזה מלאכה, טוב גם כן שיתנה, שאינו מקבל שבת בהדלקה זו. אבל בדיעבד אם לא התנה, יכול לעשות אחר כך מלאכה, כי בהדלקת הבעל אין מנהג שהיא מקבל שבת.

ח. צריכין להדליק במקום שיאכלו, שיהא ניכר שמדליקין לכבוד שבת, ולא להדליק במקום אחר, ולהניחם אחר כך במקום אחר. אך בשעת הדחק, כגון שהאשה חולה, ואינה יכולה ללכת אל השלחן, מדלקת כשהיא במטה, ומעמידין אותם אח"כ על השלחן בבית זה, כי כל הבית נחשב מקומן. ונשים שמדליקין הנרות בסוכה ואח"כ נושאין אותן לתוך הבית, לא יפה הן עושין. נר שהוא דולק מערב שבת, צריכין

רמז

5. The obligation to have candles lit on the Sabbath devolves upon both men and women, but the latter are more beholden therein, inasmuch as they are at home and attend to household matters, another reason assigned is because she caused Adam to sin and thereby darkened his soul, consequently she should take precedence in the performance of that precept, nevertheless it also behoves the man to assist in its performance by preparing the candles and making them easy to light. When a woman is in confinement the husband should light the candles the first Sabbath, but after that, also during mensuration, she should light the candles pronouncing the blessing.

6. It is customary for the women, previous to lighting the candles, to wash themselves and array themselves in Sabbath apparel, " Happy are they ! " it is requisite that they previously say the afternoon prayer, as by lighting the candles they assume the Sabbath, and would therefore be unable to say the week-day afternoon prayers thereafter. If a woman was delayed by her occupation, and reached home about half-an-hour before the Sabbath, and if she should wash herself and change her apparel she would risk profaning the Sabbath, it is more meritorious for her to light them, just as she is, rather than to come to a probable profanation of the Sabbath. If the husband sees that she is tardy in coming, it is most meritorious for him to light them.

7. If the man lights the candles and is afterwards obliged to do some work, it is well for him also to mentally resolve that he does not thereby assume the Sabbath, if he inadvertently omitted to make that condition he is still permitted to do work thereafter, as it is not customary for them by lighting to inaugurate the Sabbath.

8. The candles should be lit where they eat in order that it be apparent that they are lit in honour of the Sabbath, and they should not be lit in one place and then taken to another except in a case of necessity, as for instance when the woman is sick and unable to go to the table, she may light them while in bed, and afterwards they may be placed upon the table in that house, as the entire house is considered their place. Women who light the candles in the Succah and afterwards bring them up to the house are not acting properly. A candle

לכבותה ולחזור ולהדליקה לכבוד שבת, כדי שיהא ניכר שמדליק לכבוד שבת.

ט. צריך להדליק את הנרות בכל החדרים שמשתמש שם. מי שהוא בביתו אצל אשתו, כיון שהיא מברכת על הנרות שבהדר אחד, אין צריכין לברך על הדלקה שבשאר חדרים. אבל אם הוא במקום אחר, אם יש לו שם חדר מיוחד, צריך להדליק ולברך, ואם הם רבים שנתאכסנו בחדר אחד, ישתתפו לקנות נרות וידליק אחד ויברך, ויכוין להוציא את כולם בברכתו, וגם הם יכוונו לצאת בברכתו. ואם אין לו חדר מיוחד אלא שהוא בחדר א' עם בעל האושפיזא ישראל, אינו צריך להדליק, כיון שאשתו מדלקת מדלקת עליו בביתו. ובחורים הלומדים במקום אחר, אם יש להם חדר מיוחד צריכין להדליק בברכה, וישתתפו גם כן לקנות נרות, ואחד יברך ויוציא כולם, וצריכין שיהיו הנרות דולקות עד שיבאו שמה. ואם אין להם חדר מיוחד, כיון שאין להם נשים שמדליקות, צריכין לתת פרוטה לבעה״ב שיהיה להם שותפות בנרות. ומי שהוא סמוך על שלחן בעה״ב, הוא בכלל בני ביתו, וא״צ להשתתף.

י. נוהגין שאפי' כמה נשים מדליקין נרות בבית אחד, וכל אחת מברכת על נרות שלה, כי מה שניתוסף אורה, יש בה שמחה יתירה.

יא. אין ליתן מים אפי' מבעוד יום לתוך נקב הסגורה שמכניסין שם את הנר של חלב או של שעוה כדי שכשיגיע לשם יתכבה. ובמקום צורך, יש להקל אם נותן מבעוד יום, אבל להעמיד כלי עם מים תחת מנורה התלויה כדי שאם יפלו ניצוצות יתכבו, איסור גמור היא אפי' להעמידו מבע״י. ולהעמיד כלי בלי מים לקבל הניצוצות, מותר אפי' משחשכה, כי ניצוצות אין בהם ממש. ולהעמיד הכלי בשביל שיטפטף לשם השמן או החלב משחשכה, אסור, דכיון שאם יטפטף תאסר הכלי בטלטול, נמצא שהוא מבטל כלי מהיכנו, ואסור, משום דהוי כאלו דבקו שם. אבל להעמידו מבע״י, מותר. ואם נטף לתוכו שמן, אסור להסתפק

that burns from the Sabbath-eve should be extinguished and re-lit in honour of the Sabbath, in order that it be apparent that it is lit in honour of the Sabbath.

9. It is necessary to light the candles in every room that is being used. One who is at home with his wife, inasmuch as she pronounces a blessing upon the candles in one room, is not required to pronounce a blessing when lighting the candles in the other rooms; if, however, he stays elsewhere, and has a separate room there, he is required to light the candles, saying a blessing; and if several stay in one room, they should all contribute towards the purchase of candles, and one should light them, saying the blessing, and intend to exempt them all by his blessing, but if he has not a separate room, but is in one room with the host who is an Israelite, he is not required to light since his wife lights for him at home. Bachelors who are lodging away from home, are required to light, pronouncing the blessing if they have a separate room, and they should also contribute towards the purchase of candles and one should pronounce the blessing exempting the rest. It is requisite that the candles burn until they arrive there, but if they have not a separate room, inasmuch as they have not wives to light for them, they are required to contribute to the host, and thus acquire a share in the candles. One who eats at the host's table is included with his household and need not contribute towards the candles.

10. It is customary for even many women to light candles in one house, each one pronouncing a blessing upon her own candles, for the increase of light is an increase of joy.

11. No water should be put in the hole where the candle is placed with the object of its extinction on reaching it, but in case of need it might be waived on condition that the water be put in when it is still day : it is, however, strictly prohibited even on Sabbath-eve, to place a vessel fitted with water near the candles so that falling sparks might be extinguished. Bnt it is permitted to put a vessel without water so that the sparks might fall there, sparks not being tangible. But it is forbidden after nightfall to place a vessel near the candles wherein the oil or tallow should drip. But it is allowed to put a vessel for that purpose on Sabbath-eve. If some of the oil or tallow dripped

ממנו בשבת והכלי אסור בטלטול. ואם לא נטף לתוכו לא נאסר הכלי בטלטול על ידי מחשבה בעלמא.

יב. טוב להניח את החלות על השלחן קודם שמדליקין את הנרות.

יג. אשה סומא, אם יש לה בעל, ידליק הבעל ויברך. ואם אין לה בעל, והיא דרה לבדה, מדלקת ומברכת. ואם דרה עם אחרים בבית אחד, והאחרים מדליקין, מדלקת הסומא בלא ברכה, אך אם היא עקרת הבית, תדליק היא תחלה ותברך, ואח"כ ידליקו האחרים ויברכו.

יד. אשה ששכחה פעם אחת להדליק, תדליק כל ימיה נר אחד יותר ממה שהיתה רגילה, וכן אם שכחה כמה פעמים תדליק תמיד נר אחד יותר, והוא משום היכר שתהא זהירה מכאן ולהבא. ולכן אם מחמת אונס לא הדליקה, אינה צריכה להוסיף.

דיני התפלת בשבת וביו"ט.

א. נוהגין להקדים תפלת ערבית של שבת יותר מבימות החול. ונכון הוא, כדי להקדים קבלת שבת בכל מה שאפשר, רק שיהא מפלג המנחה ולמעלה. ואף הנוהגין להתפלל כל ימי החול מעריב בזמנה דהיינו כצאת הכוכבים, יכולין להקדים בשבת. ואפי' שלפעמים בימות החול מתפללין מנחה בשעה שמתפללין עתה ערבית אין חוששין בזה בתפלת ערבית של שבת שיש בה מצוה שמוסיף מחול על הקודש.

ב. בברכת „השכיבנו", אין חותמין כמו בחול „שומר עמו ישראל". כיון שברכה זו היא על כללות עם ישראל, וכללות עם ישראל אינם צריכים שמירה בשבת, כי השבת מגין עלינו. אלא אומרים „ופרוס", וחותמין ברוך אתה ה' הפורס וכו' וכן ביו"ט. אם טעה, וסיים כמו בחול, אם נזכר מיד לאחר תיבת לעד, יאמר מיד „הפורס סכת שלום" וכו'. אבל אם לא נזכר עד לאחר כדי דיבור א"צ לאמרו עוד.

into the vessel, the latter must not be handled, otherwise it may be removed notwithstanding that it was intended for the purpose.

12. It is well to place the bread upon the table previous to lighting the candles.

13. If a woman is blind and she has a husband, the latter should light the candles, pronouncing a blessing, but if she has not a husband and she lives by herself she should light the candles pronouncing a blessing; if, however, she resides with others in one house, and the others light, the blind woman should light without pronouncing a blessing, but if she be mistress of the house, she should light first, pronouncing the blessing, after which the others should light, pronouncing the benediction.

14. A woman who once forgot to light the candles, should light an extra candle each week, likewise if she forgot several times, she should always light one extra candle, this is in order to remind her to be careful in the future, therefore if she was prevented from lighting by an accident, she need not add to the candles.

LAWS OF THE PRAYERS FOR SABBATH AND HOLYDAYS.

1. It is customary to hold the evening service on Sabbath earlier than on a week-day, this is a proper custom in order to inaugurate the Sabbath as early as possible, but it should be from half of the time for the afternoon service and later. Even those who are accustomed to say the evening prayers during the week-days at the proper time, which is on the appearance of the stars, may pray earlier on the Sabbath, and although, on a week-day, the afternoon prayer is said in the time that the evening prayer is now said, it is of no concern in the evening prayer of Sabbath, inasmuch as it is a meritorious action to take from the week-day and add to the holy day.

2. One should not conclude the blessing השכיבנו on a Sabbath or Holyday as he would in a week-day with שומר עמו ישראל לעד, because this blessing refers to the protection of Israel, but Sabbath being itself a protector, the blessing is therefore unnecessary but he should say ברוך . . . הפורס and close with ופרוס סכת שלום עלינו ועל כל עמו ישראל ועל ירושלים. If, however, he erred and ended it as on a week-day and he was reminded thereof immediately after saying לעד, he should instantly say הפורס סכת שלום, but if he was not reminded thereof until after the time it would take him to say the blessing, he is no longer required to say it.

ג. נוהגין לומר בתפלת ערבית „וינוחו בה". ובשחרית, ומוסף,
„וינוחו בו". ובמנחה, „שבתות קדשך, וינוחו בם".

ד. אחר תפלת הלחש בערבית בשבת, אומרים כולם ביחד
„ויכולו", ויש לאמרו מעומד, לפי שבזה אנו מעידים להקב״ה במעשה
בראשית, והעדים צריכין להעיד מעומד.

ה. אח״כ אומר הש״ץ ברכה אחת מעין שבע, דהיינו בא״י או״א
וכו׳ מגן אבות וכו׳ או״א וכו׳ ומסיים „בא״י מקדש השבת". ויש להקהל
לעמוד בשעה שהש״ץ אומר ברכה זאת וישמעו היטב, ונוהגין שאומרים
עמו „מגן אבות", עד „זכר למעשה בראשית", וגם המתפלל ביחידות,
יכול לומר „מגן אבות" עד „זכר למעשה בראשית". אבל יותר לא יאמר.

ו. בכל שבתות השנה אומרים ברכה זאת אפילו ביו״ט, ובשבת
שחל לאחר יו״ט, אף כשחל יו״ט ראשון של פסח בשבת, אין אומרים
אותה.

ז. אין אומרים אותה אלא במנין קבוע, אבל במקום שאין מתפללין
בעשרה אלא באקראי, כגון בבית החתן, או בבית האבל, אין אומרים
אותה, ואם קבעו מקום להתפלל בעשרה איזה שבועות, יש לאמרה.

ח. במדינות אלו נוהגין, שהש״ץ מקדש בבהכ״נ בלילי שבתות
ויו״ט וכיון שהוא אינו יוצא בקידוש זה, ואסיר לטעום קודם קידוש, לכן
כדי שלא תהא ברכתו לבטלה, נותנים לטעום לקטן שהגיע לחינוך,
והקטן ישמע את הברכה ממנו ויוצא בה, ונמצא שלא בירך לבטלה,
ואם אין קטן בבהכ״נ, יכוין המקדש, או אדם אחר לצאת בקידוש וישתה
שיעור רביעית כדי לברך ברכה אחרונה, ואעפ״כ יכול הוא לחזור ולקדש
בביתו. להוציא את אשתו ובני ביתו אם אינן יודעין לקדש בעצמן, והוא
דיוצא בקידוש שבבהכ״נ אע״ג דאין קידוש אלא במקום סעודה, בשעת
הדחק סומכין על הפוסקים דס״ל דדי אם שותה רביעית שלם מן הכוס.

3. In the תפלה of the Evening Service וינוחו בה is said; of Morning and Additional Services וינוחו בו', and of the Afternoon Service וינוחו בם.

4. After the silent prayer in the Evening Service for Sabbath, the entire congregation say ויכולו; it should be said standing, thus signifying that we are witnesses—for witnesses stand—in the Almighty's creations.

5. After which the Reader says ברוך . . . אלהינו ואלהי אבותינו וכו' then מגן אבות, וכו' and closes with ברוך . . . מקדש השבת the congregation should stand and listen attentively whilst the Reader is saying this blessing, and it is customary for them to say with him מגן אבות until וכר למעשי בראשית but no further.

6. The above blessing is said every Sabbath in the entire year, even when a Festival occurs thereon, also on a Sabbath which occurs at the close of a Festival, but when the first days of Passover occur on a Sabbath, it is not said.

7. It should be said only at a regular place of worship amongst ten, but in a place where prayers amongst ten are only said casually, e.g., at the house of a bride-groom, or at the house of a mourner, it should not be said. If ten had appointed a regular place for praying for several weeks, it should be said.

8. It is customary in these countries that the Reader says Kiddush at the Synagogue on Sabbath and Festival evenings, and inasmuch as he is thereby not exempt from saying Kiddush at home, and as he is forbidden to partake of anything previous to saying Kiddush, therefore, in order that his blessing should not be in vain, the wine should be given to a child who had reached the age for being trained in the observances, who having heard the blessing and having been exempted thereby, partakes thereof, and thus the Reader's blessing is not in vain, and if there be not a child in the Synagogue, the one who says Kiddush or another should be intent upon being exempted by the Kiddush, and drink as much as a רביעית in order to say the ברכה אחרונה nevertheless, he may say Kiddish again at his home in order to exempt his wife and family, if they are themselves unable to say it. How he is exempted by the Kiddush in the Synagogue in spite of the fact that Kiddush can only exempt one who says it and then partakes of a meal, is explained by our reliance in an emergency, upon those expounders of the law contending that it suffices if one drank a רביעית

250

3—2

וטוב שישתה רביעית חוץ מכמלא לוגמיו, דהיינו כמלא לוגמיו משום קידוש, ועוד רביעית משום סעודה.

ט. נוהגין לומר פרק „במה מדליקין", ואין אומרים אותו ביו"ט שחל בשבת ולא כשחל יו"ט בע"ש, ולא בשבת הוה"מ.

י. נוהגין שבשבת אין משכימין כ"כ לבא לבהכ"נ כמו בחול, משום דשינה מעונג שבת הוא, ואסמכוהו אקרא דבקרבן התמיד של ימות החול נאמר „בבקר", ובשבת נאמר „וביום השבת" דמשמע איהור, ומ"מ צריכין ליזהר שלא לאחר זמן ק"ש ותפלה.

יא. זמן תפלת מוסף, הוא מיד אחר תפלת שחרית, ואין לאחרה יותר מעד סוף ז' שעות ואם התפלל אותה אחר ז' שעות נקרא פושע, ואעפ"כ יצא י"ח, מפני שזמנה כל היום.

יב. היו לפניו להתפלל שתי תפלות, אחת של מנחה ואחת של מוסף, כגון שאיחר מלהתפלל מוסף עד ו' שעות ומחצה, צריך להתפלל תחלת מנחה, ואח"כ מוסף, משום דמנחה תדירה יותר, וקי"ל תדיר ושאינו תדיר, תדיר קודם. ומ"מ בצבור, אין לעשות כן.

יג. בקדושה דמוסף שאומרים „שמע ישראל ה' אלהינו ה' אחד" ימיד אומרים הקהל אחד הוא אלהינו וכו' הוא טעות, כי אסור לומר תיבת אחד שני פעמים רצופים, אלא יאמר „ה' אחד", „הוא אלהינו" וכו', אך הש"ץ שהוא ממתין על הצבור, יכול הוא להתחיל בתיבת אחר, כיון שהפסיק בינתים.

יד. במנחה קודם קריאת התורה אומרים, „ואני תפלתי" וכו' ע"פ מה שדרשו רז"ל בפ' ישיחו בי יושבי שער ונגינות שותי שכר וכתיב אחריו „ואני תפלתי" וגו' אמר דוד לפני הקב"ה, רבש"ע אין אומה זו כשאר אוה"ע, כשהם שותים ומשתכרים, הולכין ופוחזין, ואנו לא כן אלא אע"פ ששתינו, „ואני תפלתי" וגו' ולכן אומרים אותו לפני קה"ת, להודות

of the cup, it is well that he should drink a רביעית besides the mouthful that he swallowed, so that the mouthful be drunk on account of Kiddush and the additional רביעית in place of the meal.

9. It is customary to say the chapter of במה מדליקין, but it should not be said on Sabbath day, nor on a Sabbath-eve whereon a holiday occurs, nor on a Sabbath of the Intermediate days of a Festival.

10. It is customary not to come to the Synagogue on the Sabbath as early as on a week day, for sleep is one of the delights of the Sabbaths; this being based on the biblical injunction that the permanent sacrifice should be offered early in the morning but this expression is omitted when referring to Sabbath, thus indicating delay; nevertheless one should take care not to delay the prayers of Shema' and תפלה until their proper time is past.

11. The time for saying the Additional Service is immediately after the Morning Service, and it should not be delayed later than the end of the seventh hour of the day, and one who says it after that time is called transgressor, nevertheless, he has fulfilled his obligation, as its time is the entire day.

12. If one had to pray two Shemoneh 'Esrehs, one of the Afternoon Service and one of the Additional Service, e.g., he had delayed saying the Additional Service until six and a half hours, he should first say the Afternoon prayers and then the Additional prayers, because the former is permanent and the permanent is always precedentory, this only applies to one who prays privately, but in a congregation he should not do that.

13. In the קדושה of the Additional Service when שמע ישראל ה' אחד ה' אלהינו is said it is a mistake for the Congregation to follow immediately אחד הוא אלוהינו וכו' for it is not allowed to utter twice the word אחד consecutively, but it should be said, ה' אחד, הוא אלהינו, וכו'. Only the Reader who pauses while waiting for the congregation may begin with the word אחד.

14. In the Afternoon Service previous to the reading of the Law ואני תפילתי should be said. It is not said on a Holyday which occurs on a week-day when the Law is not read, but it is said on a Sabbath

ליוצרנו שלא שם חלקנו בהם, אפילו הרקים שבנו באים לשמוע תורה
ובי"ט שחל בחול שאין קורין בתורה, א"א אותו, אבל בשבת, אע"פ
שאין ס"ת לקרות מ"מ אומרים אותו קודם החצי קדיש, כדי שלא להפסיק
בין הקדיש לתפלת, ש"ע.

מו. ליאחר חזרת את הש"ע נוהגין לומר "צדקתך צדק", והמה
שלשה פסוקים כעין צדוק הדין, על ג' צדיקים שנפטרו בשעה זאת, יוסף.
משה, ודוד, ואם הוא ביום שאם היה חול לא היה אומרים תחנון, א"א
אותו, אך כשמתפללין בצבור בבית אבל, אומרים אותו, דאם לא יאמרוהו
הוי פרהסיא, ואין אבילות פרהסיא בשבת.

טז. אם טעה בשבת או ביו"ט, והתחיל ברכות אמצעות של חול,
ונזכר באמצע ברכה, צריך לגמור כל אותה ברכה שהתחיל, ואח"כ מתחיל
ברכה אמצעית של שבת או של יו"ט, משום דמן הדין היה ראוי לתקן
גם בשבת ויו"ט כל ברכות האמצעיות, כמו בחול, ולהזכיר קדושת היום
בברכת רצה, כמו בר"ח וחוה"מ, אלא מפני כבוד שבת ויו"ט לא הטריחו
חכמים, ותקנו ברכה אחת אמצעית לקדושת היום, אבל זה שהתחיל ברכה
של חול, יש לו לגמור אותה ברכה, כיון שהיא ראויה לאמרה עתה מן
הדין:

יז. בתפלת המוספין, אם טעה בברכות האחרונות פוסק באמצע
ברכה שנזכר בו ומתחיל ברכה אמצעית של תפלת מוסף כי בתפלת
מוסף לא היה כלל מן הדין להתפלל כל ברכות האמצעיות כמו בחול
אלא ברכה אחת של מוסף.

יח. אפילו לא התחיל רק תיבה אחת מן הברכה ונזכר מיד, צריך
לגמור כל הברכה, חוץ מברכת "אתה חונן" שאם לא אמר עדיין רק תיבת
"אתה", כיון שגם תפלות שבת ערבית ומנחה מתחילין "אתה", לכן אם
בתפילת ערבית או מנחה אע"פ ששכח שהוא שבת והתחיל תיבה "אתה"
על דעת לומר "אתה חונן", ונזכר מיד שהוא שבת, אינו צריך לומר ברכת

even where there is not a Scroll of the Law to read, it is then said previous to the half-Kaddish in order that there be no interruption between the Kaddish and the שמונה עשרה.

15. After the repetition of the שמונה עשרה by the Reader צדקתך צדק should be said, in memory of Joseph, Moses and David who died on Sabbath afternoon. If, however, the Sabbath is on a date whereon תחנון (Supplications) would not have been said on a week day it should not be said, but when praying in assembly at the house of a Mourner it should be said, for its omission would indicate ths observance of mourning in public, whereas mourning should not be observed publicly on the Sabbath.

16. If one erred on a Sabbath and began saying an intermediate blessing of the week-day service, but was reminded thereof in the middle of the blessing, he is required to conclude the blessing, and then to say the intermediate blessing of the Sabbath or Holyday service; for in fact the blessings of the week-day service should have been said also on Sabbath and on Festivals, only in honour of Sabbath and Festivals the sages reduced the number, and consequently one having commenced a week-day blessing should complete it, since it is in accordance with Law it should be said.

17. If in the Prayers of the Additional Service it is erroneously substituted by a week-day blessing then it should be stopped in the middle of the blessing as soon as reminded thereof and begin the Intermediate Service blessing of the prayer of the Additional Service, because according to the law all the intermediate blessings of the week day are not all essential in this Additional Prayer.

18. Even if one word of the erroneous blessing was said and the mistake at once recognised, it is required to conclude it, the blessing אתה חונן excepted; for if only the word אתה was said, inasmuch as that word also begins blessings in the evening and afternoon prayers of the Sabbath Service, therefore if during that prayer it was forgotten that it was Sabbath and אתה begun with the intention of saying אתה חונן but immediately recognised the error, it is not necessary to say אתה חונן but קדשת וכו' should be continued, if, however, this occurred during the Morning Prayer, if it was caused by the erroneous impression that it was week-day, it is necessary to conclude the blessing אתה חונן; but if cognizant of the Sabbath and knowing that ישמח משה should be said, but only through a slip of the tongue due to habit that אתה was said, it

"אתה חונן", אלא "אתה קדשת" וכו', ואם אירע לו כן בשחרית, אזי אם היה הטעות מחמת שהיה סובר שהוא חול, צריך לגמור ברכת אתה חונן, אבל אם ידע שהוא שבת וצריך לומר "ישמח משה", אלא שנכשל בלשונו מחמת הרגלו ואמר תיבת "אתה", אינו צריך לגמור ברכת אתה חונן, אלא אומר "ישמח משה", דכיון שיש בתפלת שבת נ"כ תפלות שמתחילין "אתה", הוי ליה כמו. שטעה בתפלת שבת מזו לזו, מאחר שידע שהוא שבת ולא אמר עדיין רק תיבת "אתה".

יט. אם לא נזכר עד בברכות האחרונות פוסק באמצע ברכה במקום שנזכר, ומתחיל בשל שבת או יום טוב, וגומר כסדר, ואם לא נזכר עד לאחר שהתחיל לומר "יהיו לרצון", חוזר לראש התפלה.

כ. טעה בברכה אמצעית של תפלות השבת מזו לזו, אם נזכר קודם שאמר את השם מחתימת הברכה, חוזר לתחילת הברכה שהיה לו להתפלל עתה, אבל אם לא נזכר עד לאחר שאמר את ה', נומר ואומר "מקדש השבת" ויוצא בדיעבד, לפי שהעיקר מברכות האמצעיות היא, "רצה נא במנוחתנו" והיא שוה בכל התפלות. במה דברים אמורים בתפלות ערבית, שחרית, ומנחה, אבל בתפלת מוסף, אם התפלל במקומה במקומה **תפלה אחרת** לא יצא, הואיל ולא הזכיר קרבן מוסף, וכן אם במקום ערבית או שחרית או מנחה, התפלל מוסף, לא יצא, הואיל והזכיר קרבן מוסף, ואמר שקר לפני המקום ב"ה.

כא. אם טעה בתפלת יו"ט, שהיה לו לחתום "מקדש ישראל והזמנים", וחתם מקדש השבת, אם חוזר בתוך כדי דבור ואמר מקדש ישראל והזמנים יצא, ואם לאו, צריך לחזור ולהתחיל "אתה בחרתנו" וכו'.

דיני הקידוש והסעודות בלילה וביום.

א. מ"ע מן התורה לקדש את יום השבת בדברים, שנא' "זכור את יום השבת לקדשו" כלומר זכרהו זכירות שבת בקידוש, וצריך לזכרהו,

is not necessary to conclude the blessing אתה חונן but ישמח משה should be said, for inasmuch as in the Sabbath Service there are also prayers beginning with אתה it is reckoned as if he had been saying one Sabbath prayer for another, seeing that the word אתה was said though knowing it was Sabbath.

19. If one did not become aware of the error until the concluding blessings (i.e. from רצה, etc.) he should stop in the middle of a blessing wherever he reminds himself, and say the Sabbath or holiday blessing in rotation from beginning to end, but if he only reminded himself after he already began saying יהיו לרצון he should repeat the entire prayer.

20. If one had erroneously substituted one intermediate blessing of the Sabbath prayers for another and became aware thereof before pronouncing the Ineffable Name of the concluding blessing, he should repeat the appropriate blessing, but if he only became aware thereof after he had pronounced the Divine Name, he should conclude by saying מקדש השבת, and is exempted from saying the appropriate blessing, inasmuch as the principle of the intermediate blessings is רצה נא במנוחתנו which is uniform in all the prayers. The above is applicable only to the evening, morning and afternoon services; if, however, he substituted another prayer for the prayer of the Additional Service, he has not fulfilled his obligation, inasmuch as he did not mention קרבן מוסף. Likewise if he substituted the prayer of the Additional Service for the Evening, Morning, or afternoon prayers, he did not fulfil his obligation inasmuch as he mentioned קרבן מוסף and spoke falsely before the Omnipresent, blessed be He.

21. If one erred in the Holyday prayers and instead of concluding מקדש ישראל והזמנים concluded מקדש השבת if he instantly added מקדש ישראל והזמנים he has fulfilled his obligation, but if he did not, he is required to repeat the prayer from אתה בחרתנו, וכו'.

LAWS CONCERNING THE HOLINESS OF SABBATH
AND THE FEASTS AT NIGHT AND DAY.

1. It is mandatory to sanctify the Sabbath in words, for it is written: "Remember the Sabbath day to keep it holy," implying an obligation to remember it at its coming in by Kiddush and at its going out by Habdallah, hence our Sages have instituted the ceremony of

בכניסתו בקידוש, וגם ביציאתו, בהבדלה, ותקני חכמים שתהא זכירה זו
על כוס יין, בין בכניסתו, בין ביציאתו.

ב. יכולין לקדש ולאכול אע"פ שעדיין אינו לילה, אך הנוהגין כל
ימות החול להתפלל מעריב בזמנה, ובשבת מקדימין, אלו אסורין לאכול
משהגיע חצי שעה קודם צאת הכוכבים, ולכן אם אין יותר מחצי שעה
עד הלילה, צריכין להמתין עד הלילה, ואז יקראו תחלה ג' פרשיות של
ק"ש, ואח"כ יקדשו ואסור לטעום כלום ואפי' מים קודם קדוש.

ג. מצוה לקדש על יין ישן. ומצוה לברור יין יפה, ואם אפשר
יש להדר אחר יין אדום, ובמקום שאין יין כראוי מצוי, מקדשין
גם על יין צמוקין, "ויכולו", יש לומר מעומד, ומסתכל בנרות, ואח"כ
ישב ומסתכל בכוס, ומברך "בפה"ג ואשר קדשנו" וכו', ואם אין לו יין,
מקדשין על הפת, ולא על שאר משקין.

ד. גם הנשים חייבות בקידוש, ע"כ ישמעו היטב את הקידוש ויענו אמן,
אבל "ברוך הוא וברוך שמו" לא יאמרו, וקטן אפי' הוא בן י"ג שנה אם
אינו ידוע שהביא ב' שערות אינו מוציא את האשה, ולכן תקדש האשה
בעצמה, ואם אינה יודעת, תאמר עם הקטן מלה במלה, וגם אם שומעת
את הקידוש מן הבעל או מאיש אחר, יותר נכון הוא שתאמר עם
המקדש מלה במלה ואם יש כמה בע"ב בבית אחד, מוב שיקדשו זה אחר זה.

ה. יין שנתחמץ, וכן שיש לו ריח רע, אין מקדשין עליו, יין
שיש בו קמחין, יש לסננו ואם א"א לסננו, מקדשין עליו כך, אבל אם
יש עליו קרום לבן אין מקדשין עליו, משום דמסתמא כבר פג טעמו,
בשעת הדחק. מקדשין על יין מבושל, ועל יין שיש בו דבש,

ו. הכום צריך להיות שלם ונקי, וכל הדינים שהן בכום של ברמ"ה
ישנם גם בכום של קידוש, בין ביום, בין בלילה, וכן בכום של הבדלה,
וטוב לקדש בלילה על כום גדול שישייר ממנו לקידוש היום ולהבדלה.

sanctification over a cup of wine, both at the coming in and going out of the Sabbath.

2. Kiddush may be said and the meal partaken of although it is not yet night : those, however, who during the week-day scrupulously say the Evening Prayers at the proper time, although saying it earlier on the Sabbath, are forbidden to eat half-an-hour before the appearance of the stars, if, therefore, it is only half-an-hour before nightfall, one should wait till nightfall, when the Shema' and its benedictions should be read to be followed by the Kiddush. It is forbidden to partake of anything, even water, before saying the Kiddush.

3. It is mandatory to say Kiddush upon old wine ; it is also mandatory to select good wine ; indeed, special effort to obtain choice wine of a good colour should be made. Where grape wine cannot be obtained, Kiddush may be said upon raisin wine. While saying ויכולו one should stand and gaze at the candles, on conclusion thereof he should sit down and gaze at the goblet saying the blessing בורא פרי הגפן and אשר קדשנו, וכו'. If one has no wine, he should say Kiddush upon bread, but not on any other beverage.

4. Kiddush is also obligatory upon women, they should, therefore, listen attentively when the Kiddush is said and respond אמן but they should not respond ברוך הוא וברוך שמו. A child, even if he had arrived at the age of thirteen, but his religious majority had not been clearly established according to law, cannot (by saying Kiddush) exempt the woman, she should therefore say Kiddush herself, but if she does not know how to say it she should repeat it after the child word by word ; even if she hears the Kiddush said by her husband, or by some other man, it is proper for her to say each word with the one who says Kiddush. If there are several men in one house it is well that one should read Kiddush after the other.

5. One should not say Kiddush upon wine which has turned sour, nor upon wine having a disagreeable odour. Foamy wine should be strained, but if it is impossible to strain it, one must say Kiddush thereon just as it is, but if it is covered by a whitish film, one should not say Kiddush thereon for it has presumably become stale. One may say Kiddush upon wine that has been boiled, or made with honey, but, one should, if possible, seek for different wine.

6. The goblet for Kiddush should be perfect and clean, and it is governed by all the laws pertaining to the cup of blessing for Grace after meals both in the evening and the day-time, as well as the cup of Habdallah. It were well to say Kiddush in the evening upon a large glass (of wine) from which some should be left for Kiddush in the day time and for Habdallah.

ז. החלות יהיו מכוסים בשעת קידוש, ואפילו הוא מקדש עליהם יהיו מכוסים בשעת הקידוש זכר „למן", שהיה מכוסה בטל מלמטה ולמעלה.

ח. המקדש ישתה מן הכום לכל הפחות כמלא לוגמיו בלי הפסק, ומצוה שיטעמו כולם מכום של ברכה, מי שאינו שותה יין מחמת נדר או מחמת שמזיק לו וכדומה, אין לו לקדש על היין על סמך שישתו המסובין, יין של קידוש לפי שהוא מצרכי הסעודה אינו טעון ברכה לאחריו, דברהמ״ז פטרתו.

ט. על היין שבתוך הסעודה אינו צריך לברך, שנפטר בברכת „בורא פרי הגפן" שבקידוש.

י. קידש על הכום, סבור שהוא יין, ואח״כ נמצא שהוא מים, או שאר משקה, יחזור ויקדש על היין, ואם עמד לפניו יין על השלחן, והיה דעתו לשתות יין גם בתוך הסעודה, אינו צריך לקדש שנית, דהוי כאילו קידש על היין, ואם לא היה יין לפניו על השלחן אבל היה יין בביתו, והיה דעתו לשתות בתוך הסעודה, א״צ לברך בפה״ג אלא אשר קדשנו וכו' ואם היה הכום של שכר או מעד במקום שהוא חמר מדינה בכל אופן אינו צריך לחזור ולקדש שנית, אלא יברך „שהכל" וישתה, ובמקומות שנוהגין לקדש אחר נטי״י קודם בציעת הפת ג״כ א״צ לחזור ולקדש, אלא מברך המוציא, והוי כאילו קידש על הפת.

יא. גם ביום, בסעודת שחרית, צריך לקדש על הכום, דהיינו שמברך עליו בפה״ג וזהו הקידוש, וגם נשים חייבות בקידוש זה וגם קודם קידוש זה אסור לטעום כלום ואפילו מים, כמו בקידוש הלילה ומצוה מן המובחר שיהיה קידוש זה ג״כ על היין דוקא, ואם חביב לו יין שרף ומקדש עליו, גם כן יוצא. אך יזהר שיהא הכום מחזיק רביעית, וישתה מלא לוגמיו בלא הפסק.

יב. בין בלילה, בין ביום, אין קידוש אלא במקום סעודה, ואם

רנה

7. The bread should be covered whilst the Kiddush is said, even though one says Kiddush on the bread it should still be covered whilst Kiddush is said symbolizing the manna which was covered with dew from above as well as from beneath.

8. The one who says the Kiddush should drink at least a mouthful from the cup without interruption. It is mandatory for all to partake of the cup of blessing. One who does not drink wine on account of having pledged himself to abstain or because it does him harm and the like reasons, should not say the Kiddush upon wine, relying upon others to drink it. Wine of Kiddush, inasmuch as it is one of the essentials of the meal, does not require a concluding blessing to be said thereafter, as that is exempted by the Grace after the meal.

9. On the wine partaken of during the feast one need not pronounce a blessing, as it was exempted by the blessing פרי הגפן of the Kiddush.

10. If one had said Kiddush upon a glass, thinking it contained wine, and then discovered that it contained water or some other beverage, he should repeat the Kiddush upon wine, but if there was wine before him of which he intended to drink during the meal, he is not required to repeat the Kiddush, as it is reckoned to him as if he had said the Kiddush upon that wine, but if there was no wine before him on the table, but there was some in the house of which he intended to partake during the meal, he is not required to say פרי הגפן only אשר קדשנו, וכו' and if the glass contained beer or mead where these are the native drinks, it is not required to repeat the Kiddush under any circumstances, but he should pronounce the blessing שהכל נהיה בדברו and drink, nor is it necessary to repeat it if the saying of Kiddush follows the washing of hands before meals as is the custom in some places.

11. In the day-time at the morning meal, one should say the Kiddush upon a glass (of wine), this Kiddush consists in simply pronouncing the blessing פרי הגפן. This Kiddush is obligatory also upon women. Before this Kiddush is said it is also forbidden to partake of anything, even water, and it is fulfilling the precept in the best manner to say that Kiddush also upon wine, if one, however, is fond of brandy and he says Kiddush thereon, he has fulfilled his obligation, he should be careful to observe that the glass contains a רביעית (the capacity of one and a half egg-shells) and he should drink a mouthful without interruption.

12. Both in the evening and day-time Kiddush should only be said where the meal is partaken of, if one, therefore says Kiddush in one

קידש בבית זה ואוכל בבית אחר, אפילו אם בשעת קידוש היה דעתו כן, אינו יוצא ידי קידוש, וגם צריך לאכול מיד לאחר הקידוש. ואם לא אכל מיד אחר הקידוש, לא יצא ידי קידוש. וביום, אף אם אינו רוצה לאכול מיד סעודה קבועה, יכול לקדש ולאכול קצת פת כיסנין, ואז צריך לשתות מן הכום רביעית, כדי לברך ברכה על „המחיה ופרה"ג". ומיהל שהוא צריך לברך על כום המילה, ועדיין לא קדש, ישתה מן הכום כמלא לוגמיו ועוד רביעית.

יג. אחר תפלת שחרית, קודם תפלת מוסף, אם לבו חלש, מותר לטעום פת כביצה ולא יותר, ופירות אפילו הרבה. כדי לסעיד את הלב. ובלבד שיקדש תחלה, וישתה כמלא לוגמיו, ועוד רביעית יין, או ישתה רביעית יין ויאכל כזית מחמשת מיני דגן.

יד. כל אדם מישראל, בין איש או אשה, חייבים לאכול בשבת ג' סעודות, אחת בלילה ושתים ביום. וחייב לאכול בכל סעודה פת כביצה, ואפילו בסעודה שלישית יזהר מאד לאכול פת דוקא. לכן יזהר שלא למלאות כריסו בסעודת שחרית, כדי שיוכל לקיים מצות ג' סעודות, ואם אי אפשר לו כלל לאכול פת גמור, יאכל לכה"פ מאכל העשוי מחמשת מיני דגן, שמברכין עליו במ"מ, ואם גם זאת אי אפשר לו, יאכל עכ"פ דברים שדרך ללפת בהם את הפת, כגון בשר ודגים וכיוצא בהם. ואם גם זאת אי אפשר לו, יאכל עכ"פ פירות. וזמן סעודה שלישית היא, משיגיע חצי שעה אחר חצות היום.

טז. חייב לבצוע בכל סעודה על שתי ככרות שלימות, ואפילו אוכל כמה סעודות, צריך בכל סעודה לחם משנה, וכן כשמקדש ביום בשחרית, קודם הסעודה ואוכל פת כיסנין, יש לקחת שתים שלימות, ואוחז שתיהן בידו בשעת ברכת המוציא, ובוצע אחת מהן. ונוהגין לרשום, קודם הברכה, בסכין על הככר, במקום אשר רוצה לבצוע. וצריך להניח, שתהא זו שרוצה לבצוע אותה לפניו, שלא יצטרך להעביר על המצוה.

רנו

house and eats in another, although that was his intention when saying the Kiddush he has not fulfilled his obligation concerning Kiddush. One is also required to eat immediately after Kiddush, and if he did not eat immediately thereafter, he has not fulfilled his obligation concerning Kiddush in the day-time. Even if he does not care to eat a regular meal immediately thereafter, still he may say the Kiddush and partake of some pastry, but then he is required to drink a רביעית of the glass in order to say the blessing thereafter על המחיה and על פרי הגפן. A "Mohel" who has to pronounce a blessing upon the "circumcision-cup" but has not as yet said the Kiddush, should drink a mouthful from the glass, then an additional רביעית.

13. After saying the morning prayers, one who feels faint may partake of some slight refreshment previous to saying the prayers of the Additional Service, viz. : of bread no more than the size of an olive (כזית) (or half-egg) but of fruit he may eat plenteously, in order to comfort his heart, he must, however, first say the Kiddush, and drink a mouthful (of wine), than partake of an additional רביעית of wine, or he may drink a רביעית of wine and partake of a כזית food made of the five species of grain.

14. Every Israelite, man or woman, is in duty bound to partake of three meals on the Sabbath, one in the evening and two in the day-time, and at each meal it is obligatory to eat bread (at least) the size of an egg, even during the third meal one should be careful to eat bread, therefore in order to be able to fulfil the precept concerning three meals one should take care not to eat to excess at the morning meal, if, however, one finds it impossible to partake of bread (at the third meal) he should, at least, partake of food made from any of the five species of grain upon which the blessing בורא מיני מזונות is pronounced, but if this also is impossible for him, he should at least partake of that which is eaten with bread, such as meat, fish and such food, and if this also is impossible for him, he should, at any rate, partake of fruit. The time for partaking of the third meal begins from half-an-hour past noon.

15. One is obliged to "break bread" at every meal upon two entire loaves, even if one partakes of many meals, he is required to have "two-fold bread" at every meal, also when saying Kiddush in the morning before meal-time, when he partakes of pastry, he should take two entire cakes. Before saying the blessing המוציא, he should divide one of the loaves; it is customary, before saying the blessing, to make a mark with the knife upon that part of the loaf he desires to cut, and he should lay the loaves in such a way that the one he desires to cut should be before him, so that he need not (by passing a loaf) " leave a precept unfulfilled."

256

טז. אם אין לכל המסובין בשלחן, לחם משנה, אלא לפני אחד, יבצע
הוא להוציא את כולם, וגם בברכת המוציא יצאו, במה שיברך הבוצע.
וקודם שיברך המוציא, יאמר „ברשות מרי ורבותי". ולאחר שטעם הוא
מפרוסת המוציא, נותן לכ"א פרוסה ואוכלים.

יז. אסור להתענות בשבת לשם תענית, אפילו זמן קצר, ואפי'
שלא לשם תענית, אסור עכ"פ להתענות עד חצות. ואם לא קרא הפרשה
שמו"ת בע"ש, מצוה שיקרא קודם האכילה. אך אם חלש לבו, או שיגיע
חצות היום, יקרא קודם מנחה. ובדיעבד עד סוף יום שלישי.

יח. ירבה בפירות ומגדנות ומיני ריח, כדי להשלים מאה ברכות.
ומצוה לענגו בכל דבר שהוא לו לעונג. ואסור להצטער על איזה דבר,
אלא יבקש רחמים מהאל הטוב.

יט. שינה בשבת תענוג, לכן אם רגיל לישן לאחר הסעודה, אל
יבטלנה. ואח"כ קובעים ללמוד תורה, ומקהילין קהלות ללמוד תורה
ברבים. ואמרו רבותינו ז"ל, לא נתנו שבתות וימים טובים לישראל, אלא
לעסוק בהם בתורה, כי הרבה אנשים טרודים כל ימי החול במלאכתם,
ואין להם פנאי לעסוק בתורה בקביעות, ובשבת ויום טוב שהם פנוים
ממלאכתם, יכולין לעסוק בתורה כראוי, לפיכך כל אותן האנשים שאינם
עוסקים בתורה, כל ימי השבוע, המה מחוייבים יותר, לעסוק בתורה ביום
ש"ק, איש איש כפי השגתו ויכלתו. ואסור לו לאדם לאמר, אישן ואנוח
בשבת, למען אוכל לעבוד במוצאי שבת.

דיני המלאכות האסורות בשבת.

א. כתיב (שמות ל"ה) „אלה הדברים אשר צוה ה' לעשות אתם,
ששת ימים תעשה מלאכה וביום השביעי יהיה לכם קדש שבת שבתן לה'
כל העשה בו מלאכה יומת". ופירשו רבותינו זכרם לברכה, שאלו
רנז

16. If only one of those who are at table has "twofold bread" he should apportion it and exempt them all, they are also exempted from saying the blessing המוציא as it was said by the one who divided the bread. Before saying the blessing המוציא the latter should say ברשות מורי ורבותי and after he had partaken of his portion of the bread on which he had said the blessing המוציא, he should give each one a portion which they should eat.

17. It is forbidden to fast on the Sabbath for the express purpose of fasting, even for a very short time, and to fast until noon-time is forbidden at any rate, even if not done for the express purpose of fasting. If one did not read the Law section—Scripture twice and Targum once—on the Sabbath-eve, it is mandatory upon him to read it before eating, if he, however, felt faint, or it approached the noon-hour, he should read it before the Afternoon Service, and if inadvertently delayed, it may be read until Tuesday evening.

18. One should generously partake of fruit and delicacies also inhale sweet perfumes in order to complete the total of one hundred blessings. Indeed, it is mandatory to take delight on the Sabbath in everything that gives pleasure, and one is forbidden to be distressed about anything, but should pray for mercy to the good God.

19. Sleep is one of the pleasures of the Sabbath, therefore, one who is accustomed to sleep after the meal should not discontinue it; after which a time should be set aside for the study of the Torah, and assemblies should be formed where the Torah should be taught to the multitude, for thus did our Rabbis, of blessed memory, say : "Sabbaths and Festivals were given to Israel only to devote themselves to the study of the Torah," as there are many who are preoccupied in their work during the week, and have no time to study the Torah regularly, but on Sabbaths and Festivals, being relieved from their work, they can study the Torah properly, hence all those who do not study the Torah the entire week, are all the more obliged to study the Torah on the holy Sabbath, each according to his conception and capacity. One is forbidden to say : "I will sleep and rest myself on the Sabbath so that I may work on the close of the Sabbath."

LAWS CONCERNING THE WORK WHICH IS FORBIDDEN ON THE SABBATH.

1. It is written "These are the things which the Lord hath commanded, that ye should do them. Six days shall work be done, but on the seventh day there shall be to you a holy day, a Sabbath of rest to the Lord : whosoever doeth work thereon shall be put to death." (Ex. xxxv. 1, 2). Our Rabbis, of blessed memory, have expounded the above " work forbidden us to be done on the Sabbath " as having refer-

המלאכות שהיו צריכין למלאכת המשכן, הם שנאסרו עלינו לעשות אותם בשבת ואלו הן: א) החורש, ב) הזורע, ג) הקוצר, ד) המעמר, ה) הדש, ו) הזורה, ז) הבורר, ח) הטוחן, ט) המרקד, י) הלש, יא) האופה, או המבשל, יב) הגוזז את הצמר, יג) המלבנו, יד) המנפצו, טו) הצובע, טז) הטווה, יז) המיסך, יח) והעושה ב' בתי נירין, יט) האורג ב' חוטין, כ) הפוצע ב' חוטין, כא) הקושר, כב) והמתיר, כג) התופר שתי תפירות, כד) והקורע ע"מ לתפור שתי תפירות, כה) הצד צבי, כו) השוחטו, כז) המפשיטו, כח) המולח עורו, כט) המשרטטו, ל) הממחקו, לא) המחתכו, לב) הכותב ב' אותיות, לג) המוחק ע"מ לכתוב ב' אותיות, לד) הבונה, לה) והסותר, לו) המכבה, לז) והמבעיר, לח) המכה בפטיש, לט) המוציא מרשות לרשות.

החורש. איסור מלאכת חורש הוא האב מלאכה וחייב בכל שהוא ובכללו החופר בשדה או שעשה חריץ, או שהיה שם תל קטן והשפילו, או שהיה שם מקום נמוך והשוה אותו, וכן כל המשוה גומות במקום הראוי לזריעה, וכן כל מה שעושה ליפות הקרקע, כמו המזבל שדהו, או המסקל אבנים ליפות הקרקע, או המפרד גושיה, או רועה צאנו על השדה שיזבלו אותה, או המנכש בעיקרי אילנות, או חותך עלים יבשים מהעשבים שבמחובר, או חותך ענפים הלחים מהנגע שבמחובר.

הזורע. כוונת הזורע להצמיח ולכן כ"ד שכוונתו להצמיח הוא תולדה דזורע, וחייב, אחד הזורע, או נוטע, או מבריך, או מרכיב, או חותך ענפי אילן כדי שיתרבו ענפיו. ובכלל זורע הוא המשקה מים לזרעים או שורה זרעים במים, או עושה שום דבר שמסייע גידול הפירות. זרעים שהם בכלי מנוקב אם עמד על שום דבר באופן שהי' הפסק בינו לקרקע, אסור להעמידו על הקרקע שהרי ע"י עמידתו בארץ תצמח טלחלוחית הקרקע וכן להיפך, עם עמד כלי זה על הארץ, אסור להגביהו מן הארץ ולהניחו על שום דבר, ואף לטלטל כלי זה אסור.

הקוצר. הקוצר דבר ממקום גדולו, בין שקצר ביד או בכלי ואפילו

רנח

ence to the various works that were necessary for the construction of the tabernacle, which are as follows : (1) Ploughing, (2) Sowing, (3) Reaping, (4) Binding sheaves together, (5) Threshing, (6) Winnowing, (7) Bolting, (8) Grinding, (9) Sifting, (10) Kneading, (11) Baking or Cooking, (12) Shearing fleece, (13) Bleaching it, (14) Beating it, (15) Dyeing, (16) Spinning, (17) Braiding, (18) Knitting two loops cross-wise, (19) Weaving two strands, (20) Separating two strands, (21) Knotting, (22) Un-knotting, (23) Sewing two stitches, (24) Rending for the purpose of sewing two stitches, (25) Snaring a deer, (26) Slaughtering it, (27) Flaying it, (28) Salting its skin, (29) Marking it, (30) Erasing the mark, (31) Cutting it, (32) Writing two letters, (33) Erasing for the purpose of writing two letters, (34) Building, (35) Breaking down, (36) Extinguishing, (37) Kindling, (38) Beating with a hammer, (39) Carrying from one place to another.

PLOUGHING.—Ploughing is forbidden in any form and includes the following : Digging in the field, making a ridge, levelling a small mound, filling up a hollow in the ground, filling up holes wherever the ground is arable. Likewise all that is done to improve the soil, such as manuring it, or casting out the stones in order to enrich the ground, or breaking up its clods, or pasturing his flock upon a field in order that they shall manure it, weeding round the roots of trees, cut-ting off dead leaves from growing plants, severing the fresh branches from the growing stock.

SOWING.—The object of sowing is growth, consequently when growth is the intention, it is considered as sowing and is forbidden in any form. This prohibition applies to one who sows, plants, propagates, grafts or cuts the branches of a tree in order to increase them. It also includes one who waters plants, or soaks plants in water or does anything to assist the growth of fruit. Seeds placed in a hollow vessel which is standing in such a manner as not to touch the soil, it is forbidden to place it on the soil, because it would thereby be assisted in its growth. Likewise if it stood on the ground, it is forbidden to raise it and place it anywhere above the ground, it is even forbidden to handle that vessel.

REAPING.—Reaping, such as detaching anything from whence it grows, whether done by hand or with an instrument, even with one's

כפיו אסור, ואפילו אינן מחוברים, לקרקע אלא שגדלים אל עצים תלושים,
כמו כמהין ופטריות, או עשבים שעלו על שום דבר. הכל בכלל איסור
מלאכת קוצר.

המעמר. אין עימור אלא בגדולי קרקע וענין העימור הוא שמאסף
שבלים תלושים, או פירות, או עצים, במקום גדולן ועושה אותם צבור
אחד כמו שדרך לעשות בתבואה, ובכלל איסור זה המקבץ פירות אפילו
שלא במקום גדולן עד שנדבקו יחד או שתלאן בחבל ועשאן גוף א'. וכן
אסור לקבץ שום דבר במקום גדולן, אפילו אינו גדולי קרקע, כגון מלח
במקום שחופרין אותו.

הדש. מלאכת הדישה ידוע שהוא לפרק אוכל ולהפרידו מן
השבלין, אחד המפרק דגן משבלים, או מפרק קטניות מתוך שרביטים
יבשים, מיהו דוקא במפרק הרבה פירות ביחד, אבל כל שרביט לבד
ואכלו מיד, דרך אכילה הוא ושרי. אגוזים לוזים ושקדים מותר לפרקן מן
הקליפה הקשה ומותר לשברן, אבל לפרקן מן הקליפה הרכה הירוקה
שממעל להקליפה הקשה אסור.

אסור לסחוט זתים, או ענבים, או צמוקים וכן שאר פירות, ואפי'
לימונעם כדי להוציא מהם משקה וכן פת שרויה ביין או בשאר משקה,
אסור לסחטן. דמכח הסחיטה מפריד המשקה מן החרצן. כמו הגרעינים
מן השבלין.

אסור לחלוב בהמה בשבת ומותר לומר לאינו יהודי שיחלוב הבהמה
משום צער בע"ח. ואשה שמצטערת מרוב חלב שבדדיה, מותרת להוציא
החלב על הקרקע.

אסור לרסק השלג והברד ולשבר אותם לחתיכות קטנות כדי שיזוב
מהם מים, אבל מותר ליתנם לכום של מים, והוא נימוח מאליו ואפילו
לרסק בידים בתוך כום של מים מותר. וכן מותר לשפוך חמין על
צוקר, ואפילו לרסקו בידים מותר, ומותר לשבור הקרח לטול מים, לשתות
או לטול ידיו.

teeth, is forbidden; even if the plants are not attached to the soil, but grow on uprooted trees, such as mushrooms or creeping vines, or moss, all that is included in the work of reaping, which is forbidden.

BINDING SHEAVES.—The work of binding sheaves together applies only to that what grows on the earth, and consists in gathering severed ears of corn, or fruit, or saplings where they were raised and heaping them up, as is done with grain. In this prohibition is included gathering fruit together, even where they were not raised, and piling them up in one heap, or tying them with a cord in one mass. It is also forbidden to gather anything together where it was raised even if it is not a vegetation of the earth, such as salt at the place where it is mined.

THRESHING.—Threshing applies only to growths on the soil and consists of crushing ears of corn or removing peas from dry pods, this however is forbidden only when a quantity is treated at one time, but to open one pod at a time and immediately to partake thereof is permitted, as this is a manner of eating. It is permissible to crack nuts, filberts and almonds, and to break open their hard shells, but it is forbidden to peel the soft green husk of the shell.

It is forbidden to press olives, grapes or raisins, likewise other fruit, in order to extract their juice, thus even the squeezing of lemons is forbidden. It is also forbidden to press bread that has been soaked in wine or any other liquid, for by so doing the liquid is extracted.

It is forbidden to milk an animal on the Sabbath, but it is permitted to tell a non-Jew to milk the animal in order to relieve it of its distress. A woman to whom the abundance of milk in her breasts causes pain, is permitted to let the milk out upon the ground.

It is forbidden to scrape snow and hail crushing them into small portions in order to extract the water, but it is permitted to place it in a cup of water, letting it melt of itself. It is even permitted to scrape them with the hands into a cup of water. It is permitted to pour warm water upon sugar, it is also permitted to break ice in order to obtain water for drinking, or for washing the hands.

בגד שנבלע בו שום משקה אסור לסוחטו, ואם נשפך מים אסור
לקנחו במפה שהוא מקפיד עליו, דחיישינן שמא יסחוט, וספוג אין מקנחין
בו אא"כ יש לו בית אחיזה, דאז אפשר שלא יסחוט, אבל אם אין לו
בית אחיזה, א"א שלא יסחוט. ואע"ג דאינו מתכוין לסחוט מ"מ הוי
פסיק רישה.

אסור לסחוט שער בשבת, ומכ"ש שאסור לרחוץ ראשו בשבת,
שאז הוא עובר על כמה איסורים.

הזורה. איסור מלאכת הזורה הוא בזורה ברחת לרוח, ולכן אסור
לרוק לרוח, שהרוח יפזר אותו ודומה לזורה.

הבורר. איסור מלאכת בורר יתחלק לחמשה אופנים: א) הבורר
פסולת מאוכל אפי' ביד, ואפי' כדי לאכול מיד אסור. ב) הבורר
אוכל מפסולת אם בנפה וכברה או אפילו בשאר כלים, ואפילי לאכול
מיד אסור, אבל בידו מותר לברור, כדי לאכול מיד בסעודה הסמוכה
ודוקא שהאוכל מרובה על הפסולת, דאל"כ אפילו לטלטל כל התערובות
אסור. ג) הבורר אוכל מאוכל, אם הם ב' מינים, כגון ב' מיני דגים
מבושלים יחד, אעפ"י שהחתיכות גדולות וניכר כל מין מחבירו היטב,
אפ"ה אותו שרוצה לאכול מיד הו"ל האוכל והשני הו"ל הפסולת ודינם
כדלעיל בסעיף קטן א' וב'. ד) ובבורר אוכל מאוכל, חתיכות גדולות
מקטנות, או איפכא, בין ממין א' בין משני מינים, ובורר משניהם יחד
הגדולות מתוך הקטנות, או להיפך, שרי. ה) בורר שייך נמי אפילו במידי
דלאו מיני אוכל, ככלים, עצים, צרורות, שבידרן ממין הדומה להם.

אסור ליתן דבר מאכל שמעורב בו פסולת לתוך המים, כדי שיפול
הפסולת למטה, או שיציף הפסולת למעלה, דהוי בורר.

יין ושאר משקים (חוץ מים הצלולים) מותר לסנן בסודרים, ובלבד
שלא יעשה גומא בסודר לקבל היין משום שינוי, ודוקא שהן צלולים לגמרי
בלא שמרים, או שדרך רוב בני אדם לשתות כך, ואינו מסנן רק מפני

It is forbidden to wring out a garment which had absorbed any liquid. If water was spilled it is forbidden to wipe it up with a cloth about which one is particular, as we are apprehensive lest he will wring it out, nor should it be wiped up with a sponge unless there is a handle to it which may possibly guard it against being wrung out, if, however, it has no handle it is impossible to keep from wringing it. It is forbidden to wring out hair on the Sabbath. It is especially forbidden to wash one's head on the Sabbath, as by so doing one transgresses many prohibitions.

WINNOWING.—The work of winnowing which is forbidden consists in scattering chaff to the wind by means of a fan. It is therefore forbidden to expectorate where there is a current of air, as the wind scatters it and it has a semblance to winnowing.

SEPARATING.—The work of separating which is forbidden consists of the following five forms : (1) Separating the worthless matter from the food, even if done with one hand and for the purpose of eating immediately is forbidden, (2) Separating the food from the worthless matter by a fine or coarse sieve or even by any other utensil, even for the purpose of eating immediately is forbidden, it is, however, permitted to separate with the hand that which one desires to partake of immediately in the meal which is to follow ; this is permissible only if the food is more than the worthless matter, as otherwise it is forbidden even to handle the entire mixture, (3) Separating one food from another, if they are two different kinds, such as two sorts of fish cooked together, although they are large pieces and easily distinguishable, nevertheless, the kind one desires to eat immediately is considered as the food whilst the other is regarded as the worthless matter, and it is governed by the laws treated of above in Nos. 1 and 2, (4) Separating one food from another, either large pieces from small or the opposite, whether of the same kind or of two kinds, and selecting of both kinds, either the large pieces from the small or the opposite, that is permitted, (5) The laws concerning separation apply also to that which is not food, such as utensils, wood, garments, and sticks which one separates from what has a resemblance to each other.

It is forbidden to put food which is mixed with worthless matter into water in order that the worthless matter sink to the bottom or float on the top, as that is "separating."

Straining wine or other beverages (except clear water) by means of a cloth is permissible, but the cloth should not be so manipulated as to form a receptacle for the wine, that change being made because of the Sabbath. It is essential, however, that they be entirely clear and without lees, or if it is mostly drunk that way, and it is only strained

קסמין שנפלו לתוכן, דכיון שראוי לשתות כך לא הוי בורר, אבל אם הם
עכורים ומסנן אותם כדי שישארו השמרים למעלה, זהו בורר ממש, ואסור.
אבל מותר לשתות ע"י מפה, דלא שייך בורר אלא כשבורר קודם האכילה,
אבל לא בשעת אכילה או שתיה.

כששותין קאווע צריכים ליזהר שלא ישפוך כל הצלול מן הקאווע
השחוק, דהוי כבורר, ומכש"כ כשאינו שותה עכשיו, רק שמסנן לבו ביום,
ומכל שכן כשמסנן ע"י כלי שיש בו נקבים קטנים, שאסור אפילו כוונתו
לשתותו תיכף. וכן כשמערה שכר מן השמרים. ויזהר בזה כשמגיע סמוך
לשמרים, או סמוך לקאווע השחוק, אזי ישאר מעט שכר או קאווע צלול
בתוך השמרים או הקאווע. וכן אסור לערות שומן מן המאכל, אא"כ
שמערה גם הרוטב.

אסור להעמיד חלב במקום חם כדי שתעשה גבינה, דזה הוי בורר.
וכן אם נתן החלב הקפוי בשק וכדומה, ומי החלב נוטפין כמו שעושין
גבינות, אסור משום בורר. וכן אסור ליתן חומץ וכדומה בחלב, כדי
שתתברר, דזה הוי בורר ואסור.

אם נפל זבוב במאכל או משקה, לא יסיר הזבוב לבדו, דהוי בורר
פסולת מאוכל אלא יקח קצת גם מהאוכל או המשקה עמו ויזרוק.

אסור לקלוף שום ובצל וכל מיני פירות, כגון אגוזים ושקדים וכיוצא
בהם, אלא מה שצריך לאכול באותה סעודה, אבל לסעודה אחרת אסור.

הטוחן. איסור מלאכת טוחן הוא, כל השוחק תבלין או סממנים
במכתשת, ואם צריך לדוך פלפלין או מלח הגס, ליתן בתוך המאכל
בשבת ידוכם בקתא דסכינא ועל גבי השולחן או בקערה.

המחתך ירק או צנון וכד"ד דק דק, חייב משום טוחן, ולכן אסור
לחתוך בצלים ליתן לתוך המאכל אלא דוקא סמוך לסעודה, דלא מקרי
טוחן מה שטוחן ואוכל תיכף.

אסור לגרור גבינה על ריב-אייזען, אבל מותר לחתכו בסכין דק דק

on account of slivers that fell therein, for inasmuch as it is fit to drink as it is, it does not constitute "separating." If, however, the beverage is thick and one filters it in order to remove the dregs, as that actually constitutes "separating" it is forbidden, it is, however, permitted to drink through a cloth as the laws concerning separating apply only if done previous to eating thereof, but not while eating or drinking thereof.

When drinking coffee care should be taken not to pour out all the clear coffee leaving only the coffee-grounds, as that is equivalent to "separating," this is especially forbidden if the coffee is not drunk immediately, but strained for use during the day and more especially if done by means of a strainer, as that is forbidden even if desired to drink thereof immediately. One should also be careful, when pouring beer and leaving the dregs, or coffee and leaving the coffee-grounds, to leave also some beer with the dregs, or coffee with the grounds. It is also forbidden to skim the fat from soup, unless some of the soup is also skimmed off with it.

It is forbidden to let milk stand in a warm place in order to turn it into cheese as that constitutes "separating." To place coagulated milk in a bag, so that the serum runs out as in the process of cheese making, is forbidden, as it constitutes "separation." It is also forbidden to put vinegar and the like in milk to curdle it, as that constitutes "separating."

If a fly fell in an edible or beverage, one should not remove the fly itself, but should throw some of the edible or beverage along with it.

It is forbidden to peel garlic and onions and all other fruit, such as nuts, almonds and so forth, in a greater quantity than is necessary for the immediate meal, but to provide for another meal is forbidden.

GRINDING.—The work of grinding which is forbidden consists in pounding spices or drugs in a mortar, one, therefore, who needs to beat pepper or coarse salt should beat them with the handle of a knife, and upon the table or in a plate.

It is forbidden to cut up leek, or horse-radish and the like in very fine slices, as that constitutes "grinding," it is therefore forbidden to cut up onions for the purpose of putting in food excepting immediately before a meal, as that which one grinds to eat at once, does not constitute the grinding of the kind forbidden.

It is forbidden to rub cheese on a grater, but it is permitted during the meal to cut it with a knife, it is also permitted to crumble

בשעת אכילה, וכן מותר לפרר לחם אפילו דק דק לאכול לאלתר. הואיל
דכבר נטחן אין טחינה אחר טחינה.

כשיש מעט טיט על בגדו אסור לשפשפו או לגרור בציפורן להסירו,
אבל אם אין שום ממשות רק המראה, מותר לגררו ולהסירו.

המרקד. איסור מלאכת מרקד הוא אם עושה זאת להוציא
הפסולת, ואם מרקד מצה טחונה וכיוצא בו, שצריך עכשיו לאכול מעט
מן הקמח הדק, אסור משום מרקד, דהחתיכות הגדולות נחשבים כפסולת.

מותר ליטול מאכל לבהמה בכברה וליתן לתוך האבום אעפ"י
שהמוץ נופל דרך נקבי הכברה, כיון שאינו מתכוין לכך.

הלש. איסור מלאכת לש הוא כשמגבל קמח, מורסן, טיט, או
עפר, או חרדל כתוש, ובכלל איסור זה כשמגבל אפילו מידי דלאו בר
גיבול כאפר או חול הגס, ואפילו ליתן מים על כל אלה אסור משום לש.

הרוצה לערב חריין או חרדל בשבת בחומץ יתן המשקה תחילה
ויעשה בלילה רכה מאד גם לא יערב בכף וכ"כ במורסין לתרנגולים.

האופה. איסור מלאכת האפיה, הוא האופה או המבשל או צולה
על גבי האש או בתולדת האש ואפילו בתולדת חמה, כל דבר מאכל או
סממנים או מים ואפילו נאכל כמו שהוא חי, כגון פירות וחלב והמתיך
שעוה וחלב וזפת וכיוצא בהן או א' ממיני מתכות שהתיך אותם כמו
שמהתכין בכלי עד ששופכין אותו כמים ועושה מהם כלים. וכן כלי של
טיט שנתנו בתנור ונעשה כלי חרם והנותן חתיכת עץ בתנור כדי שתתייבש
וידוע שיצא ממנו לחלוחית ומתבשל זה הכלל בין שריפה דבר קשה או
שהקשה דבר רך יש בו איסור מלאכת בישול.

כלי שמשתמשין בו על האש אפילו לאחר שהעבירו מעל האש
מבשל כל זמן שהיד סולדת בו לפיכך אסור ליתן בכלי ראשון שום דבר
בשבת ולא עוד אלא אפילו אסור לערות מכלי ראשון על דבר ששייך
בו בישול, דעירוי מבשל כדי קליפה, ואם עירה על בשר צלי או על לחם

רסב

food even into very small particles in order to eat it at once, because it does not constitute grinding.

It is forbidden to rub off mud from a garment, or to scrape it off with the finger-nail, if, however, it has no consistency, but merely the appearance, it is permitted to reduce it by scraping.

SIFTING.—The work of sifting which is forbidden consists in doing that for the sake of removing the worthless matter, to sift ground מצה and the like in order to immediately partake of the fine flour is forbidden, as that constitutes sifting, inasmuch as the large pieces are regarded as the worthless matter.

It is permitted to put food for an animal in a sieve and place it thus in the crib, although the chaff falls through the holes of the sieve, inasmuch as that is not the intention.

KNEADING.—The work of kneading which is forbidden consists in mixing together flour, bran, clay, earth or ground mustard; included in this prohibition is the mixing up of that which is not even fitted for being kneaded, as ashes, or coarse sand. It is even forbidden to pour water upon any of these as that constitutes kneading.

One desiring to mix horse-radish, or mustard with vinegar on the Sabbath should previously pour in the vinegar and make only a very thin mixture, and should not mix it with a spoon. The same law applies to preparing bran for poultry.

BAKING.—The work of baking which is forbidden consists of baking, cooking, or roasting over a fire, or by heat derived from fire, or even by the heat of the sun, either food, chemicals, or water; even what is partaken of raw, such as fruit and milk, also in melting wax, fat and pitch and the like, or in melting a metal as it is melted in a crucible until it is poured out as a liquid and utensils are made thereof, also in putting clay vessels in a furnace and thus manufacturing earthenware, also in putting a piece of wood in an oven in order to dry, as it is obvious that moisture would evaporate therefrom. The rule is that the softening of a hard substance, or the hardening of a soft substance constitutes the work of cooking which is forbidden.

A vessel which had been used over a fire, so long as it is hot enough to burn the hand by contact has the power of cooking, it is therefore forbidden to put anything therein on the Sabbath, furthermore, it is even forbidden to pour from such a vessel (which is called כלי ראשון " the vessel in which the cooking was originally done ") upon anything that may be subjected to cooking, inasmuch as the upper

צריך לקלוף דהקליפה אסור לאכול בשבת, ודוקא על דבר יבש אסור, אבל מותר לערות מים חמים בצונן או להיפך ובתנאי שיהיה המים הצוננים הרבה מאד יותר על החמים שלא יהיה באפשר שיתבשלו רק שפיג צינתן, ובצונן לתוך חמים דוקא ששופך בשפיכה גדולה הכל בפעם אחת אבל מעט מעט אסור לערות שהרי מבשל תיכף ומה יועיל מה שמצטנן אח"כ.

כלי שעירה לתוכו מכלי שבשלו בו, אם הוא חם כ"כ עד שהיד סולדת בו אין ליתן בו שום דבר ששייך בו בישול, ולכן יש לזהר במלח ובצלים בשבת שלא ליתן בקערה אם התבשיל רותח שהים"ב, רק יתנם בכף.

כל דבר שיש בו משום איסור בישול אסור להניחו בשבת כנגד המדורה או על התנור או אפילו על כלי אחר העומד אצל האש או לסמכו בצדי התנור לאחר שהוסק התנור (אפילו עדיין התנור קר) ובכל מקום שיכול להתחמם ויעמוד כ"כ עד שתהיה הים"ב דזה הוי מבשל ממש, ואפילו אם אין דעתו לחמם רק להפיג צינתן אפ"ה אסור להעמיד במקום שאם יניח אותו זמן רב יכול להתחמם כ"כ עד שתהיה הים"ב דחיישינן שמא ישכח ויתבשל שם.

נוהגים להחזיר בשבת המאכלים שהם עדיין חמים לתוך התנור, אבל אם נצטננו לגמרי אסור, ובמקום שאף אם יעמוד זמן רב לא יתחמם עד שתהא הים"ב מותר להעמיד שם קדירה ריקנית ולהעמיד המאכל עליו.

כל דבר שלישראל אסור, אסור ג"כ על ידי אינו ישראל, ומ"מ נהגו שהא"י מעמיד תבשיל אף שהוא צונן על התנור קודם שהוסק התנור אבל אחר שהוסק התנור אסור אפילו ע"י א"י. וכ"ז בדבר שנתבשל כבר אבל דבר שלא נתבשל, אסור אפילו ע"י א"י, אפילו קודם שהוסק, שהרי נתבשל בשבת בשביל ישראל.

כשמדיחין כלים במים רותחין לא יערה המים על הכלים משום בישול, אלא ישפוך הרותחין לכלי אחר ואחר כך יניח הכלים לתוכו.

crust is cooked by what is poured therein, thus if one poured (from a כלי ראשון) upon roast meat, or upon bread, he should scrape off the upper crust, as it is forbidden to eat that crust on the Sabbath, it is, however, only forbidden to pour it upon a dry article, but it is permissible to pour hot water into cold water, or vice-versa, on condition, however, that the cold water should be so much more than the hot water that it would be impossible to cook therefrom, but serve merely to temper its coolness. The pouring of cold water into hot water is only permissible if done by pouring a large quantity of water all at once, but it is forbidden to pour little by little as it is immediately cooked, therefore it is of no avail if it cools thereafter.

A vessel wherein one had poured the contents of a vessel in which the cooking was done, if it is so hot as to burn the hand by contact, nothing that may be subjected to cooking should be put therein, hence one should be careful on the Sabbath not to put salt or onions in a plate containing food which is so hot as to burn the hand by contact, but it should be put in a spoon.

It is prohibited on the Sabbath to put an article to which the prohibition of cooking is applicable, against a fire or upon a stove, or even upon another vessel which stands near the fire, or to put it close to the sides of a stove after a fire was made therein (although as yet the stove is cold), or to any place where it will become so heated by standing, as to burn the hand by contact, as that actually constitutes cooking. Even if the object is not to warm it but merely to temper its coolness, it is nevertheless forbidden to place it where by long standing it may become hot enough to burn the hand by contact, as it is apprehended that he may forget and let it cook there.

On the Sabbath it is the general practice to replace the victuals in the oven while still warm, this, however, is forbidden if they become entirely cold, but on a place where, no matter how long it stands, it cannot become so heated as to burn the hand by contact, it is permitted to put an empty pot and place the victuals upon it.

Whatsoever an Israelite is forbidden to do, he is forbidden to have same through a non Jew, it is nevertheless the general practice to have a non Jew place the victuals although they are entirely cold, upon the stove before a fire was made therein, but after a fire was made in the stove, it is forbidden to be done even through a non-Jew, the above, however, has bearing only upon victuals that had already been cooked ; but an article that was not cooked is forbidden to be placed, even through a non-Jew, upon a stove even before a fire was made therein, inasmuch as it is cooked on the Sabbath for the sake of an Israelite.

When dishes are washed with hot water, one should not pour the hot water upon the dishes, on account of the prohibition against cooking, but should pour the hot water in another vessel in which the dishes can be put.

אסור לטרוף ביצים בקערה דנראה שעושה כדי לבשלם בקדרה, וכן
אסור לטרוף כל דבר, וכן אסור לטרוף חריפות ורוטב ובשר ביחד ומיסיפין
חמין ומערבים הרבה בכף עד שיהיה הכל גוש אחד. ודוקא לטרוף בכח,
אבל אם מערב עם מעט מים מותר, ואם מערב חלמון ביצה עם מים
חמין יזהר שלא יהיה המים רק פושרין שלא יבשל החלמון.

הגוזז. הגוזז צמר או שער מן עור מבהמה או חיה בין שהם חיים
או מתים, ואפילו לאחר שהופשט ואפילו לתלוש שער מבהמה וחיה וכש״כ
לתלוש נוצה מעוף בין חיה בין מתה, חייב.

אסור ליטול הצפרנים או שער או יבלת, בין ביד בין בכלי, בין לעצמו
בין לאחרים הכל אסור, וכן אסור לסרוק במסרק בשבת ואפילו (בבארשט)
משערות, שא״א שלא יעקרו שערות.

אסור לתלוש אף שער אחד מראשו מתוך השחורות כדי שלא יהא
נראה כזקן, ואפילו בחול אסור לעשות כן.

המלבן. איסור מלאכת מלבן הוא, המכבס בגד מאיזה מין
שיהיה זהו ליבונו, ולא מיבעי אם מכבסו, דהיינו שמשפשף צד זה בזה
כדרך המכבס, אלא אפילו רק שנתן מים על גבי בגד נקרא כיבוס. ואין
חילוק אם היה על הבגד איזה לכלוך או לא. וכשנשפך מים על השולחן
או על הספסל אסור לקנחו בדבר שמקפיד עליו, כי שמא יסחוט המים
מהמפה והוי מכבס. וכן כשנתלחלחו ידיו לא יקנחם בדבר שמקפיד עליו,
שמא יבוא לכבס לבבם המפה. אבל כשנשפכו שכר, יין, או שאר משקה מותר
לקנחו במפה, דבשאר משקין לא שייך מלבן, שאין הבגד מתלבן ע״י זה.

אסור לנער בגד שנשר במים או שירדו עליו גשמים, ואפילו בטלטול
אסור, שמא יסחוט. אבל בגד שמלפפין בו תינוקת, אם יש עליהם ג״כ
לכלוך, או שלא נשרה כל הבגד, אם אין לו אחרים מותר, דניכר שא
כיבס, ובלבד שלא ישטחם נגד התנור במקום שהיס״ב.

אסור לנער בגד שחור מן הגשמים, או שלג, או אבק ועפר או נוצות

It is forbidden to beat eggs in a plate, as it seems that it is done for the purpose of cooking them in a pot. It is likewise forbidden to beat anything. It is also forbidden to beat meal broth and meat together, adding hot water thereto and stirring it thoroughly with a spoon into one mass; it is, however, only forbidden if beaten thoroughly, but if it is mixed with a little water, it is permitted. If one mixes the yolk of an egg with warm water, he should take care that the water is only lukewarm in order that the yolk should not be cooked.

SHEARING.—The work of shearing which is forbidden consists in shearing fleece, or fur, from the skin of a domestic animal or wild beast, whether they be alive or dead, even after the skin was stripped off. Even to pull out a hair from a domestic animal or wild beast is forbidden, moreover, it is forbidden to pluck a feather from a fowl whether living or dead.

It is forbidden to pare the nails, or remove a hair, or an ulcer, either with the hand or with an instrument, either of one's self or of others. It is likewise forbidden to comb the hair with a comb on the Sabbath, and even with a hair (brush) as it is impossible that hair should not be torn out.

It is forbidden to pull out even one (grey) hair from one's head from amongst the black hair so as not to appear old. This is forbidden even on a week-day.

BLEACHING.—The work of bleaching which is forbidden consists in washing a garment of any texture whatsoever, this constitutes bleaching : it does not necessitate rubbing the garment together, as in washing for the mere act of pouring water on a garment is termed washing, and it matters not if the garment be soiled or not. If water was spilled upon a table or chair, one is forbidden to wipe it up with anything about which he is particular, lest he wring the cloth from the water, which act constitutes washing it. Likewise if one's hands were wet he should not dry them with anything about which he is particular, lest he be led to washing the cloth, but if beer, wine or any other beverage was spilled, he is permitted to wipe it up with a cloth, inasmuch as (washing) with any other beverage (than water) does not constitute bleaching, the garment not becoming white thereby.

It is forbidden to shake out a garment which was soaked in water, or upon which rain had fallen, it is even forbidden to handle it for fear of wringing it out ; but swaddling-clothes which are soiled, as well as a garment which was not altogether soaked in water, if none other is at disposal he is permitted to spread them out and hang them up, as it is obvious that they are not washed. They should not be spread out against a stove where it is hot enough to burn the hand by contact.

It is forbidden to shake from a black garment rain, snow, dust or feathers that had fallen upon it. It is obviously certain that it is for-

שנפלו עליו, ופשיטא שע"י באר"שט אסור לנקות הבגד. על דבר של עור אם יש עליו איזה לכלוך מותר ליתן עליו מים, אבל אסור לכבסו.

מותר לטבול א"ע בשבת ובלבד שיזהר שלא ישחוט השערות.

המנפץ. איסור מלאכת מנפץ הוא, אם סורק במסרק צמר או פשתים, או כמו שנופצין הצמר לעשות ממנו לבדים, או כמו שעושין הסופרים שחובטין על הגידים עד שיהיו ראוים לטוות אותם.

הצובע. איסור מלאכת צובע הוא, אם צבע איזה דבר באיזה מין צבע. בין שהוא מתקיים או לא מתקיים, ולכן אם נצבעו ידיו לא יקנחם בבגד מפני שצובעו. ואיסור צובע הוא רק בדבר שדרכו לצבוע, אבל באוכלין לא שייך צביעה.

הטווה. איסור מלאכת טויה הוא בכל דברהנטוה, לא שנא שטוה בידים, לא שנא שטוה על איזה מכונה, או אפילו אם לוקח החוטין ושוזר אותם. וכן העושה לבדין, הכל בכלל איסור טויה.

האורג והמסיך הע"ש ב"נ. העושה שום תיקון באריגה, יש בו משום איסור מלאכת המסך, או עושה שתי בתי נירין.

איסור מלאכת האורג הוא בין בבגד, או בקנים, או בשערות, או בכל דבר. וה"ה הקולע ב' חוטין או ב' שערות, הכל בכלל איסור אורג.

הפוצע. איסור מלאכת הפוצע ב' חוטין הוא, אם מפריד השתי מעל הערב, או להיפך.

הקושר והמתיר. איסור מלאכת הקושר והמתיר הוא באופן זה, אם קושר שני דברים ביחד בקשר אחד לא נקרא קשר, שהרי אינו מתקיים בכך עד שיקשור ב' קשרים, אבל בצד אחד אף בקשר אחד מתקיים. וכל קשר שדרכו תמיד לקשור ולהתיר בכל יום מותר. וכל קשר שפעמים נמלך ואינו מתירו בכל יום אף שמתחלה היתה כוונתו להתירו באותו יום אסור לקשור ולהתיר. ודבר שדרכו לעשות עניבה

רסה

bidden to cleanse a garment with a brush. If there be a stain upon an article made of leather it is permissible to pour water upon it, but it is forbidden to wash it.

Immersion is permissible on the Sabbath, but care should be taken not to wring out the hair.

BEATING.—The work of beating which is forbidden consists in combing wool or flax with a comb, or as wool is beaten out to make yarn, or as is the practice of the scribes in hammering upon the tendons until they are fit for spinning.

DYEING.—The work of dyeing which is forbidden consists of colouring anything, whether it remains permanent or not. Coloured hands should not be wiped with a garment (thus dyeing it), dyeing, however, is only forbidden with that which it is usual to dye with, but the colouring produced by food-stuffs does not appertain to dyeing.

SPINNING.—The work of spinning which is forbidden consists in any mode of spinning whatsoever; it matters not whether spun by machine, or even if he takes the threads and twists them, or if he makes yarn, all of the above constitutes spinning which is forbidden.

WEAVING.—Any improvement made in a woof constitutes the work of braiding which is forbidden, or of weaving two loops cross-wise.

The work of weaving which is forbidden appertains to a garment, rushes, hair, or any texture. This prohibition also applies to the plaiting of two threads, or two hairs, they are all included in the prohibition against weaving.

SEPARATING.—The work of dividing two threads consists of separating the warp from the woof or vice-versa.

KNOTTING AND UN-KNOTTING.—The work of knotting and unknotting is forbidden if done in the following manner : if he ties two articles together with one knot it is not termed knotting as it does not remain fast unless he ties two knots; one side, however, can be tied with one knot and remain fast. These knots which it is usual to tie and untie each day it is permissible to tie and untie on the Sabbath also, but a knot which one does not at times think of un-knotting every day, although it was originally the intention to un-knot it on that day, it is forbidden to either knot or un-knot it. If something that is usually tied with a slip knot became knotted fast

ובלא כוונה נקשר מותר להתירו. וכל מיני שקשרן מותר לנתק, שדינו כעשוי להתיר בכל יום.

התופר. איסור מלאכת תופר הוא התופר שתי תפירות, דהיינו שתחב מחט עם חוט בבגד וחזר ותחב ונמצא ב' ראשי החוט מצד א' וקשר, או אם תפר ג' תפירות אפילו בלא קשירה, הוא איסור מלאכת תופר. וכן אם מותח חוט של תפירה, דהיינו שנתפרד קשר התפירה ומושך החוט כדי לחברו ולהדקו אסיר.

הקורע. איסור מלאכת קירע הוא שאסור לקרוע שום דבר, אפילו כשאינו מכוון לעשות כלי. וכן אסור לקרוע ניירות הדבוקים יחד שדבקן בכוונה ונעשה לקיום, אבל אם במקרה נדבקו הדפים בספר ע"י שעוה וכיוצא מותר לפתחן. כיון דלא נעשה לקיום.

בלי שקושרים פיו בחוטים או בבגד מותר לחתוך החוט ולקרוע הבגד מעליו, שאינו אלא מקלקל ומותר לצורך שבת.

הצד. איסור מלאכת צידה הוא, הצד דבר, בין שיש במינו ניצוד, או שאין במינו ניצוד, הכל אסור לצוד, ולכן אסור לצוד בהמה, חיה, או עוף. ואפילו נתגדלו בביתו והורגלו כבר בביתו, ואפילו יוצאין ובאין מעצמן לביתו, אם יצאו מביתו אסור לצודן ולתפסן בידים, אבל מותר לעמוד לפניהם עד שיכנסו לאיזה בית או לאיזה מקום המשתמר, כיון שכבר הורגלו בביתו לבוא מעצמם. אבל אם לא הורגלו עדיין לבוא מעצמם לביתו, אף זה אסור. צפור שנכנס לבית דרך חלון אסור לסגור החלון, אא"כ שהזמן קר ואינו מתכוין כלל בשביל הצידה, אז מותר. ואם יצאה הצפור מקן שלה אף שנכנסה מאליה לתוך הקן אסור לסגור הדלת של הקן. ואסור להעמיד בשבת מצודה לצוד העכברים.

השוחט. איסור מלאכת השוחט הוא, השוחט או הורג שום בעל חי. ובכלל איסור זה כל המוציא דם או עושה חבורה עד שנצרר הדם בבעל חי. ודג חי שהיה מערב שבת בכלי במים, ואפילו היה הכלי באופן

unawares, it is permissible to un-knot it. It is permissible to unfasten any manner of edibles that were tied together, as the law considers them subject to being unknotted daily.

SEWING.—The work of sewing which is forbidden consists in sewing two stitches, that is, in passing a needle and thread through the cloth with a back puncture, so that two stitchings and the knot of the thread are visible on one side, or sewing three stitches. even without a knot constitutes the work of sewing which is forbidden. Likewise the drawing of the thread forming a stitch, that is, if the stitching was slightly separated drawing the thread in order to unite it and make it fast is forbidden.

RENDING.—The work of rending which is forbidden consists in tearing anything, even if not for the purpose of making a vessel thereby. It is likewise forbidden to tear apart two sheets that were purposely pasted together to remain so permanently ; if, however, the pages of a book were accidently stuck together by wax or otherwise, it is permissible to separate them since it was not of a permanent nature.

If the mouth of a vessel was tied round with cord or cloth, it is permissible to cut the cord and tear off the cloth if it is necessary to do so, because it is needed for Sabbath purposes.

SNARING.—The work of snaring which is forbidden consists in snaring anything, whether it belongs to the species which one snares or to a species which one does not snare, as snaring in general is forbidden, hence, it is forbidden to snare a domestic animal, a wild beast, or a fowl. Even those which were raised in one's house and long since domesticated, and even if they freely leave and return to the house, nevertheless, if they left the house it is forbidden to snare them and take them by force, but it is permissible to stand in front of them until they enter a house or go in a secure place, inasmuch as they were long since habituated freely to enter his house, if, however, they were not habituated freely to enter his house, that too is forbidden. If a bird entered a room by the way of a window, it is forbidden to shut the window unless it is cold and there is no intention of snaring it thereby, then it is permissible. If a bird left its cage, although it freely re-entered the cage, it is forbidden to shut the door thereof. On Sabbath it is forbidden to set a trap for catching mice.

SLAUGHTERING.—The work of slaughtering which is forbidden consists in slaughtering or killing anything possessing life. This prohibition also includes the drawing of blood or making a bruise in an animal so that the blood coagulates. If a live fish was in a vessel of water since the eve of Sabbath, even if the vessel was small and snaring

שאין בו צידה אסור לטלו משם, דתיכף כשיבש ממנו קצת בין סנפיריו הוי נוטל נשמה בשבת, דאפילו יחזיר ויכניסנו למים לא יוכל לחיות עוד.

המפשיט, המעבד, והמולח. איסור מלאכת המפשיט היא, המפשיט העור מן הבשר.

איסור מלאכת המולח והמעבד הוא, המעבד העור באיזה ענין ואופן שדרך לעבדו. וכן אסור לדרוס על העור ברגלו כדי שיתקשה, או לרכך אותו בידיו כדרך שהרצענים עושין. וכן אסור לרכך העור בשמן או בשאר דבר. וכן אסור למשוח מנעליו בשום דבר, אפילו אין כוונתו רק לצחצחו.

אין עושין מי מלח הרבה ליתן לתוך הנכבשים, או כמו שדרך ליתן לתוך החמאה, רק מה שצריך לאותה סעודה. וכן בשר או דגים וביצים מבושלים וכיוצא בהם, שאין המלח מועיל להם, מותר למלחן לצורך אותה סעודה, אבל לא לצורך סעודה אחרת. אבל צנון או בצלים. או פולין, או קטניות, שהמלח מועיל להם, אסור לפזר עליהם מלח, רק שיטבל כל חתיכה וחתיכה ויאכל.

אסור לכבוש כל מיני ירקות או פירות אפילו בלא מלח, רק במים לבד. וכן אסור למלוח בשר או דג כדי שיקלוט המלח. וכן אסור להדיח בשר שלא נמלח ומתירא שלא יעבור ג' ימים (וע"מ על ידי אינו יהודי מותר).

המשרטט. איסור מלאכת משרטט הוא, דהיינו כשרוצין לחתוך עור, או נייר, או שארי דברים, משרטט תחילה כדי שיכון חיתוכו. וכן אסור לשרטט נייר, או קלף, או שום דבר, כדי לכתוב עליו אותיות. ובאיסור שרטוט אין חלוק אם משרטט בצבע או בציפורניו או בכל דבר שהוא רושם.

הממחק. איסור מלאכת הממחק הוא, אם מעביר שער או צמר מעל העור עד שמחליק העור. וכן הקולף מן העור, ולפיכך אין מגרדין

רסז

is not applicable thereto, it is yet forbidden to take it therefrom, as immediately it becomes dry between its fins, a life is taken on the Sabbath, for even if it is replaced in the water, it cannot live any longer.

FLAYING, SALTING AND TANNING.—The work of flaying which is forbidden consists in stripping the skin off the flesh.

The work of salting and tanning which is forbidden consists in tanning skin by the usual process. It is likewise forbidden to tread leather under-foot in order to harden it, or to soften it by hand after the manner of bootmakers. It is also forbidden to make the skin tender by means of oil or anything else. It is likewise forbidden to smear anything on one's shoes, even if it is only his intention to make a polish thereon.

One should not make much brine for pickling purposes, or for preserving butter, but just sufficient for the requirements of the meal. Meat, fish, cooked eggs and the like which are not improved by salting, it is permitted to salt for the requirements of the meal, but not for the requirements of another meal, however radishes, onions, beans or lentils, which are improved by salting, it is forbidden to scatter salt upon them, but each piece separately can be salted and eaten.

It is forbidden to preserve any manner of vegetables or fruits even in water alone without salt. It is likewise forbidden to salt meat or fish in such a manner as to impregnate them with the salt. It is also forbidden to purge meat which had not been salted and one is apprehensive lest it remain unsalted for three days. (In any event it is permissible to be done through a non-Jew.)

INCISING.—The work of incising (scoring) which is forbidden consists in incising leather, paper or any substance at the place one desires to cut, in order to cut it properly. It is likewise forbidden to incise a sheet, parchment, or any substance in order to write letters thereon. In the incising that is prohibited there is no difference between incising with a dye, one's nails, or with anything that makes an impression.

SCRAPING.—The work of scraping which is forbidden consists in removing hair or wool from the skin making the skin smooth, likewise in peeling the skin, hence, one should not scrape his boots with a knife, nor even with his nails, it matters not whether they be new or

267

בסכין, ואפילו בצפרניו, מנעול בין חדש בין ישן, שקולף העור. אבל מותר
לקנח המנעול בהברזל שלפני הבית, אם אין לו חוד והוא עב בראשו.

אסור לשפשף המנעלים בשבת בידו על ידי בגד לצחצחו. ופשיטא
על ידי משיחה, דהוי מלאכת ממרח ממש. אבל באוכלין לא שייך ממרח.

המחתך. איסור מלאכת מחתך הוא בכל דבר שמקפיד עליו
לחתכו במדה, ואפילו אם חתך קיסם לחצוץ שיניו נקרא מחתך, אבל בכל
דבר שהוא אוכל, אפילו אוכלי בהמה אין בו משום מחתך.

הכותב, והמוחק. איסור מלאכת כתיבה הוא, הכותב בדיו או
בכל דבר ע״ג קלף או נייר, או על כל דבר, ואפילו לא כתב רק ב׳
אותיות מכל כתב ולשון שנמצא בעולם, ואפילו לא רשם רק ב׳ רשימות,
הוי כותב ואסור. וכן אסור לכתוב שום אות או ציור, ואפילו במשקין
שעל השולחן או על הלחלוחית של החלונות או בחול, ואפילו לעשות
בצפרניו רשימה על הנייר אסור. וכל מה שאסור לכתוב אסור למחוק
נ״כ, ולכן צוקער־געבעקס או עוגות שנכתב עליהם ע״י צבע או שיש
עליהם ציור בצבע אסור לשברם. אבל ציורים או אותיות שנעשה בדפוס
בלא צבע מותר. ואם נמף שעוה על אותיות אסור לסלקו.

אסור לשבור חותם שיש בו אותיות, ואפילו לאמר לאינו יהודי שהביא
לו אגרת חתום שיפתחו אסור. וכשמביאין לו אגרת חתום לא יאמר
להאינו יהודי שיפתח לו, אלא יאמר לו הלא אין אני יכול לקרות, וממילא
מבין, וגם זה בדוחק, כי בלא״ה אסור לקרות בשבת אגרת שכתוב בו
מו״מ, ואפילו לעיין בהכתב בלא קריאה אסור, אלא אם אינו יודע מה
כתוב בו אינו מותר רק לעיין בו.

אסיר לעסוק בשום משא ומתן בין לקנות או למכור לשכור או
להשכיר בשבת.

הבונה, והסותר. איסור מלאכת הבונה והסותר הוא, אם בנה
או סתר שום בנין בין קבוע בין עראי, ואפילו לתלות סדון או וילון,
אם הוא נקרא מחיצה על פי דין, דהיינו שקשרו מלמעלה ומלמטה אסור

רמה

old, as he thus peels the leather, it is, however, permissible to clean the boots upon the iron scraper in front of the door, providing it is not sharp, but has a blunt edge.

On the Sabbath it is forbidden to rub the shoes in order to polish them, either with the hand or by means of a cloth, and it is obvious that the use of boot-polish is forbidden, inasmuch as it constitutes the actual work of plastering. Plastering, however, as a forbidden work cannot be applied to food.

CUTTING.—The work of cutting which is forbidden, includes all things concerning which one is particular to cut to size, even whittling a chip wherewith to pick one's teeth, constitutes cutting, but in whatever relates to edibles, even in food for beasts, there is no cutting which is forbidden.

WRITING AND ERASING.—The work of writing which is forbidden consists in writing with ink or with any substance upon parchment, paper, or upon any substance, even if one write no more than two letters of any language, moreover, if one wrote but two marks it constitutes the work of writing which is prohibited. It is likewise forbidden to trace any letter, or picture, even in the beverage upon a table, or in the moisture upon a pane of glass, or in sand. It is even forbidden to make marks upon a sheet of paper with one's nails. Whatever it is forbidden to write it is also forbidden to erase, hence it is forbidden to break sugar-tarts or rolls on which there are coloured pictures, but if the pictures were only impressed with a rubber stamp without paint it is permissible to break them. If wax dripped upon letters it is forbidden to remove it.

It is forbidden to break a seal on which there are letters, it is even forbidden to tell a non-Jew to open for him a sealed letter. If a sealed letter was delivered to him, he should not tell a non-Jew to open it for him, but he might hint to him that he cannot read it, so that the latter should understand. Even this should only be done in an emergency, as aside from this prohibition it is forbidden to read a letter concerning business on the Sabbath. It is forbidden even to look at the writing without reading it, unless ignorant of its contents, in which case it is only permitted to glance at it.

It is forbidden to engage in any business transaction, either to buy or to sell, to hire or to rent on the Sabbath.

BUILDING AND BREAKING DOWN.—The work of building up and breaking down which is forbidden consists in building up or breaking down any structure, whether it is permanent or temporary. It is even forbidden to hang up a sheet or a curtain in a manner that can be termed " partition " according to the code, that is, to tie it on top and

לבנותו או לסתרו, אבל אם אינו כורך מלמטה מותר, דזה לא מקרי
מחיצה כלל, דכל שאינו יכול לעמוד בפני רוח מצויה אינו מחיצה
כלל. ואם יש חלון או חור בכותל מותר לסתום אותו בדבר שאין דרך
לבטלו שם, כגון בבגד, אבל בדבר שדרך לבטל ולהניח שם אסור,
דהוי כמוסיף על הבנין.

חלונות או דלתות הבית, אפילו אם תלוים על צירים אסור להעתיקם
מהצירים או להחזירם עליהם, ואפילו ע"י אינו יהודי אסור

אסור לחפור או לסתום שום גומא בין בקרקע בין בעפר וחול
התלושין, ולכן אסור לכבד הבית בשבת שמא ישוה גומות, ואפילו הבית
מרוצף בקרשים או אבנים אסור לכבד, דלא פלוג רבנן, אא"כ יכבד ע"י
שינוי בכנף אווז או ע"י מכבדת המיוחדת לשבת.

אסור לעשות אוהל בשבת, לפיכך אסור להחזיק בידו ולשאת
(אמברעללא) אפילו במקום שמותר להוציא ולשאת, שהרי עושה אוהל
בהאמברעללא.

כלים של פרקים שנעשה לפתחם ע"י (שרויף), כיון שעשוי לכך
לפתחו ולסתמו תמיד, מותר, אבל אם אינו עשוי לפרקו תמיד אף
שנעשה ע"י שרויפען אסור לפרקו או להחזירו.

ספסל שנשמט אחד מרגליו אסור להחזירו. וכן אסור להכנים רצועות
במנעלים אם הנקב צר ויש בו טורח להכניסם דהוי תיקון כלי.

כל כלי שנתעקמה אסור להשוותה, וכן סכין שנפגם אסור להשחיזו,
דהוי תיקון כלי.

אפילו בדבר מאכל שייך בנין, כגון שעושה גבינות או מדבק פירות
ומכוין לעשותם ארוך או מרובע נקרא בנין, ואסור כל השמעת קול של
כלי שיר שמא יתקן כלי שיר.

המכבה, והמבעיר. איסור מלאכת המכבה והמבעיר הוא,
כשמכבה או מבעיר אפילו כל שהוא מהאש. וכשיש דליקה ויש לחוש

at the bottom, in this case it is then forbidden to build it up or to break it down. If, however, it is not fastened at the bottom it is permissible, as it is then not termed "partition," for so long as it cannot stand before a moderate wind it is not a partition. If there be a window or hole in the wall it is permissible to stuff it up with anything that one is not likely to abandon there, such as a garment, but it is forbidden to stuff it with anything that is usually abandoned and left there as that is equivalent to adding to the structure.

Windows or doors of a house even if they hang upon their hinges, are forbidden to be removed from their hinges or to reset them on same. It is forbidden to be done even through a non-Jew.

It is forbidden to dig up or to fill up any hollow place whether in the ground or in loose earth or sand, it is therefore forbidden to sweep the floor on Sabbath, for fear of making the hollow places level, even if the floor is made of boards or stones, it is still forbidden to sweep it, as our Rabbis have made no distinction, unless the sweeping is in a manner different from a week-day, e.g., with goose-feathers, or with a mop, or with a special broom for the use of the Sabbath.

It is forbidden to erect a tent on the Sabbath. It is likewise forbidden to take in one's hand and carry an umbrella, even where carrying to and fro is permissible, inasmuch as the umbrella forms a tent.

Any article which is made up of different sections, and designed to be continually to be taken apart and put together by means of a screw, inasmuch as it was made for that purpose, it is permitted to take it apart and put it together. If, however, it was not designed to be taken apart continually, although it was made with a screw, it is forbidden to take it apart, or to put it together again.

It is forbidden to replace the leg of a chair. It is likewise forbidden to put laces in boots if the holes are too small and there is some difficulty in putting them in, as that constitutes "improving a vessel."

If a vessel become indented it is forbidden to straighten it out. Likewise if a knife became dull it is forbidden to sharpen it, as that constitutes "improving a vessel."

Building is applicable even to articles of food, as for instance, the making of cheese, or putting fruit together with the object of making them long or square, is called "building" and is forbidden. It is forbidden to cause the sounds of a musical instrument to be heard for fear of being prompted to improve it.

EXTINGUISHING AND KINDLING.—The work of extinguishing and kindling which is forbidden consists in extinguishing or kindling any fire, no matter how slight; if, however, there is a conflagration,

אפילו חששה רחוקה שיהיה עי"ז סכנת נפשות מותר לכבות. אבל אם ברור לו שלא יהיה סכנת נפשות אסור לכבות. מותר לקרוא לאינם יהודים ולאמר להם כל המכבה אינו מפסיד שכרו, ואפילו האינם יהודים המושכרים אצלו מותר להניחם לכבות. אבל קטן ויודע דניחא לאביו אסור להניחו לכבות.

נר דולק או נצוצות שנפלו על השולחן מותר לנער השולחן, רק שלא יכוין לכבות, ואם אפשר ע"י אינו יהודי לא יעשה ישראל. אבל נר של שמן או קעראסין אסור לנערו, שהרי מכבה.

אסור לפתוח דלת או חלון כשמדורה של עצים או נר דולק קרוב להם, שמא מחמת הרוח יבעיר המדורה או יכבה הנר. אבל מותר לסגור הדלת או החלון, דבזה אינו מכבה ואינו מבעיר.

המכה בפטיש. איסור מלאכת מכה בפטיש הוא, כל נמר מלאכה בין בכלים בין בכל דבר נקרא מכה בפטיש, ולכן הנוטל מן הבגד החוטין התלוין בו, או הקסמים הנארגים בו בלא כוונה, אם מתכוין ליפות הבגד ולגמרו הוי מלאכת מכה בפטיש. וכן אסור להוציא החוטין שהחייט תופר בבגד לפי שעה לחבר החתיכות.

כל דבר שא"א להשתמש בו בלא תיקון זה אסור לעשות התיקון, שהרי מתקן מנא, ואפילו דבר מאכל כגון ששכח להפריש חלה מערב שבת כיון שאסור לאכול, אם יפריש עכשיו נמצא מתקן. ואם שכח להפריש חלה מערב שבת בחלת חו"ל, אוכל והולך בשבת, ויניח פרוסה מכל ככר ויפריש במוצאי שבת.

אסור להטביל כלים חדשים אא"כ ראוי למלאות בו מים, כגון קדירה וצלוחית, ימלא מים מן הבאר ועלתה לו טבילה, או יתננה במתנה לאינו יהודי ויחזור וישאלנה ממנו. ומכל מקום אם אי אפשר בכל זה מותר לטבול.

אסור לכנס לספינה אם אינה קשורה ביבשה, או שעומדת על הקרקע ואם הוא לצורך גדול ישאל לחכם.

and danger to human life is apprehended therefrom, even in the slightest degree, then it is permissible to extinguish it. But should it be clear that there is no danger to human life it is forbidden to extinguish it, but it is permitted to call non-Jews and tell them none will lose for extinguishing. One is even permitted to allow those non-Jews who are in his employ to extinguish it, but a child who is aware that it would please his father, should not be permitted to extinguish it.

If a burning candle or sparks fall on a table, it is permitted to shake the table, but not with the intention of extinguishing, and if it can possibly be done through a non-Jew, an Israelite should not do it, but if an oil or kerosine lamp fell, it is forbidden to shake it, as it is extinguished thereby.

It is forbidden to open a door or window if a wood-fire or candle burns near them lest on account of the wind, the fire will kindle or the candle will become extinguished, but it is permitted to shut the door or window, as he neither extinguishes nor kindles thereby.

BEATING WITH THE HAMMER.—The work of beating with a hammer which is forbidden comprises all work to which one applies the finishing touch, whether done to vessels or to anything else, it is called "beating with the hammer," hence one who removes the loose threads from a garment or the small pieces of wood which were inadvertently woven therein, if it is his object to beautify the garment thereby and to put the finishing touch, it constitutes the work of "beating with a hammer." It is likewise forbidden to remove the bastings with which the tailor had temporarily pieced the garment together.

Anything that it is impossible to use without making a certain improvement, that improvement is forbidden to be made, inasmuch as he thus repairs articles, even if it is food, as for instance, he had forgotten to separate the dough-cake on the Sabbath-eve, inasmuch as it is forbidden to eat it thus, by now separating the dough-cake, he improves it. If he had forgotten to separate the dough cake on the Sabbath-eve, from the bread baked in lands other than Palestine, he may eat thereof on the Sabbath, but he should leave a slice from each loaf for separating the dough-cake on the close of the Sabbath.

It is forbidden to immerse new vessels unless they are fit for holding water, such as a pot or glass, in which case he should fill them with water from a well and the immersion will be valid, or he should present it to a non-Jew, and borrow it from him again. Nevertheless if all the above are not possible, it is permissible to immerse them.

It is forbidden to go on board a vessel if it is not moored to the shore. but if it is very necessary the ecclesiastical authorities should be consulted.

אסור להדיח כלי מאכל לאחר שאכלו סעודה שלישית, אבל בערבית
ושחרית מותר, שהרי צריך להם בשבת. וכלי שתיה מותר להדיח כל
היום, דאין קביעות לשתיה ומ"מ בחול או עפר אסור להדיח.

דיני המוציא מרשות לרשות בשבת.

א. ארבע רשויות לשבת: רשות היחיד, רשות הרבים, כרמלית,
ומקום פטור.

ב. איזהו רשות היחיד, מקום שהוא לכל הפחות ארבעה טפחים
על ארבעה טפחים (שזהו מקום חשוב שראוי להשתמש בו) ומוקף
במחיצות גבוהות לכל הפחות עשרה טפחים (אפילו אינן שלמות לגמרי)
או חריץ עמוק עשרה טפחים ורחב ד' טפחים עד ד' טפחים. וכן בור
שהוא עמוק עשרה ורוחב ד' על ד'. וכן תל שהוא גבוה עשרה ורחב ד'
על ד', ואפילו כלי, כגון תיבה, אם גבוה עשרה או הבית שהוא עגול
ויש בו לרבע ד' על ד', כל אלו אפילו הן ברה"ר או בכרמלית, הרי הן
נחלקות לעצמן והן רשות היחיד, ואויר רשות היחיד, רשות היחיד הוא
עד לרקיע, והמחיצות עצמן שהן מקיפות לרשות היחיד על גביהן גם כן
דין רשות היחיד, והחורים שבמחיצות שכלפי רשות היחיד אפילו הן
בטלין אצלו נחשבין כרה"י.

ג. איזהו רשות הרבים, רחובות ושוקים שהן ט"ז אמה על ט"ז
אמה. וכן דרכים שעוברים בהם מעיר לעיר ורחבים ט"ז אמה הרי הן
רשות הרבים. וכל דבר שהוא ברשות הרבים, אם אינו גבוה ג' טפחים
מן הקרקע, אפילו הם דברים שאין רבים דורכים עליהם מכל מקום בטלים
המה לגבי הקרקע, והרי הן כרשות הרבים. וכן גומא ברשות הרבים, אם
אינה עמוקה ג' טפחים הרי היא כרשות הרבים. והחורים שבכתלים כלפי
רשות הרבים ואינם מפולשים לפנים לרשות היחיד, אם נמוכים משלשה
טפחים לקרקע בטלו לגבי רשות הרבים והרי הן כרשות הרבים. ואם

It is forbidden to wash dishes after the third meal was partaken of, but at night and in the morning it is permitted as he needs to use them on the Sabbath, but drinking vessels it is permissible to wash the entire day, as there is no fixed time for drinking, nevertheless cleaning them with sand or any other cleaning material is forbidden.

LAWS CONCERNING CARRYING FROM ONE DOMAIN TO ANOTHER ON THE SABBATH.

1. There are 4 domains as regards the Sabbath: The private-domain, the public-domain, the semi-private-domain, and the semi-public-domain.

2. By private domain we denominate any place which measures, at least, four hand-breadths square (as that space is sufficiently large to make use of) and is surrounded by partitions at least ten hand-breadths high (even if they are not altogether whole), or an excavation ten hand-breadths deep by four hand-breadths square, likewise a well of a like size, also a mound ten hand-breadths high by four square, and even a vessel, e.g., a chest, if it is ten hand-breadths high, or a barrel, if it measures four square hand-breadths in circumference, all of the above, even if they are in a public or semi-public domain, form a separate division by themselves and constitute a private domain, the open space of a private domain also constitutes a private domain even if it extends to the sky, the tops of the partitions surrounding a private domain are also amenable to the law governing a private domain. Should there be cavities in the partitions toward the side of the public domain, even if they are hollow from side [to side, inasmuch as one can make use of them in the private domain, they are subordinate thereto and are considered as private domains.

3. By public domain we denominate streets and market-places which measure sixteen paces square, and roads leading from one city to another, and which are sixteen paces wide are also public domains, also anything that is in the public domain, if it is not three hand-breadths high above the ground, even if there are not many that walk on them, they are nevertheless subordinate to the ground and are considered as public domains, also an excavation in the public domain, if it is not three hands-breadths deep, it is considered as a public domain. Likewise the cavities in the walls toward the public domain the hollowness of which does not extend toward the private domain, if they are below three hand-breaths from the ground they are subordinate to

הן למעלה משלשה טפחים נדונין לפי מדותיהן, אם יש בו ד' על ד'
והוא למטה מעשרה טפחים הרי הוא כרמלית, ולמעלה מעשרה טפחים
הוי רשות היחיד. ואם אין בו ד' על ד' הרי הוא מקום פטור, **בין**
שהוא למעלה מעשרה, בין שהוא למטה מעשרה.

ד. המבואות שנכנסין לרשות הרבים לפעמים הן רשות הרבים
ולפעמים הן כרמלית, ויש בזה הרבה חלוקי דינים.

ה. איזהו כרמלית, מקום שאין הילוך לרבים, וגם אינו מוקף
במחיצות כראוי, כגון השדות, ונהר שהוא עמוק לכל הפחות עשרה
טפחים ורחב לכל הפחות ארבעה טפחים, ומבואות שיש להן מחיצות,
ואיצטונית, (הוא מקום שלפני החניות שהסוחרים יושבים) ואצטבא (הוא
מקום שמניחים עליו פרקמטיא) שלפני העמודים ברה"ר, והיא רחבה ד'
וגבוה ג' טפחים או יותר עד עשרה טפחים. וכן מקום שיש בו ד' על
ד' מוקף במחיצות שאינן גבוהות עשרה, ותל שיש בו ד' על ד' וגבוה
משלשה ועד עשרה, ובור שהוא ד' על ד' ועמוק משלשה ועד עשרה,
ועוד יש הרבה שהן כרמלית (ולשון כרמלית הוא לשון רך מל, פירושו
לא לח ולא יבש, אלא בינוני, הכי נמי לא רשות היחיד לפי שאין לו
מחיצה כראוי, וגם לא רשות הרבים, לפי שאין רבים הולכים שם).

ו. איזהו מקום פטור, בכל מקום ברשות הרבים שאין בו ארבעה
על ארבעה והוא גבוה משלשה ולמעלה, או בור שאין לו ארבעה על
ארבעה ועמוק משלשה למטה. וכן מקום שאין בו ד' על ד' ומוקף
מחיצות משלשה ולמעלה. כל אלו דוקא כשהן ברה"ר הן מקום פטור
אבל אם הן בכרמלית הרי הן ג"כ כרמלית.

ז. ברה"ר ובכרמלית אסור לטלטל שום דבר ד' אמות בין לשאת
אותו בין לזרוק אותו בין להושיט אותו, ולטלטלו איזה פעמים פחות
פחות מד' אמות ג"כ אסור.

ח. אסור לשאת או לזרוק או להושיט שום דבר מרה"י לרה"ר
רעב

the public domain, and are considered as public domains, if, however, they are above three hand-breadths from the ground, their proportions must be taken into consideration, if they measure four square hand-breadths, but are lower than ten hand-breadths they are semi public domains, if they are higher than ten hand-breadths they are private domains, and if they do not measure four square hand-breadths they are semi-public domains, and it matters not whether they are above or below ten hand-breadths from the ground.

4. Passages leading to a public domain are variously regarded at times as public domains, and at times as semi-private domains, and the laws regarding them are multitudinous and divergent.

5. By semi-private domain, we denominate any place which is not a public thoroughfare, and at the same time is not properly surrounded by partitions, such as fields, a stream which is at least ten hand-breadths deep and four hand-breadths wide and alleys which are partioned off. Booths (erected in front of shops in which merchants sit and a stand (stall) (upon which merchandise is placed) which is in front of the door-posts in the public domain, and is four hand-breadths wide by from three or more (up to ten) hand-breadths high, also a place which measures four square hand-breadths and is surrounded by partitions which are not ten hand-breadths high, and a mound which measures four square hand-breadths and is from three to ten hand-breadths high, a well which measures four square hand-breadths, and is from three to ten hand-breadths deep. There are, besides, many other semi-private domains or כרמלית (which word is compounded of רך and מל, i.e., neither tender nor dry but medium), the same applying here, as it is neither a private domain, inasmuch as it has no proper partition, nor a public domain, inasmuch as many do not go there.

6. By semi-public domain we denominate any place in a public domain which does not measure four square handbreadths and is three or more hand-breadths high, or a well which does not measure four square hand-breadths and three or more hand-breadths deep. Likewise a place which does not measure four square hand-breadths and is surrounded by partitions of three or more hand-breadths in height. All of the foregoing are semi-public domains only if they are in a public domain ; if, however, they are in a semi-private domain, they are also considered as semi-private domains.

7. In a public domain and in a semi-private domain it is forbidden to carry anything four paces, it is forbidden either to carry, to throw, or to hand it, and to fetch it several times, even at less than four paces, is also forbidden.

8. It is forbidden to carry, throw, or hand anything from a private to a public domain or to a semi-private domain also from a

או לכרמלית וכן מרשות הרבים או מכרמלית לרשות היחיד וכן מרשות
הרבים לכרמלית או מכרמלית לרה"ר אבל מקום פטור מותר להוציא
ולהכניס ממנו לרה"י ולרה"ר ולכרמלית ומהם לתוכו ובלבד שלא יטלטל
את החפץ ד"א ברה"ר או בכרמלית. ולפי שיש הרבה חלוקים מהו
רה"ר ומהו כרמלית ומה הוא רה"י לכן בעיר שאינה מתוקנות בעירובין
מי שאינו בקי צריך ליזהר שלא לטלטל שום חפץ ממקום שהוא מונח
למקום החלוק ממנו כ"א ממקום שההיתר ברור לו.

ט. נטילת החפץ ממקום שהוא מונח נקרא עקירה, והנחת החפץ
נקרא הנחה, וגם עקירה בלא הנחה, או הנחה בלא עקירה, אסור
לעשות ולכן אסור לישראל שיתן לא"י איזה חפץ לידו שיוציאו מרה"י
לרה"ר או לכרמלית, כי הישראל עושה בזה העקירה, אלא הא"י בעצמו
יקח את החפץ, וכן כשהביא הא"י איזה חפץ לא יקחהו הישראל מידו
כי בזה עושה הישראל את ההנחה, אלא הא"י בעצמו יניח את החפץ.

י. חצר שיש בו פרצה, אם נשאר מן המחיצה בצד אחד רוחב
ד' טפחים בגובה י' טפחים מן הקרקע, או שנשאר משני צדדי המחיצה
בכל צד רוחב טפח בגובה י' טפחים, אזי אם אין בפרצה יותר מעשר
אמות אינו צריך שום תיקון. כי הפרצה הזאת נחשבת כמו פתח. אבל
אם הפרצה יתירה מעשר אמות, וכן אם לא נשארו מן המחיצה מצד
א' רוחב ד' טפחים, או משני הצדדים מכל צד רוחב טפח, ומכ"ש אם
נפרץ במילואו דהיינו שאין שום מחיצה בצד א', אזי אפילו אין בפרצה
רק ג' טפחים אסורין לטלטל בחצר זה עד שיתקנו אותו שם, (והתיקון
הוא) בצורת הפתח.

יא. זה שאמרנו אם אין בפרצה שבחצר יותר מי' אמות נחשב
כמו פתח ואינו צריך תיקון זהו רק בפרצה אחת. אבל בשתים או יותר
צריכין שיהא העומד הנשאר עכ"פ כמו הפרצה. אבל אם היה הפרצה
מרובה על העומד, כל שהפרצה יותר מג' טפחים צריכה תיקון

public domain or a semi-private domain to a private domain. Like--wise from a public to a semi-public domain, or from a semi-private to a public domain, but it is permissible to carry out and bring in from a semi-public domain to a private, to a public and to a semi-private domain, and from the latter to the former, providing one does not carry the article four paces in the public or semi-private domain. Now inasmuch as there are different laws bearing upon what constitutes a public domain, and what a semi-private domain and what a private domain is, therefore in a city which is not provided with an עירוב (an emblem of inter-community), one who is not well versed in the law should be very careful, as no article should be carried from the place where it lays to a different place, unless it is clear to him that it is permissible to bring it there.

9. The taking of an article from the place where it lies is called "dislodging," and putting down that article is called "depositing." Dislodging without depositing, or depositing without dislodging are also forbidden, hence an Israelite is forbidden to hand to a non Jew any article in order that the latter should take it from a private domain and bring it to a public domain or a semi-private domain, as thereby the Israelite does the dislodging, but the non-Jew himself should take the article. Likewise when a non-Jew brings an article, the Israelite should not take it from his hand, as thereby he does the depositing, but the non Jew himself should put down the article.

10. A court in which there is a breach, if what is left of one side of the partition is four hand-breadths wide by ten hand-breadths high above the ground, or if two sides of the partition are left each measuring a hand-breadth wide by ten hand-breadths high, then if the breach does not measure more than ten cubits, no improvement is necessary, as that breach is considered as the door. If, however, the breach measures more than ten cubits, also, if there was not left of one side of the partition the width of four hand-breadths, or of two sides the width of a hand-breadth of each, moreover if it was a complete breach, i.e., no partition having been left on one side, then even if the breach only measures three hand-breadths, carrying is forbidden in that court until it be repaired (and the best way to repair it is to give it the form of a door).

11. We have declared that if the breach in the court did not extend to more than ten cubits we could regard it as a door, and it is not necessary to repair it, this applies where there is only one breach, if, however, there are two or more breaches, it is essential that there be, at least, as much left standing as what has been broken down, if however, the breach is more than what remains standing, wherever the breach measures more than three hand breadths it requires repairing.

יב. מהו צורת הפתח, נועץ קנה מכאן וקנה מכאן כ"א לא
פחות מגובה י' טפחים, ונותן עליהם קנה או חוט שיהיה הקנה או החוט
דוקא על ראשיהן ולא מן הצדדין. ואם תחב מסמרות בראשי הקנים
וכורך החוט עליהם שפיר דמי וצריך שכל קנה לא יהא רחוק מן
המחיצה ג' טפחים, וגם לא יהא גביה מן הקרקע ג' טפחים, ובשעת
הדחק שא"א לעשות צורת הפתח רק בענין שהקנים יהיו רחוקים מן
הכתלים ג' טפחים, יש להקל.

יג. חצר שפתחו לתוך הרחוב והדלת נפתחת לפנים והמזוזות עם
המשקוף שעל גביהם והאסקופה שבתחתית הן לצד הרחוב, המקום הזה
לפעמים הוא רה"י ולפעמים הוא כרמלית, ולפי שאין הכל בקיאין בזה,
לכן מטילין עליו מספק חומר רה"י וחומר כרמלית. אסור להוציא משם
להרחוב שהוא רה"ר או כרמלית ולא מן הרחוב לשם, כי שמא הוא
רה"י. וכן אסור להוציא מן הבית או מן החצר לשם ולא משם לתוכם,
כי שמא הוא כרמלית. ולכן אם הפתח נעול וצריכין לפתחו צריכין
ליזהר שאינו יהודי יכניס את המפתח בתוך המנעול ולאחר שיפתחו את
המנעול טרם יפתח ישראל את הדלת יסיר האינו יהודי את המפתח כי
אם יפתח ישראל את הפתח בעוד שהמפתח בתוך המנעול הרי הכניס את
המפתח מכרמלית לרשות היחיד.

יד. בהרבה מקומות יש בתים אשר הגג נמשך מן כותל הבית
לתוך הרחוב ונסמך שם על עמודים, אסור להוציא מן הבית לשם או
להכניס משם משם להבית, וכן אסור לטלטל שם ד' אמות, משום שדינו כמו
הרחוב רה"ר או כרמלית, ואף שהגג נתון על העמודים דהוי צורת הפתח
דינו כמחיצה, מ"מ הרי מן הצדדים אין מחיצה. ולכן צריך להעמיד
מקצה מזה קנה כנגד א' אצל הכותל של הבית נגד העמוד שהגג עליו שיהא
נ"כ צורת הפתח, וכן מקצה השני, ואם כמה בתים סמוכים זה אצל זה
בענין זה, די להם שיעשו כן בקצה הבית אשר מקצה מזה ובקצה הבית
אשר מקצה מזה ויעשו ערובי חצרות.

רעד

12.   To make the form of a door one should erect two posts on each side (of the breach) not less than ten hand-breadths high and lay a stick or cord upon them.   It is essential that the stick or cord lay upon their tops, and not at their sides, and if one drive nails in the heads of the posts and tied the cord around them, it is done properly. It is necessary that neither of the posts be at a greater distance from the partition than three hand-breadths, nor should they be more than three hand-breadths from the ground.   In an emergency, where it is impossible to make the form of a door otherwise than by placing the posts at a greater distance than three hand-breadths from the walls, this law may be relaxed.

13.   The entrance of a house which opens towards the street and whose door opens inwards, and whose door-posts, lintel and threshold are toward the street, is at times a private domain, and at times a semi-private domain, and inasmuch as all are not versed in these laws, therefore because of the uncertainty, the laws applying to a private domain as well as those which apply to a semi-private domain must be rigorously observed in regard thereto.   It is forbidden to carry from thence to the street, as that is a public domain, or to a semi-private domain, or from the street to that place, for it may be a private domain.   It is likewise forbidden to carry thereto from the house or court, or from thence within, for it may be a semi-private domain ; if, therefore, the door is locked and it is necessary to unlock it, care should be taken to have a non-Jew insert the key in the lock, and after the door is unlocked, the non-Jew should remove the key before the Israelite opens the door, for if the Israelite should open the door while the key is in the lock, he will thereby bring the key from the (entrance) semi-private domain to the (house) private domain.

14. In many places there are houses where the roof projects from the wall of the house, over the street, where it is supported upon pillars. It is prohibited to carry from the house to that place (beneath the projection) or from thence in the house.   It is also forbidden to carry anything there four cubits, as it is amenable to the law relating to a street, either as a public domain or a semi private domain, and although the roof juts out upon the pillars making the form of a door, which the law regards as a partition, yet as there are no partitions at the sides thereof, it is not regarded as a partition.   It is therefore necessary to erect one post on one side near the wall of the house, opposite the pillar which supports the roof, thus making another form of a door, and another, on the other side.   If many houses adjoin each other in a similar manner, it is sufficient to make this at each side of the outermost house, they should also perform the ceremony of establishing an inter-community of courts.

טו. מותר ליתן לפני אינו יהודי מזונות בחצר או בבית אע"פ
שיודע שיוציאן לחוץ, רק שלא יתנם לתוך ידו דא"כ הוא עושה את
העקירה. ודוקא כשיש להאינו יהודי רשות לאכלם שם אם ירצה, אבל
אם אין לו רשות לאכלם שם, או שהם מזונות מרובות, שאי אפשר
שיאכלם שם, וכן שאר חפצים שניכר הדבר שיוציאם לחוץ אסור.

טז. האשה מדדה את בנה אפילו ברה"ר ובלבד שלא תגררהו
אלא יהא מגביה רגלו האחת ויניח השני על הארץ וישען עליה עד
שיחזור ויניח רגלו שהגביה, שנמצא לעולם הוא נשען על רגלו האחת.
אבל כשהיא גוררת שתי רגליו הרי זה כשנושאתו ואסור אפי' בכרמלית.
ולשאת אותו ממש, אפילו אם הוא גדול כ"כ שיכול לילך ברגליו לבדו
אסור ואפילו בכרמלית.

יז. מותר לשפוך שופכין בחצר שיש בו ד' אמות על ד' אמות
אע"פ שיוצאין לרשות הרבים.

יח. היקף מחיצות לטלטל בתוכם לא מהני אלא כשהוקף לדירה.
ומה נקרא מוקף לדירה, זה שבנה לו בית דירה, או שפתח פתח מביתו
ואח"כ היקף שם במחיצות כדרך שעושין החצרות לבתים, אז אפילו אם
הוא גדול הרבה מאד הוי רה"י גמור. אבל כל שהוקף שלא לשם דירה
כגון גנות ופרדסים שאין המחיצות עשויות אלא לשמור מה שבתוכן,
באלו יש חילוק בגדלן, אם אינו גדול ממאה אמה אורך וחמשים אמה
רוחב, ואם הוא מרובע עולה בחשבון שבעים אמה ור' טפחים על ע'
אמה ור' טפחים וכל ששה טפחים נחשב לאמה, ואם המקום עגול או
בשאר ציון צריכין ג"כ לחשוב כן שיעלה חמשת אלפים אמות קוואד-
ראט, אז מותר לטלטל בתוכן, אבל אם המקום גדול משיעור זה, או
אפילו אינו גדול משיעור זה רק שהוא ארכו יתר על פי שנים ברחבו,
אפילו רק אמה אחת, אז אסור לטלטל שם.

יט. מקום שמוקף שלא לשם דירה והוא אינו גדול משיעור הנזכר
שהוא מותר לטלטל בתוכו, אם יש בסמוך לו חצר, מותר ג"כ להוציא

רעה

15. It is permitted to place food before a non-Jew in a court or house, although it is known that the latter will carry it outside, so long as he does not give it him in his hand, and thus cause dislodging. The above is permitted only if the non-Jew is permitted to eat it there should he desire, but if he is not permitted to eat it there, or if there be a great deal of food, so that it would be impossible for him to eat it there, also other articles which it is apparent the non Jew will carry out, it is forbidden.

16. A woman may lead her little child, even in the public domain, she should, however, not drag it, but the child should lift up one foot and put the other on the ground, so that it support itself thereon while putting down the foot it has lifted up, thus ever supporting itself on one foot, if, however, she drags the child, trailing both its feet along, it is just as if she carries it, and it is forbidden, even in a semi-private domain, and to actually carry the child is forbidden, even if it is big enough to walk itself, and even in a semi-private domain.

17. It is permitted to pour out waste water in a court-yard which measures four cubits square, although it runs out on the public domain.

18. The partitions with which an enclosure is fenced around do not avail to make carrying permissible therein unless it was fenced around for dwelling purposes. By dwelling purposes we term that which was built for a house to dwell in or an abutment to one's house whose door opens therein, which is fenced around by partitions, after the manner of courts which are built for houses, then, no matter how large the inclosure is, it is an absolutely private domain ; all enclosures, however, that were fenced around for other than dwelling purposes, such as gardens and orchards, fences are only for the purpose of guarding their contents, these are affected by their difference in size. If it is not larger than one hundred cubits in length by fifty cubits in width, if it is a quadrature it is equalled by seventy cubits and four palms by seventy cubits and four palms (six palms equal one cubit). If the area is circular or otherwise circumcribed, it is likewise essential to reckon thus, it should measure thus five thousand cubits square, then it is permissible to carry therein, if, however, the enclosure is larger than that space, or even if it is not larger than that space, but its length more than doubles its breadth, even if only by one cubit, then it is forbidden to carry therein.

19. An enclosure which was fenced around for other than dwelling purposes and which is not larger than the space described above, making carrying therein permissible, if there is a court adjacent

מתוכו לחצר, ומחצר לתוכו, כלים ששבתו בתוכו, או בחצר, כי נחשב
לרשות אחת עם החצר, אבל אינו רשות אחת עם הבית, שהכלים
ששבתו בתוכו, אסור להכניסן לתוך הבית, והכלים ששבתו בבית, אסור
להוציאם לשם.

ב. מקום שהוקף שלא לשם דירה, דהיינו שמתחלה הקיף במחיצות
ואחר כך בנה שם בית דירה או שפתח לשם פתח מביתו, מאי תקנתא
לעשותו מוקף לדירה, יפרוץ במחיצות מקום יתר על עשר אמות (כי
עשר אמות חשיב כפתח ויתר מכאן הוי פירצה) ונתבטלו המחיצות,
ואח"כ יגדור אותה, ונחשב מוקף לדירה.

כא. החצר שהוא יותר משיעור הנזכר, ונטע בו אילנות אפילו
ברובו, לא נתבטל בזה הדירה ועדיין מוקף לדירה, שכן דרך האדם
להסתופף בצל אילנות. אבל אם זרע בו זרעים, אם הוא ברוב החצר
(אפילו אינו במקום אחד אלא מפוזר) נתבטל בזה הדירה וחשיב כולו
כגינה. אכן אם הוא במיעוט החצר, אם המקום שנזרע הוא פחות משיעור
הנזכר מותר לטלטל בתוכו. ואם המקום שנזרע הוא יותר משיעור
הנזכר אסור לטלטל בכל החצר.

כב. חצר שאין בו אלא שיעור הנזכר, או פחות, וזרע במקצתו,
גם כן נדון אחר הרוב, ואם רובו זרוע, אעפ"י שמותרים לטלטל שם,
כיון שאינו יותר משיעור הנזכר, מ"מ כלים ששבתו בבית אסור להוציא
לשם. ולכן צריך לעשות מחיצה בפני הגינה, שיהא מותר לו להוציא
מן הבית אל החצר.

דיני הוצאה דרך מלבוש ותכשיט בשבת.

א. כל דבר שאינו לא מלבוש ולא תכשיט, אסור לצאת בו לרשות
הרבים, או לכרמלית, ולכן אסור לצאת במחט התחובה בבגדו, ואפילו
במחט שאין בה נקב, ואפילו לצורך לבישה, יש להחמיר באיש, אבל

thereto, it is likewise permissible to carry from there to the court and vice-versa utensils which were in the court on the Sabbath, as that enclosure and the court are considered as one domain, the enclosure, however is not considered as of the same domain as the house, hence it is forbidden to carry from thence to the house, or vice-versa, utensils which were in either of these places.

20. An enclosure which was fenced around for other than dwelling purposes, thus, it was previously fenced round by partitions and the dwelling was built afterwards, or he afterwards made a door in his house leading thereto, how can it be converted into an enclosure fenced around for dwelling purposes? By making a breach in the partitions measuring more than ten cubits (as a breach of ten cubits is regarded as a door, but if more than that it is a breach) thus making them invalid to serve as partitions, after which he should fence it round and it will be considered as having been fenced around for dwelling purposes.

21. If one has planted trees in a court which is larger than the space aforementioned, even a large number of them, it did not thereby cease to be a dwelling, and it is still an enclosure fenced around for dwelling purposes, as one is accustomed to seek the shade of trees. If, however, he planted vegetables therein, and it extended to the greater part of the court (even if it is not in one area, but planted sparingly) it then ceases to be a dwelling, but it is all considered as a garden, if, however, it is planted in the lesser part of the court and the planted place is less than the space described above, it is permitted to carry therein; but if the planted place is larger than the aforementioned space, it is forbidden to carry in the entire court.

22. A court which only contained the space aforementioned or less, and part of it was planted, should be judged by the greater part thereof. If the greater part thereof be planted, although carrying be permissible therein, inasmuch as it is no larger than the aforementioned place, it is nevertheless forbidden to carry thereto utensils which were in the house on the Sabbath; it is therefore necessary to make a partition in front of the garden, in order that it be permitted to carry from the house to the court.

LAWS CONCERNING CARRYING BY MEANS OF A GARMENT

OR ADORNMENT.

1. Any article that is neither a garment nor an adornment is forbidden to be carried out in a public or semi-private domain, hence, one is forbidden to go out with a needle or a pin stuck in his garment, even for the requirements of dressing a man should scrupulously abstain from carrying it. But a woman (inasmuch as it is the custom

אשה, כיון שדרך הנשים להעמיד קישוריהן במחטין, מותרת לצאת בהן לצורך הלבישה. ודוקא במחט שאינה נקובה, אבל לא במחט נקובה.

ב. יש ליזהר שלא יצא איש בטבעת שאין עליו חותם פתוח, **ומכ"ש** שלא ישא אצלו כלי השעות (וואטש), ואפילו קשור ברביד הזהב, **כי** הכלי שעות המונח תוך הכים הוי משא, ואין לו היתר.

ג. החיגר, וכן החולה שעמד מחליו, וכן זקן מופלג שאי אפשר לו **כלל** לילך בלא מקל, מותר לו לילך במקל בידו. אבל אם אפשר לו לילך **בלא** מקל, ובתוך ביתו הולך בלא מקל, אלא כשהולך לחוץ נטל אותו **להחזיק** בו אסור. ומי שאי אפשר לו כלל לילך בלא ברילל׳עץ, ואף בביתו **הוא** הולך תמיד בהם, מותר לו לשאת אותם על עיניו אפילו בר"ה.

ד. מותר לצאת בשבת בשני מלבושים זה על גב זה, ואעפ"י שאינו צריך לעצמו את המלבוש השני אלא שמוציאו לצורך חבירו וכדומה. ודוקא כשדרכו לפעמים גם בחול ללבוש שני מלבושים כאילו, דהוי דרך מלבוש. אבל אם אין דרכו לעולם ללבוש שני מלבושים כאלו, אסור לצאת בהן בשבת, משום דהשני הוי כמו משא.

ה. מטפחת שמקנחים בו את האף נוהגין לכורכו תחת הבגד העליון על המכנסים, ויזהר שלא לעשות בו שני קשרים זה על גב זה. ויש נוהגין לכורכו סביב הצואר, וזה אינו מותר אלא כשאין לו שם מטפחת אחרת והוא רגיל לפעמים לכרוך שם מטפחת, אבל אם נותנו רק על הצואר והקצוות תלויות לו לפניו, זהו איסור גמור. וכן לכורכו סביב הרגל או סביב היד לצאת בו אסור.

ו. בגד שיש לו שתי רצועות או משיחות לקשרו בהן, או שיש לו קרסים לחברו ונפסק אחד מהן, אעפ"י שהשני שנשאר כנגדו אינו חשוב, מ"מ אם דעתו לתקנו אחר כך להביא לו בן זוגו, אם כן זה שנשאר אינו **בטל** לגבי הבגד, והוי כמו משא ואסור לצאת בבגד זה. אבל אם אין דעתו לתקנו אחר כך, אם כן כיון שזהו שנשאר אינו דבר חשוב, הרי

of women to fasten their bands with pins) is permitted to go out with them for the requirements of dressing, only, however, with a pin, but not with a needle.

2.   A man should be careful not to go out with a ring on which a seal is not engraved ; one should especially abstain from carrying a watch, even if it is attached to a gold chain, because, the watch that lays in the fob is a burden, the carrying of which cannot be permitted.

3.   One who is lame, or convalescent, likewise one who is very old, and unable to walk without a stick, is permitted to go with a stick in his hand ; if, however, it is possible for him to go without a stick, and he does walk without a stick in his house, but takes it in the street to support himself thereon, is forbidden to do so.   One for whom it is impossible to go without spectacles, and who also wears them constantly at his house, is permitted to carry them over his eyes, even in the public domain.

4.   It is permissible to go out with two garments on the Sabbath, wearing one above the other, even if one does not need to wear the other garment, and only takes it out for a neighbour who needs it, and the like.   It is permissible only if one be accustomed to wear the two garments on a week-day as well, thus it is his usual costume, if, however, he was never accustomed to wear two such garments, he is forbidden to go out with them on the Sabbath, as the second garment is then considered as a burden.

5.   To carry a handkerchief about the person it is customary to wrap it around under the upper garment above the trousers, but one should be careful not to make two knots therein, one above the other. Some are accustomed to wrap the handkerchief around their necks, this is not permissible unless he wears no other neck-kerchief, and is accustomed to wear a neckerchief at times, if, however he merely throws it around his neck and lets its corners hang loosely in front of him it is positively forbidden.   It is also forbidden to wrap it around one's foot or hand, and thus go out with it.

6.   A garment which has two straps or laces to tie it with, or hooks to fasten it with, if one of them tore off, although the remaining one is of no value, nevertheless if he intends to repair it later, by procuring its mate, the remaining one is not subordinate to the garment and is like a burden, and it is forbidden to go out with such a garment, if, however, he does not intend to repair it later, the remaining one is of no value, and is subordinate to the garment, and permitted to go

277

הוא בטל לגבי הבגד, ומותר לצאת בו. ואם הוא דבר חשוב, כגון משיחה של משי, או קרם של כסף, אעפ"י שאין דעתו לתקנו, אינו בטל לגבי הבגד ואסור לצאת בו.

דיני דברים האסורים בשבת.

א. בשבת אסור להטמין בשום דבר אפילו בדבר שאינו מוסיף הבל, לכן אם נוטל קדירה שיש בה תבשיל שנתבשל בה או שנתחמם בה אסור לכרכה או לכסותה בברים וכסתות וכדומה לשמור חומה.

ב. דבר שאי אפשר כלל לאכלו בלי הדחה אסור להדיחו בשבת אפילו בצונן. ודג מלוח (הערינג) מותר לשרותו במים צוננים, לפי שגם קודם השריה ראוי לאכילה.

ג. פירות שנמצאו תחת אילן אסורים בשבת אפילו בטלטול, שמא נפלו היום. וכן כל פירות שאצל האינו יהודי אם יש להסתפק שמא נתלשו היום אסורים אפילו בטלטול.

ד. אסור לרדות דבש המחובר בכוורת, וכן אסור לרסק חלות דבש אפילו נתלש אתמול מהכוורת. ואם לא ריסק אותו קודם שבת, אזי הדבש הזב ממנו בשבת אסור, אבל הדבש הצף בכוורת מותר.

ה. אילן בין שהוא לח בין שהוא יבש, אין משתמשים בו שום תשמיש, ואף שאינו מנידו (דאם מנידו בלא"ה איכא איסור מוקצה) אין עולין בו ואין נתלין בו ואסור להניח עליו איזה חפץ, או לתלי ממנו, או לקשור בו בהמה וכל כיוצא בו. ואפילו בצדדי האילן אסור להשתמש.

ו. כלי שזורעים בו מיני עשבים או שושנים לנוי או להריח אסור לתלוש ממנו כמו שאסור לתלוש מן האילן.

ז. מותר לאמר לחבירו מלא לי כלי זה, אפילו הוא מיוחד למדה, ואפילו הוא של מוכר אלא שהלוקח נוטלה ומוליכה לביתו. אבל למדוד

רעה

out therewith.   If it is an article of value, such as a loop or silver hook, even if he does not intend to repair it, it is not subordinate to the garment and is forbidden to go out therewith.

VARIOUS LAWS CONCERNING FORBIDDEN THINGS ON THE SABBATH.

1.   On the Sabbath it is forbidden to place victuals under the cover of anything, even if it does not serve to increase its warmth, hence one who removes a pot in which there are victuals which were cooked or warmed therein, is forbidden to wrap it around or cover it up with anything in order to preserve its warmth.

2.   On the Sabbath it is forbidden to soak, even in cold water, any [article of food which is impossible to partake of unless it is soaked ; it is, however, permitted to soak a herring in cold water, as it was fit for food even previous to having been soaked.

3.   If fruit be found lying under a tree it is forbidden even to handle it on the Sabbath, for perchance it fell that very day.   Likewise the fruit of a non-Jew, which, it may be surmised, was plucked that very day, is forbidden even to handle it.

4.   It is forbidden to take honey which clings to the hive.   It is likewise forbidden to crush honey-combs, even if they were removed from the hive a day before, thus if they were not crushed before the Sabbath, it is forbidden to use the honey that flows therefrom on the Sabbath, but it is permissible to take the honey that floats in the hive.

5.   It is forbidden to make any use of a tree, no matter whether it be flourishing or decayed, even if he does not shake the tree thereby (as the shaking of a tree is prohibited in itself being one of the things forbidden to be handled on the Sabbath), one should not go up thereon, nor suspend himself therefrom.   It is also forbidden to place an article thereon, or take it therefrom, or to tie an animal thereto and the like. It is forbidden to make use of even the sides of a tree.

6.   Vessels in which plants or flowers are cultivated, whether for their beauty or fragrance, are forbidden to be plucked on the Sabbath in the same manner that it is forbidden to pluck a tree.

7.   One is permitted to say to his neighbour, "fill me up this vessel," even if the vessel is made to measure with, and even if it belongs to the seller, so long as the buyer takes it and brings it home.

בכלי המיוחד למדה של המוכר ולשפוך לתוך כלי של הלוקח אסור. וכן מותר לאמר לחבירו תן לי חמשים אגוזים וכדומה, ובלבד שלא יזכיר לו שם מדה ולא דמים, וגם לא יעשה חשבון לאמר: הרי יש לך בידי חמשים אגוזים, תן לי עוד חמשים ויהיה לך בידי מאה, ומכש"כ שלא יזכור לשון מכר, אפילו אינו קוצץ הדמים, ואפילו לצורך שבת. וע"י אסור לקנות בשבת, וה"ה בשכירות.

ח. מותר לאמר לחבירו, מלא לי כלי זה או תן לי עד הרושם הזה, ולמחר נמדוד אותו או נשקול אותו.

ט. אסור להשמיע קיל שיר מכלי בשבת. וכן אותן כלי שעות (וואטש) שהן עשוים לקשקש השעות ע"י מה שדוחקים בהם אין לעשות כן בשבת או ביום טוב.

דיני שביתת בהמתו בשבת.

א. כתיב „למען ינוח שורך וחמורך" וג', הרי הזהירה התורה שגם הבהמה של ישראל תנוח, ולא בהמה בלבד אלא כל בעלי חיים, ולכן אסור להניח לבהמתו שתוציא איזה משא, שאפילו יצאה מאליה לרשות הרבים והוציאה משא, עבר הוא עליה על מצות עשה של תורה, ואף דבר שהוא לה לנוי מ"מ הוי משא. אבל דבר שהוא לרפואתה, או שהיא צריכה לשמירתה מותרת לצאת בו, ואך מה שהוא רק לשמירה יתירה אסור. וכן דבר שבהמה זו אינה נשמרת בזה אעפ"י שבהמה אחרת נשמרת בה, הויא לגבי בהמה זו משא, ואסור.

ב. הסוס יוצא באפסר, או ברסן, אבל לא בשניהם, ומותר לכרוך חבל האפסר סביב צוארו ויוצא בו, רק שיהא כרוך ברפיון קצת, כדי שיוכל להכניס ידו מהרה בין הכריכה לצוארו כדי למשכו אם ירצה להשמט. ומותר לטלטל האפסר וליתנו עליו, ובלבד שלא ישען עליו,

it is, however, forbidden to measure in a vessel used for measuring by the seller, and empty same in the buyer's vessel. It is permitted to say to one's neighbour, "give me fifty nuts" and the like, on condition that he shall not mention the name of any measure, nor money, nor shall he reckon up with him, saying "I owe you for fifty nuts, give me fifty more, and I will owe you for a hundred." It is especially forbidden to speak of purchasing, even if a price is not made, and even for the requirements of the Sabbath. On the Sabbath it is forbidden to purchase through a non-Jew; the same law applies to hiring.

8. One is permitted to say to his neihgbour "fill me up this vessel, or give me therein until it reaches this mark, and to-morrow we will measure or weigh it."

9. It is forbidden to produce the sound of any instrument especially designed therefore, e.g., to ring a door-bell, or to press the spring of a watch which is made to sound the hours by the pressure of a spring. This is forbidden on a Sabbath or Holyday.

LAWS CONCERNING THE RESTING OF ONE'S CATTLE ON SABBATH.

1. It is written: "That thy ox and thy ass may repose." Thus has the Torah admonished us that the cattle of an Israelite should also repose, and not alone the cattle, but all animals as well, hence it is forbidden to suffer one's beasts to carry out a burden, thus, even if it voluntarily went out on a public domain, carrying a burden, its owner has thereby transgressed a precept of the Torah, even if it is caparisoned thus, it is nevertheless a burden, if, however, it is for the purpose of curing it, or for guarding it, then it is permissible to let it go out therewith, and only that which is surperfluous as far as guarding it is concerned is forbidden. Likewise anything that is not proper for the guarding of one animal, although another animal is guarded thereby, is considered to the former as a burden and it is forbidden.

2. A horse may go out with a halter or bridle, but not with both. It is permissible to tie the rope of the halter around its neck and it may go out therewith, but it should be tied loosely in order that one may be able to easily slip one's hand in between the rope and its neck to draw it, should it attempt to run off; and it is permissible to handle the halter and to put it on the animal, but not to lean upon it, as it is forbidden to support oneself upon an animal on the Sabbath,

משום דאסור לסמוך בשבת על בעל חי. אבל החמור לא יצא ברסן של
ברזל, לפי שזהו לשמירה יתירה אצל החמור. ושור ופרה שאינן צריכין
שימור, אסורין לצאת בחבל סביב צוארם אלא אם רגילין לברוח. אם
קשר חבל בפי הסום, הרי זה משא, לפי שאינו משתמר בו, שהוא נשמט
מפיו ואינו דומה לאפסר שהיא קשור בראשו.

ג. סום וכן שאר בהמות לא יצאו במרדעת, ואסורים לצאת בזוג
אעפ״י שאינו מקשקש, ואפילו בעיר שהיא מתוקנת בעירובין אסורים
לצאת בו, רק בחצר מותר. ואם אינו פקוק ומקשקש אפילו בחצר אסור.

ד. מותר להוליך את הסום בחבל שברסן, ובלבד שיאחז בקצה
החבל, שלא יצא מידו טפח, וגם לא יגיע החבל שבין ידו לבהמה עד טפח
סמוך לארץ. ואם החבל ארוך הרבה יכרכו על צואר הסם.

ה. מי שיש לו משרת אינו יהודי ורוכב על הבהמה בשבת
כשמוליכה להשקותה, אינו צריך למנעו. ואפילו הוא נותן אוכף או בגד
לרכוב עליו הם בטלים לגבי הרוכב, רק שאר דבר לא יניח על הבהמה.
ומותר לומר לא״י לחלוב הבהמות בשבת משום צער בעלי חיים, כי
החלב מצערה. והחלב אסורה בו ביום אפילו בטלטול, אלא הא״י יעמידה
במקום המשתמר. וכן מותר לומר לא״י להברות האווזות פעם אחד ביום
משום צער בעל חיים.

ו. המשאיל או משכיר בהמתו לאינו יהודי יתנה עמו שיחזירנה לו
קודם שבת. ואם אירע שלא החזירה יפקירה הישראל קודם השבת, אפילו
בינו לבין עצמו, כדי להנצל מאיסור, אבל לכתחילה אסור להשאיל או
להשכיר על סמך זה.

ז. לא ימדוד אדם שעורים לתת לפני בהמתו, אלא משער
באומד דעתו.

ח. אגודה שחת אם אינו קשור בקשר של קיימא (דהיינו שני
קשרים זה על גב זה) מותר להתירו וליתנו לפני בהמה. ומותר לחתוך

the ass, however, should not go out with an iron bit, as that is a superfluous safeguard for an ass. But an ox and a cow which require no guarding, it is forbidden to let them go out with a rope round their necks, unless they are in the habit of running away. If he tied a rope on the horse's mouth, it is considered a burden, inasmuch as it is not guarded thereby, as it slips from its mouth, and it cannot be compared to the halter which is tied around its head.

3. Neither a horse, nor any animal should be suffered to go out with a saddle. It is also forbidden to let them go out with a bell, even if it does not ring, and even in a city in which an intercommunity was established by an עירוב, it is forbidden to let them go out therewith; but it is permissible to let them go in a court. If, however, the bell is not muffled, and it rings, it is forbidden to let them go therewith even in a court.

4. It is permitted to lead a horse by the rope attached to the bridle, but he should grasp the end of the rope and not let it out of his hand the length of a palm, nor should the rope between his hand and the beast reach as close as a hand-breadth to the ground, if the rope, therefore, is very long, he should coil it around the horse's neck.

5. One who has a non-Jewish domestic who rides upon the beast when taking it to the water, need not be prevented, even if he puts a saddle or garment upon it to ride thereon, as they are subordinate to the rider, but he should not put anything else upon the beast. It is permitted to bid a non-Jew to milk the animals on the Sabbath, in order to relieve the animal's distress, as the milk causes them pain, it is, however, forbidden, even to handle that milk on that day, therefore the non-Jew should put it away where it can retain its freshness. It is also permitted to tell a non-Jew to fatten the geese once on that day to relieve them of their distress.

6. One who lends or hires his beast to a non-Jew should make a condition with him that he should return it to him before Sabbath, and if it happened that he did not return it, the Israelite should make a free gift thereof before the Sabbath, even by himself, in order to save himself from violating a prohibition, it is, however, forbidden to lend or hire originally with such a contingency in view.

7. One should not measure oats in order to give it to his beast, but one should use judgment in averaging it.

8. A bundle of fodder which is not knotted permanently (i.e. doubly knotted) may be unknotted and given to the cattle. It is also permitttd to cut hard cucumbers for the cattle, providing it was torn

דלועין קשים לפני בהמה. והוא כשנתלשו מאתמול. ואם הדלועין רכים
ויכולה לאוכלן כך אסור לתתכן.

ט. מותר להעמיד בהמתו על גבי עשבים מחוברים כדי שתאכל.
אבל עשבים שתלשן א"י בשבת, שהם מוקצים, אסור להעמיד שם בהמה
שתאכל, אלא אם כן אין לה מה לאכול, אז מותר משום צער בעלי
חיים. וכן אם אין לה מה לשתות מותר לומר לעכו"ם להביא לה מים מן
הבאר שבכרמלית.

י. אין תולין על בהמה כיס או כלי כדי שתאכל מתוכה, כיון
שזה אינו אלא לתענוג בעלמא לבהמה, שלא תצטרך לשוח צוארה,
ואסור לטרוח בשבת בשביל תענוג הבהמה. אבל ענלים וסייחין שצוארם
קצר ומצטערים לאכול מן הקרקע מותר לתלות להן כלי עם מאכל
בחצר, אבל לא יצאו בו מפני שמשא הוא להן.

יא. אין להשליך תבואה לעופות במקום לח שיכול להיות שישאר
שם קצת ויצמיח אח"כ.

יב. הנותן מורסן לבהמות, או לעופות אסור לתת לתוכו מים.
ואם נתן בהם מים ערב שבת, אסור לגבלן בשבת, אבל מותר לנערן
מכלי אל כלי כדי שיתערבו.

יג. בהמות, חיות, ועופות הגדלים בבית שמזונותיהן מוטלים עליך,
מותר לתת להם מזונות בשבת. אבל אותם שאינם גדלים בבית ואין
מזונותיהן עליך, אסור לטרוח בשבילן ליתן להם מזונות, ואפילו להשליך
לפניהם אסור. ולכן אסור ליתן מזונות לפני היונים, לפי שיוצאין ואוכלין
בשדה. נותנין מזונות לפני כלב, ואפילו של הפקר יש קצת מצוה ליתן לו
מעט מזונות, שהרי הקב"ה חס עליו על שמזונותיו מועטין ומשהה אכילתו
במעיו ג' ימים.

יד. מותר לזמן א"י לביתו לאכול עמו בשבת. ומותר לתת אפילו
לו לבדו מזונות לאכול, מפני שחשוב כמזונותיו עליך.

up the day previous, but if the cucumbers are tender and they are able to eat them as it is, it is forbidden to cut them.

9.   It is permitted to let one's beast stand upon herbage which is connected to the soil, so that it feed thereon, but an herbage which a non Jew had torn up on the Sabbath and is thus מוקצה (forbidden to be handled) it is forbidden to let cattle stand thereon and feed themselves, unless there is nothing else to eat, then it is permitted in order to relieve the animal of its distress.   Likewise if it has nothing to drink one is permitted to tell a non-Jew to bring it water from a well in a semi-private domain.

10.   One should not hang a bag or vessel around a beast, in order to eat therefrom, inasmuch as it is merely for the pleasure of the beast, so that it need not bend its neck, and it is forbidden to work on the Sabbath for the enjoyment of the beast; bullocks, however, and asses which have short necks and it would cause them distress to eat from the ground it is permitted to hang around them a vessel with food in the court, but they should not be allowed to go out therewith, as it is counted then as a burden.

11.   One should not cast corn for poultry on moist ground, as some may possibly remain there and afterwards sprout forth.

12.   One who gives bran to cattle or poultry is forbidden to put water therein, and if he had put water therein on the Sabbath eve, he is forbidden to stir it on the Sabbath, but he is permitted to pour it from one vessel into another in order to mix it together.

13.   Cattle, beasts and poultry which are raised on one's premises, it is one's duty to provide them with food, and one is permitted to give them food on the Sabbath, but for those who are not raised in one's house and one is not obliged to feed them, it is forbidden to labour in order to provide them with food, it is even forbidden to throw it before them, hence, it is forbidden to put food before doves, as they go and eat in the field.   One should place food before a dog, even if it have no owner, it is in some degree fulfilling a commandment to give it some food, for verily, the Holy One, blessed be he, took compassion upon it, for its lack of much food, and caused its food to remain in its stomach (thus nourishing it) for three days.

14.   It is permitted to invite a non-Jew to dine at one's house on the Sabbath.   Moreover, it is permitted even to serve him alone, as it is regarded as a duty to provide him with food.

טו. אם אכלה בהמתו כרשינין הרבה וכדומה ומצטערת, יכול להריצה בחצר כדי שתתייגע ותתרפא, ואם אחזה דם יכול להעמידה במים כדי שתצטנן. ואם הוא ספק שמא אם לא יקיזו לה דם תמית, מותר לומר לאינו יהודי להקיזה. וכן שאר רפואות עושין לה על ידי אינו יהודי.

דיני מוקצה בשבת.

א. מוקצה מדעת, דהיינו שהקצהו האדם מדעתו מלאכלו בשבת מחמת שאינו ראוי לאכילה אפילו בלא דחק, אלא שהקצהו לסחורה, אעפ"י שנותנו לאוצר. וכן דבר שהוא ראוי היום למאכל כלבים. אעפ"י שבע"ש לא הי' עומד לכך, כגון בהמה ועוף שנתנבלו בשבת. וכן דבר שנשתנה היום ממה שהי' אתמול, אבל מ"מ גם היום עדיין ראוי לאיזה תשמיש, כגון כלים שנשתברו היום ועדיין ראוין להשתמש בהן מעין תשמישן הראשון לקבל בהן איזה מאכל או משקה. וכן עצמות שנתפרקו היום מן הבשר והן ראוין לכלבים, כל אלו מותרין לטלטל בשבת, חוץ ממה שדחה בידים, כגון גרוגרות וצמוקין.

ב. דברים שאינן ראוין כלל לאכילת אדם כמו שהן אפילו על ידי הדחק, וצריכין בישול, ואף על גב שראוין לבהמות או לכלבים, הרי כיון שהם מוכנים למאכל אדם לאחר זמן אינן עומדין לבהמות או לכלבים. וכן דברים שאינם ראוין בשבת לשום תשמיש, כגון עצים, ונוצות של עופות, ועורות בהמות, וצמר או פשתן, וכל בעלי חיים, אפילו אלו אלו שהן בתוך ביתו, וקליפי אגוזים, וקליפי ביצים, ועצמות הקשות שאין ראוין אפילו לכלבים, ודלתות וחלונות הבית (דאסור לתלותן בשבת). וכן שברי כלים שאינן ראוין עוד לשום תשמיש, כל אלו והדומה להם, אסורין בטלטול. ומ"מ כלי זכוכית שנשתברו במקום שיכולין להזיק, מותר לפנות השברים.

15.   One whose beast is in pain from over-feeding on cresses and the like, may make it run in the court, in order that the exercise may cure it. If it suffers from a rush of blood, he may let it stand in water to cool off, and if there is a doubt as to whether it will not die unless it is bled, it is permitted to tell a non-Jew to bleed it. Other remedies as well should be applied to it through a non-Jew.

LAWS CONCERNING THAT WHICH IS FORBIDDEN TO HANDLE ON THE SABBATH (מוקצה "SET APART").

1.   That which one had intentionally set apart, such as food which one had purposely set apart not to partake thereof on the Sabbath, it being unfit to eat except in an emergency, or that which is fit to eat, even when not in an emergency, but which one had set apart as merchandise even if he stores it away.   Likewise, something that is on that day fit food for a dog, although, on the Sabbath-eve it was not intended to serve as such, e.g., cattle or poultry which were rendered as unclean as a carcase, on the Sabbath, likewise a thing that on that day assumed a different appearance from that of the previous day but which is nevertheless still fit for some use, such as utensils which were broken on that day, but are yet, in some manner, fit for the use to which they were put originally as a receptacle for food or drink, also bones from which the meat was picked on that day, and are fit food for dogs, all these it is permitted to handle on the Sabbath, except that which one temporarily rejects, such as figs and raisins (in the process of drying).

2.   That which in its original state is absolutely unfit for the food of a human being, even in an emergency, but requires cooking, although it is fit food for cattle or dogs, inasmuch as it will afterwards supply food for man, it does not serve for the use of cattle or dogs, likewise that which is unfit for any use on the Sabbath, such as wood, the feathers of fowls, the skins of animals, and wool and flax, also all animals, even those which are in one's house, and the shells of nuts and of eggs, and hard bones which are not even fit for dogs, and doors and windows (as it is forbidden to hang them up on the Sabbath). Likewise, the fragments of broken utensils which are not fit for any further use, all these and other things it is forbidden to handle, nevertheless it is permitted to remove fragments of broken glass where they may cause injury.

ג. מאכל שהוא אסור באכילה ומותר בהנאה והוא ראוי לא"י כמו שהוא, כגון בשר מבושל וכדומה, ויכול ליתנו לא"י שהוא שלו מותר לטלטלו. אבל אם אינו ראוי לא"י כמו שהוא, כגון בשר חי, או שאינו יכול ליתנו לאינו יהודי מפני שאינו שלו אלא של אחר, אסור לטלטלו.

ד. נולד, והיינו דבר שנתחדש היום, כגון אפר מן אש שהוסק היום על ידי א"י, וכן ביצה שנולדה היום, ומים הזוחלים מהאלנות בימי ניסן, וכן אפילו לא נתחדש היום אלא שבא מכח מלאכה האסורה בשבת, כגון פירות שנפלו מן האילן או שתלשן א"י בשבת. וחלב שנחלב בשבת וכדומה גם כן אסורין בטלטול ופת שאפאו א"י בשבת בעיר שרובה א"י (דמסתמא אדעתא דא"י אפאו) אם הוא שעת הדחק או לצורך מצוה, מותר לישראל לאכלו בשבת.

ה. כלים מיוחדים לעשות בהם מלאכה האסורה בשבת, כגון מכתשת, ריחים, וקורנס, וקרדום, ושופר, ומנורה, ומחט שתופרין בה, ונרות שלימות בין של חלב בין של שעוה, ופתילות מצמר גפן, ובגד שעטנז שאסור ללבשו, וכן כל כיוצא באלו מותרין לטלטלן לצורך גופם, כגון קורנס לפצוע בו אגוזים, קרדום לחתוך בו דבר מאכל, מחט שלימה ליטול בה את הקוץ. (אבל אם ניטל עוקצה או חודה אסור לטלטלה). וכן מותרין לטלטלן לצורך מקומן, דהיינו שצריך להשתמש במקום שהכלי מונח שם. וכיון שנטלו בהיתר, או אם שכח ונטלו בידו, מותר לטלטלו גם יותר, ולהניחו במקום שירצה. אבל שלא לצורך גופן, ושלא לצורך מקומן, אלא לטלטלן בשביל עצמן לבד שלא יגנבו או יתקלקלו, אסור לטלטלן. ותפילין גם כן אסורין לטלטל בשבת, אך אם מונחים במקום בזיון, מותר לטלטלן להניחן במקום שמשתמרין.

ו. דברים שהאדם מקצה מדעתו להשתמש בהן, מפני שהוא מקפיד עליהם שלא יתקלקלו, כגון כלי אומנות שמקפיד עליהם שלא יפגמו, וסכין שמתקנים בו את הקולמוס, וסכין של שחיטה, וסכין של מילה. וכן נייר העומד לכתיבה, ושטרי חובות, וכתבי חשבונות, ואגרות, שהוא מקפיד

3. Food, the eating whereof is forbidden but of which one is permitted to enjoy, and it is proper food for a non-Jew in its present state, such as cooked meat and the like, and he is able to give it to the non-Jew, as it is his, one is permitted to handle it. If, however, in its present state it is not fit for a non-Jew, such as raw meat, or if he is unable to give it to a non-Jew, because it belongs to someone else, he is forbidden to handle it.

4. A thing "newly born," i.e., that which was evolved on that day, such as ashes from a fire kindled on that day through a non-Jew, likewise an egg which was laid on that day, and water dripping from the trees in April, and even that which did not originate on that day, but was the result of labour which is forbidden on the Sabbath, such as fruit which fell from a tree or which a non-Jew had plucked on the Sabbath, or milk from the milking done on a Sabbath, and the like, is also forbidden to be handled, but bread baked on the Sabbath by a non-Jew in a city where they are mostly non-Jews (and it may be assumed that it was baked for non-Jews), it is permitted in an emergency, or for the requirements of fulfilling a commandment, for an Israelite to partake thereof on the Sabbath.

5. Utensils which are adapted for work that is forbidden to be done on the Sabbath, such as a mortar, a grinder, a hammer, an ax, a trumpet, a candle-stick, a needle, whole candles, either of tallow or of wax, cotton wicks, a garment of linen and woollen thread (Shatnes), which it is forbidden to wear, and all things akin to the above, one is permitted to handle, if the object is needed, e.g., a hammer to crack nuts, an ax to cleave provisions, a whole needle to remove a splinter (if, however, its eye or point was missing it is forbidden to handle it), It is likewise permitted to handle them if one needs the place they occupy, and as long as one handles them either because he is permitted to do so or through inadvertance he is permitted to continue handling them and to put them down where he pleases, but if one does not need the object itself, nor the place that it occupies, the handling of the object for its own sake, that it be not stolen or damaged, is forbidden. It is likewise forbidden to handle Tephillin on the Sabbath ; if, however, they lay in a degrading place, it is permitted to remove them to a place of safety.

6. Articles which one purposely sets apart, not to make use of them because he is anxious that they should not be spoiled, such as workman's tools, of which one is careful that they should not be damaged, a pen-knife, a slaughter-knife, a circumcision knife, writing paper, notes, accounts and letters, all of which one is anxious to keep intact, and precious utensils which he does not use at all, likewise any

283

עליהן לשומרן, וכלים היקרים שאינו משתמש מהם כלל, וכן כל דבר
שמחמת שמקפיד עליו הוא מיחד לו מקום ואינו משתמש בו, וכן כלים
שבחנות שעומדים למכירה, אפילו הם כלי סעודה, אם אין דרכו להשאילן,
כל אלו והדומה להן, ובן כיס המיוחד למעות, הוין מוקצה ואסורין
בטלטול אפילו לצורך גופן או לצורך מקומן.

ז. דבר שאין עליו שם כלי כלל. כגון עצים, ואבנים, וחתיכת
ברזל, וכדומה, אסורין גם כן בכל טלטול, אפילו לצורך גופן וצורך מקומן,
אא"כ יחדו בערב שבת לאיזה תשמיש שישתמש בו לעולם.

ח. כלי שמלאכתו להיתר, או אפילו לאיסור ולהיתר, כגון קדרות,
ואפילו כלים מאוסים (דבשבת מוקצה מחמת מיאום מותר) מותר לטלטלן
אפילו רק בשביל הכלי שלא יגנב או ישבר, אבל שלא לצורך כלל אסור
לטלטלו. וכתבי הקודש ואוכלין מותר לטלטלן אפילו שלא לצורך כלל.

ט. כשם שאסור לטלטל את המוקצה או את הנולד, כך אסור
ליתן כלי תחתיהן כדי שיפלו לתוכה, אבל מותר לכפות סל לפני
האפרוחים כדי שיעלו וירדו בו, כי לאחר שלא יהיו עליו מותר לטלטלו.
ואם היו עליו בין השמשות נאסר הסל בטלטול לכל היום.

י. עפר וחול הצבור בזוית בחצר או בבית מותר לטלטלו, דכיון
דצברו זו היא הזמנתו לתשמיש, אבל אם הוא מפוזר, בטל לגבי קרקע
ואסור בטלטול. אם חתך קודם שבת ענף מן האילן להניף בו ולהבריח
הזבובים וכיוצא בו, מותר לו להשתמש בו בשבת, כיון שיחדו לכך
ועשאו כלי.

יא. נסרים של בעלי בתים שאינן עומדין לסחורה, מותר לטלטלן.
ושל אומן אסור, אא"כ חשב עליהם מבעוד יום להשתמש בהם בשבת.

יב. כל מוקצה אינו אסור אלא בטלטול, אבל בנגיעה בעלמא
שאינו מנדנדו, שרי. ולכן מותר לינע במנורה העומדת, אפילו נרות
דולקות בה. וכן מותר ליקח דבר היתר המונח ע"ג מוקצה. אבל אסור
רפד

article of which he is so careful as to put it away in a special place and not to make use of it, also the vessels that are in one's shop for the purpose of being sold, even if they are culinary vessels, but he is not in the habit of lending them, all of the foregoing and what resembles them, also a purse, are "set apart" and it is forbidden to handle them even for the requirements of the object itself, or of the space it occupies.

7.   That which is not designated as a vessel, such as wood, stones, a piece of iron and the like, is forbidden to be handled in any manner whatsoever, even for the requirements of the object itself or of the space it occupies unless it was designed for permanent use on the Sabbath-eve.

8.   A vessel that is employed for usage that is permissible, or even for usage that is at times forbidden and at times permissible, such as pots, and even an unclean vessel (it is permitted to handle on the Sabbath what is "set apart" on account of uncleanliness) it is permitted to handle it, even for the sake of the vessel, that it be not stolen or broken, but one is forbidden to handle it if there is no occasion for it, one, however, is permitted to handle holy writ, and victuals, even if there is no necessity therefor.

9.   Just as it is forbidden to handle that which is "set apart" or that which was evolved on that day, so is it forbidden to place a vessel underneath them in order that they fall therein, but it is permitted to tie a basket before the young of the birds in order that they walk up and down thereon, as it will be permitted to handle it when the birds will not be upon it.   If the birds were on the basket at twilight (on the Sabbath-eve) it is forbidden to handle it the entire day.

10.   It is permitted to handle the earth and sand which one heaped up in the corner of the court or house, inasmuch as its laying in a heap is indicative that one had prepared it for his use, if, however, it is scattered about, it became subordinate to the ground and it is forbidden to handle it.   If one had cut off the branch of a tree before the Sabbath for the purpose of using it to drive flies away, he is permitted to use it on the Sabbath inasmuch as he had designed it for that purpose and thus made a " vessel " thereof.

11.   Boards belonging to a householder which are not for sale it is permitted to handle, but if they belong to an artisan it is forbidden, unless it was his intention when yet day (on Friday) to make use of them on the Sabbath.

12.   That which is set apart is forbidden only to be handled, but one may touch them if he does not thereby move them, hence it is permitted to touch a stationery chandelier even if the candles burn therein.   It is likewise permitted to take a thing permissible which lies upon a thing that is "set apart," but it is forbidden to touch a

לינע במנורה התלייה או בכל דבר ענול, כי גם בנגיעה בעלמא הוא מנדנדה. ומותר לכסות דבר מוקצה בדבר שאינו מוקצה.

יג. טלטול כלאחר יד מותר במוקצה, ולכן אם שכח איזה דבר מוקצה על איזה כלי, או שנפלה שם בשבת, אם צריך לכלי המותר או למקומו, מותר לנערו או לישא את הכלי למקום אחר ולנער את המוקצה. וכן יכול לעשות, אם שכח מעות בכים שבבגדו והוא צריך לבגדו. אבל בשביל המוקצה לחוד אסור לעשות כן.

יד. אסור ליטול בידיו תינוק, (ואפילו במקום שמותר לשאת אותו), אם יש ביד התינוק אבן או שאר דבר מוקצה. אך אם יש להתינוק געגועין, שאם לא יטלוהו יחלה, וגם אי אפשר להשליך מידו האבן וכדומה, מפני שיצעק ויבכה, אז מותר ליטלו על ידיו. ואם יש בידי התינוק איזה מטבע, אסור אפילו לאחוז בידי התינוק והוא מהלך ברגליו, ואפילו יש לו געגועין, משום דאיכא למיחוש שמא תפול הממבע מידי התנוק והוא ישכח שהוום שבת ויגביהה, ונמצא מטלטל מוקצה בטלטול גמור.

טו. מת אסור לטלטלו בשבת, אבל מותר לשמוט את הכר מתחתיו, שלא יסריח, ובלבד שלא ייזז בו שום אבר. ואם הי' פיו נפתח והולך, קושר את הלחי בעניין שלא יוסיף להפתח, אבל לא כדי שיסגור מה שנפתח, שא"כ היה מזיז אבר.

טז. אם נפלה דליקה ויראים שלא ישרף המת, מותרין לטלטלו אגב דבר היתר, דהיינו שמניחין עליו או אצלו איזה דבר מאכל ומטלטל שניהם ביחד. ואם אין דבר מאכל מניחין עליו איזה כלי או מלבוש שמותר בטלטול. ואם גם זאת אין, אזי מטלטלין אותו לבדו. בין כך ובין כך אין מטלטלין אותו אלא למקום שמותרין להוציא לשם, אבל למקום שאסורין להוציא אין להוציאו כ"א על ידי אינו יהודי.

רפה

hanging chandelier, or any round thing, as by merely touching it he shakes it. It is permitted to cover an article that is "set apart" with an article that is not "set apart."

13. It is permitted to handle in an indirect manner that which is set apart, hence if he had forgotten a thing "set apart" upon a certain vessel, or if it fell upon it on the Sabbath, if he needs the vessel which is permitted to be handled, or the space it occupies he is permitted to shake it off, or to carry the vessel to another place and shake off the thing "set apart," thus he may also do when he needs to take his garment in which he had forgotten a purse with money, but it is forbidden to be done solely for the sake of the thing "set apart."

14. One is forbidden to carry a child in his arms, even where carrying is permissible if the child has a stone or anything else that is "set apart" in his hand, if, however, the child is very much attached to him and his refusal to take it would sicken it and at the same time it is impossible to throw the stone and the like from the child's hand as it would cry very much, in such case it is permitted to take the child in his arms; it is forbidden to grasp the child's hand if it holds a coin, although it walks by itself, notwithstanding its attachment to him, as we may apprehend that in the event of the coin falling from the child's hand, the former may forget that it is Sabbath and pick it up, thus actually handling a thing "set apart."

15. It is forbidden to handle a dead body on the Sabbath, but it is permitted to remove the pillow from beneath the corpse in order that it shall not become malodorous, providing he does not move any organ, if the mouth of the corpse were open and distending, it is permissible to fasten the jaws that it open no further, but not in a manner as to close what is already open as one would thus move an organ.

16. If a fire broke out, and it is feared that the dead body will be burned, it is permitted to carry it out by means of a thing permissible which should be laid upon the corpse or at its side, such as an article of food, and carry them out together, and if an article of food is not available, a vessel or garment which it is permitted to handle should be laid upon the corpse, but if this is also lacking, it may be carried out by itself, it is however only to be carried where carrying is permissible, but where carrying is not permissible, it should be carried out only by a non-Jew.

יז. מותר ליתן כלי תחת הדלף בשבת, ואם נתמלא, שופכו ומחזירו למקומו. והוא שיהא הדלף ראוי לרחיצה, אבל אם המים מאוסים אסור ליתן שם כלי. ואם עבר ונתנו, והוא במקום דמאים עליו מותר להוציאם.

דיני מוקצה מפני שהוא בסים לדבר האסור.

א. כלי שלו שהניח עליו בערב שבת דבר מוקצה בכוונה והיה דעתו שיהא מונח שם בהכנסת שבת, נעשה הכלי בסים לדבר האסור. ואפילו נטלה משם המוקצה ביום השבת, מכל מקום כיון שהיתה מונחת שם בין השמשות ונעשה אז הכלי בסים לדבר האסור, אסור לטלטלו גם אח"כ כל היום, אפילו לצורך גופו ולצורך מקומו.

ב. היה מונח עליו בהכנסת שבת גם דבר היתר ונעשה הכלי בסים לדבר האסור ולדבר המותר, אם הדבר המותר יותר חשוב לו, מותר לטלטלו, ואם הדבר האסור יותר חשוב לו, אסור לטלטלו.

ג. היה מעות בבגדו, מותר לטלטל את הבגד. אבל אין ללבשו אפילו בביתו, דחיישינן שמא יצא בו לרשות הרבים. תיבה שבתוך השלחן, ויש מעות בתיבה אסור לטלטל את השלחן.

ד. לא נעשה בסים אלא א"כ המוקצה הי' מונח שם בין השמשות, אבל אם לא היתה שם בין השמשות, רק אח"כ הניחה שם לא נעשה בסים, ומותר לטלטל את הכלי אפילו בשעה שהמוקצה עליו. ולכן מותר לנער את השלחן או את המפה מעצמות וקליפין שמונחים עליו. ולא נעשה בסים אלא אם הניחו בכוונה שיהא מונח שם בין השמשות, אבל אם נשאר שם מחמת שכחה, או שנפל מעצמו לשם, לא נעשה בסים. ולא נעשה בסים אלא כלי שלו, אבל אם הניח דבר מוקצה על כלי של אחר לא נעשה בסים.

17.   One is permitted on the Sabbath to place a vessel beneath a
liquid that drips down, and when it becomes full it may be poured out
and put back in that place, that is, providing that the water is fit to
wash with, if, however, the water be filthy it is forbidden to put a
vessel there, howbeit if one transgressed and did place it there, and it
is a place disagreeable to him, he is permitted to remove it.

Law Concerning Things "Set Apart" Being a Base for Things Forbidden to be Handled.

1.   If on the Sabbath-eve one had intentionally put a thing "set
apart" upon one of his vessels for the purpose of having it lay there
on the coming in of the Sabbath, the said vessel becomes a base for a
thing forbidden and even if he had removed the thing "set apart"
therefrom on the Sabbath, nevertheless, inasmuch as it laid thereon on
the twilight (on Friday) at which time it became the base for a thing
forbidden, it is forbidden to handle it thereafter the entire Sabbath
day, even if one needs that object itself or the place it occupies.

2.   If on the coming in of the Sabbath, there also lay on that
vessel an article which it is permissible to handle, and the vessel thus
became a base for a thing forbidden and a thing permitted, if the
thing permitted is of more value to him he is permitted to handle it,
but if the thing forbidden is of greater value to him he is forbidden to
handle it.

3.   If one had money in his garment he is permitted to handle
the garment, but he should not wear it even in his house, as we are
apprehensive lest he go out with it in the public domain.   If there is
money in a table drawer it is forbidden to move the table.

4.   A vessel is not constituted a base unless the thing "set
apart" lay thereon in the twilight on Friday, but if it did not lay
thereon in the twilight, but was put thereon thereafter it does not
thereby become a base and it is permissible to handle the vessel even
when the thing "set apart" lays thereon, hence it is permitted to
shake a table or table-cloth from the crumbs, etc., that lay thereon.
Nor does it become a base except when he puts it thereon with the
intention of letting it remain there in the twilight, if, however he
inadvertently left it there or if it fell there of itself it does not thereby
become a base, nor does it become a base unless it is his own vessel,
but if he put a thing set apart upon another vessel it does not thereby
become a base.

286

דיני עניני חול האסורים בשבת.

א. כתיב „אם תשיב משבת רגליך עשות חפציך ביום קדשי", ונאמר „וכבדתו מעשות דרכיך ממצוא חפצך ודבר דבר", ולמדו רבותינו מהא דכתיב וכבדתו מעשות דרכיך, שלא יהא הלוכך בשבת כהלוכך בחול, לפיכך אסור לרוץ בשבת, אבל לדבר מצוה מותר לרוץ. ומהא דכתיב „ממצוא חפצך" דרשו רז"ל חפציך אסורים, אפילו אינך עושה מלאכה, כגון שהוא מעיין בנכסיו מה הם צריכין למחר גם זאת אסור. וכן אסור לטייל בעיר כדי למצוא סום או ספינה או קרון לשכרם לאחר השבת, אם ניכר הדבר שהלך בשביל כך. אבל לשמור חפציו או חפצי חבירו, מותר.

ב. אסור לילך בשבת עד סוף התחום, או פחות, ולהתעכב שם עד שתחשך, כדי למחר דרכו לילך משם ולהלאה, שכיון שהולך משם ולהלאה במוצאי שבת, ניכר הדבר שעיקר הלוכו היה בשביל כך. ודוקא כשמחשיך שם כדי לילך ולעשות דבר שאי אפשר בשום אופן לעשותו בשבת, כגן לשכור פועלים, או לתלוש פירות, או להביא פירות המוקצין שאין שום היתר לעשות דברים אלו בשבת. אבל מותר להחשיך על התחום כדי להביא בהמתו, כיון שאם היו בתים עד שמה קרובים זה לזה שבעים אמה היה מותר להביא גם בשבת. וכן להביא פירות התלושין שאינן מוקצין מותר, כיון שאם היו מחיצות מקיפות כל הדרך היה מותר גם בשבת, וכל כיוצא בזה. וכן מותר לילך בשבת תוך התחום אל הגינה לתלוש שם פירות במוצאי שבת, משום דאינו ניכר שהלך בשביל זה, אלא הרואים יאמרו שהלך לטייל או לבקש בהמתו שנאבדה לו ואח"כ כשהיה שם נמלך ונשאר עד הלילה כדי לתלוש פירותיו.

ג. מהא דכתיב „ודבר דבר" דרשו רז"ל, שלא יהא דיבורך של שבת כדיבורך של חול, הלכך אסור לומר דבר פלוני אעשה למחר, או סחורה פלונית אקנה למחר, והיינו דבר שהיום א"א לעשותו בשום אופן. אבל דבר שהיה איזה צד לעשותו היום, אעפ"י שעתה אין זה הצד, מותר.

LAWS AND CUSTOMS OF ISRAEL

Law Concerning Week-Day Matters Forbidden on the Sabbath.

1.   It is written "If thou restrain thy foot for the sake of the Sabbath, not doing thy business on my holy day"; and it is also said, "and honour it by not doing thy usual pursuits, by not following thy own business, and speaking (vain) words"; Our Rabbis have taught us what is meant by the precept "and honour it by not doing thy usual pursuits, that is, walk not in the same gait on the Sabbath as thou art wont to do on a work-day," hence it is forbidden to run on the Sabbath, for the sake, however, of performing a precept it is permissible to run, and what is meant by the words "by not following thy own business" our Rabbis have expounded as meaning "thy business is forbidden thee even if thou doest no work," thus one is forbidden even to look after his property to see what it requires on the morrow; it is also forbidden to promenade through the town in order to find a horse, a ship or a wagon so as to hire them after the Sabbath, if it is apparent that he went for that purpose, but one is permitted to guard his or his neighbour's property.

2.   One is forbidden to go on the Sabbath until the end of the Sabbath boundary or a lesser distance in order to wait there until dark so that he will be able to hasten his journey from thence on the close of the Sabbath, it will be apparent that he went there principally for that purpose, this, however, is only forbidden if he stays there until dark in order to go and do something which it is impossible to do on the Sabbath in any manner whatever, e.g., to hire workmen, or to pick fruit, or to bring in fruit which is "set apart" as there is no exemption making the doing of these things permissible on the Sabbath. One is, however, permitted to wait at the Sabbath boundary until dark in order to bring in his cattle, inasmuch as that would have been permissible even on the Sabbath, in case there were other houses there no further than seventy cubits from each other, it is likewise permitted to bring fruit that was plucked and not "set apart" inasmuch as this would also have been permissible even on the Sabbath in case the entire route be closed in by partitions, and everything of that character is permitted. It is also permitted to go on the Sabbath within the limits of the Sabbath boundary to the orchard in order to pluck the fruit on the close of the Sabbath as it is not recognisable that he went there for that purpose, but the onlookers may think that he went there for pleasure or to look for his beast that went astray, and after being there he bethought himself of remaining until dark in order to pluck his fruits.

3.   From that which is written "and speaking (vain) words," our Rabbis have inferred that one's words on the Sabbath should not be the same as on a week-day, hence one is forbidden to say "I will do this thing to-morrow," or "I will buy that article to-morrow," this, however, applies only to what cannot be done to-day in any manner,

ולכן מותר לומר למקום פלוני אלך למחר, רק שלא יאמר לשון המשמע
שילך בקרון, וגם לא ירבה לדבר בזה, ואפילו בשיחת דברים בטלים אסור
להרבות. ואסיר לספר בשבת דבר של צער.

ד. אסור לאדם לחשוב חשבונות בפיו בשבת, בין חשבון שעתיד
להיות, בין חשבון שכבר עבר אלא שצריך לו עדיין לידע אותו. אבל
חשבונות שאין לו בהם צורך מותר לחשבן, ובלבד שלא ירבה בהם,
שאסור להרבות בשיחה בטילה בשבת.

ה. מדכתיב „חפציך", למדו רז"ל דאינן אסורין אלא חפצי האדם,
אבל חפצי שמים מותרין, לפיכך מחשיכין על התחום משום צרכי מצוה.
וכן מותר לפקח על עסקי רבים בשבת. וכן מותר לדבר עם מלמד אודות
תינוק אם ירצה לקחתו ללמד עמו ספר, או אפילו אומנות, שזהו גם כן
מצוה, שאם לא תהא לו אומנות לפרנס את עצמו ילסטם את הבריות.
אבל אסור לשכור את המלמד בשבת, כי השכירות הוא שבות גמור, ולא
הותר אפילו בשביל מצוה, ורק מה שאינו אסור אלא מפני ממצוא חפצך
ודבר דבר, זה מותר בשביל מצוה. ומותר להכריז על אבידה בשבת,
שהשבת אבידה מצוה היא.

ו. מדכתיב „ודבר דבר", למדו רז"ל, דדוקא דיבור אסור, אבל ההרהור
מותר, ולכן ההרהור בעסקיו מותר. ומ"מ משום עונג שבת מצוה שלא
יחשוב בהם כלל, ויהא בעיניו כאלו כל מלאכתו עשויה, ומכל שכן שלא
יהרהר בדבר שגורם לו טירדא או דאגה.

ז. מותר לומר לפועל, הנראה בעיניך שתוכל לעמוד עמי לערב,
אעפ"י שמתוך כך מבין שצריך לו לערב לשוכרו למלאכה, לפי שלא
נאסר אלא דיבור מפורש. אבל לא יאמר לו היה נכון עמי לערב, שזהו
כמדבר בפירוש שרוצה לשוכרו.

ח. השוכר את הפועל לשמור לו איזה דבר, אסור להפועל ליקח
שכר שבת בפני עצמו, אבל אם היה מושכר לשבוע או לחדש, מותר
ליטול בהבלעה גם שכר שבת.

רפה

but if it can be done to-day in a certain way, although that way does not present itself now, it is permissible ; one, therefore, is permitted to say "I will go to yonder place to-morrow," but he should not say it in such a way as to imply that he will ride there nor should he speak much about it. It is likewise forbidden to converse much on trivial matters and it is forbidden to relate on the Sabbath anything to cause distress.

4. One is forbidden to make mental calculations on the Sabbath either of future or past transactions. One is permitted to make calculations from which he derives no benefit, providing he does not make many of them as it is forbidden to speak much on trivial matters on the Sabbath.

5. Inasmuch as it is written "thy own business," our Rabbis, of blessed memory, have inferred that only the business of man is forbidden but heavenly subjects are permitted, hence one waits at the Sabbath boundary until dark for the purpose of performing a precept, it is also permitted to attend to matters of public interest on the Sabbath. It is permitted to speak to a teacher in regard to one's child, if he is willing to take him to teach Scripture or even a trade, as this is also the fulfilment of a precept as the lack of a trade wherewith to earn a livelihood may lead him to steal, but it is forbidden to hire the teacher on Sabbath as the hiring constitutes the violation of a Rabbinical ordinance and it is not permitted even for the purpose of fulfilling a precept as it is only that which is forbidden that is implied in the words "by not following thy own business and speaking (vain) words" which is permissible to be done for the sake of fulfilling a precept. It is permitted to make a public announcement of a loss, inasmuch as returning it to its owner is the fulfilment of a precept.

6. As it is written "and speak (vain) words," our Rabbis have taught us therefrom that only *speaking* is forbidden, but *thinking* is permitted, hence one is permitted to think of his affairs. Nevertheless, in order to delight in the Sabbath it is mandatory not to give them any thought but it should seem to him as if all his work is done. One should especially avoid thinking of that which causes him worry or care.

7. One is permitted to say to a workman, "Do you think you will be able to see me this evening ?" although the latter understands that he needs him in the evening in order to hire him to do some work, as only a direct proposal is forbidden. He should, however, not say, "Be ready for me this evening," as that is equivalent to expressing in plain terms that he desires to hire him.

8. If one has hired a workman to guard anything for him, the workman is forbidden to take pay for Sabbath by itself, if, however, he was hired for a week or a month, he may take pay for the Sabbath inclusive with the pay for the entire time.

ט. אסור ליתן מתנה או משכון לחבירו, אלא דבר שהוא לצורך מצוה או לצורך שבת, ולא יאמר לו הילך משכון, אלא נותן סתם.

י. חובות, וחשבונות, ואגרת של שאלת שלום אסור אפילו לעיין בהם בלי קריאה, ואע"פ שאינו מהרהר מכל מקום אסור. ולא אמרו דהרהור מותר אלא כשאינו ניכר שממהרהר בחפצים האסורים, אבל כאן שניכר לכל שמהרהר בחפצים האסורים לו הרי זה אסור. ומי שנשלח לו אגרת ואינו יודע מה כתוב בה, מותר לעיין בה, כי שמא יש בה דבר שצריך לו לגופו אבל לא יקרא בפיו. ואם יודע שאינו רק מעניני משא ומתן אסור אפילו לעיין בו. וגם אסור בטלטול משום מוקצה.

יא. אסור למדוד בשבת איזה דבר, אם הוא לצורך, אא"כ הוא לצורך מצוה.

יב. במקום פסידא מותר לדבר צרכיו, בין עם ישראל, בין עם אינו ישראל.

יג. כל דבר שהישראל אסור לעשותו, אסור לומר לאינו יהודי לעשותו, אפילו לרמוז לו לעשותו אסור. ואפילו לומר לו קודם שבת שיעשה בשבת גם כן אסור. וכן אסור לומר לאינו יהודי בשבת שיעשה לאחר שבת. ודבר זה אינו אסור אלא בחפצי עצמו, אבל לצורך מצוה מותר.

יד. אפילו אם הנכרי בא מעצמי לעשות איזה מלאכה בשביל ישראל, צריך הישראל למחות לו. ואם רואה אדם שיוכל לבוא לידי הפסד, כגון שנתרועע לו חבית של יין וכדומה, מותר לקרות לנכרי לשם, אף על פי שיודע שהנכרי בודאי יתקני, ואפילו במלאכה גמורה, ובלבד שיזהר הישראל שלא לומר לו שום רמז צווי לתקן. אבל מותר לומר לפניו כל מי שיציל הפסד זה לא יפסיד שכרו. ואין לעשות זאת אלא במקום הפסד מרובה.

טו. נהגו לשלוח אינו יהודי בשבת להביא שכר או שאר דבר לצורך שבת, אף במקום שאין עירוב. ואין להתיר אלא בשעת הדחק שאין

9. One is forbidden to give anything to his neighbour as a present or pledge, unless it is necessary for the fulfilment of a precept or requisite for the Sabbath, and he should not say to him "here is the pledge," but simply give it to him.

10. One is forbidden to glance over his bills, accounts or personal letters even without uttering the words, and although he only thinks of the contents it is nevertheless forbidden as thinking is only permissible when it is not obvious he is thinking of forbidden matters, but in the foregoing it is apparent to all that he is thinking of forbidden matters, therefore it is forbidden. One who gets a letter and does not know its contents, is permitted to look at it, for perchance it is necessary for the welfare of his person, but he should not utter the words. If, however, he knows that it relates only to business matters he is forbidden to glance at it, it is also forbidden to handle it, as it is a thing "set apart."

11. One is forbidden to measure whatever he may need on the Sabbath unless it is essential to the performance of a precept.

12. Where one may otherwise sustain a loss it is permissible for him to refer to what is essential either to a Jew or a non-Jew.

13. Whatever the Israelite is forbidden to do he is forbidden to tell the non-Jew to do. One is forbidden even to hint to him that he should do it, even to tell him before Sabbath that he should do it on the Sabbath, is forbidden. It is likewise forbidden to tell a non-Jew on the Sabbath that he should do it after the Sabbath, this, however, is only forbidden when it relates to one's business, but if necessary for the fulfilment of a precept it is permissible.

14. If the non-Jew was going of his own accord to perform some work for the Israelite, the latter is required to prevent him. If one sees that he is liable to sustain a loss, e.g., his cask of wine had sprung a leak and so forth, he is permitted to call in a non-Jew even if he knows that the non-Jew will surely repair it and even in a workmanlike manner, providing he carefully avoids telling him anything that may be construed as a command to repair it, but he is permitted to say in his presence, "Whoever will save me from this loss will not lose thereby," this, however, should not be done unless it may be a great loss.

15. Some have made it a practice to send a non-Jew for refreshments or the like or anything else on Sabbath, even where there is no עירוב this should not be permitted, except in case of necessity

לו מה לשתות, אבל בשביל תענוג בעלמא אין להתיר. ולומר לאינו
יהודי להביא מחוץ לתחום אפילו בדיעבד אסור בשבת מה שהביא.
ובמקום הפסד גדול, כגן לטלטל סחורה הנפסדת מן הגשמים, מותר על
ידי אינו יהודי.

טז. בעת הקור מותר לומר לאינו יהודי להסיק את התנור, משים
דהכל חולים אצל הצנה, אבל אם אינו מוכרח כל כך אין לעשות זאת,
וגם אסור להניח לאינו יהודי שיסיק את התנור בשבת אחר חצות היום,
כדי שיהא חם בלילה.

יז. אינם יהודים המביאים תבואה לישראל בחובותיהם, והישראל
נותן לו את המפתח לאוצרו והאינו יהודי מודד ומונה לשם, מותר, משים
שאינו יהודי במלאכת עצמו הוא עוסק, כי אין התבואה של ישראל עד
לאחר המדידה. והישראל מותר לו לעמוד שם שלא יטעה אותו. ובלבד
שלא ידבר עמו כלל מן העסק. אבל אם הביאו לו תבואה שלו, אסור
לומר להם לפנותה מן העגלות לתוך אוצרו. ואפילו אם מעצמם רוצים
לפנותה, צריך למחות להם.

יח. נכרי העושה גבינה מחלב שלו, והישראל רואה את החליבה
והגיבון כדי שתהא מותרת לישראל, ויוכל לקנותה לאחר השבת, אעפ"י
שהנכרי מכוין בשביל הישראל למכרה לו, הרי זה מותר, כיון שהגבינה
עדיין של הנכרי הוא ולטובת עצמו הוא עושה. ומותר לישראל אפילו
לומר שיעשה, ואפילו בשבת, שמותר לומר לנכרי עשה מלאכתך, אפילו
מגיע מזה ריוח להישראל.

דיני מי שיש לו מיחוש, או חולה שאין בו סכנה.

א. מי שיש לו מיחוש והיא מתחזק והולך כמו בריא, אסור לעשות
לו שים רפואה, אפילו בדבר שאין בו משום מלאכה, בין בעצמו בין על
ידי אחרים, ואפילו על ידי אינו יהודי.

רצ

where one has nothing to drink but for the mere gratification of one's pleasure it is not permitted. It is not alone forbidden to tell a non-Jew to bring anything from without the Sabbath boundary it is even forbidden to utilise on the Sabbath with whatever was brought. For the prevention of a great loss, e.g., to remove merchandise so that the rain should not damage it is permitted through a non-Jew.

16. When it is cold it is permitted to tell a non-Jew to kindle a fire in the stove as the cold makes people suffer, but if it is not so very necessary this should not be done. It is also forbidden to allow a non-Jew to kindle a fire in the stove on the Sabbath after noon-time that it may be warm at night.

17. If a non-Jew brings grain to an Israelite in payment of his debts and the Israelite gives him the key to his storehouse and the non-Jew measures and counts what he puts in there it is permitted, inasmuch as he works for himself, as the grain does not belong to the Israelite until after it is measured; furthermore the Israelite is permitted to stay there and see that he does not cheat him, providing he does not speak to him at all concerning that business, if, however, they brought him his own grain he is forbidden to tell them to unload it from the wagon and place it in his store-house, even if they are about to unload it of their own accord he is required to prevent them.

18. When a non-Jew is engaged in making cheese from his own milk and an Israelite watches the process of milking and cheese-making with a view of making it permissible for him to buy it after the Sabbath, although the non-Jew makes it purposely for the sake of the Israelite in order to sell it to him it is permissible, inasmuch as the cheese belongs to the non-Jew who makes it for his own benefit; it is even permitted for the Israelite to tell him to make it although it is Sabbath, as an Israelite is permitted to tell a non-Jew, "Do your work" although the Israelite also derives a benefit therefrom.

LAW CONCERNING ONE IN PAIN, OR BEING ILL BUT NOT DANGEROUSLY.

1. One who is in pain but is able to walk around as if in good health is forbidden to take any treatment even if there is no work performed therein. He should neither treat himself nor let another, even a non-Jew, treat him.

ב. אוכלים ומשקים שהם מאכל בריאים, מותר לאכלן ולשתותן
לרפואה, אף על פי שהם קשים לקצת דברים, ומוכחא מילתא דלרפואה
עביד, אפילו הכי שרי. וכל שאינו מאכל ומשקה בריאים, אסור לאכלו
ולשתותו לרפואה.

ג. החושש בשיניו במיחוש בעלמא ואין לו צער גדול לא יגמע בהן
חומץ או שאר משקה לרפואה ויפלוט את המשקה, אלא מגמע ובולע, או
טובל בו פת ואוכל כדרכו. וכן החושש בגרונו לא יערענו באיזה משקה,
אלא בולע, ואם נתרפא נתרפא. וכן מי שיש לו איזה מיחוש והוא צריך
לסוך עצמו בשמן, אסור בשבת.

ד. החושש במעיו מותר להניח עליהם כלי שעירו ממנו חמין, אף
על פי שעדיין יש בו הבל. וכן מותר להחם בגדים ולהניח עליהם.

ה. אם נגפה ידו או רגלו, צומתה ביין כדי להעמיד הדם, אבל
לא בחומץ, מפני שהוא חזק, ויש בו משום רפואה. ואם הוא מעונג, אף
היין לו כמו החומץ ואסור. ואם הוא על גב היד או גב הרגל, או שנעשה
ע"י ברזל מותר לרפאות בכל דבר, מפני שיש בו סכנה.

ו. מכה שאין בה סכנה, לא יניח עליה רטיה, אפילו שעשאה
מאתמול, ולא כל דבר שהוא משום רפואה, אבל נותן עליה איזה דבר
לשמרה שלא תסרט היה עליה רטיה מאתמול, מגלה קצתה ומקנח פי
המכה וחוזר ומגלה קצתה השני ומקנחה. ורטיה עצמה לא יקנח מפני
שהוא ממרח. נפלה הרטיה מע"ג המכה ע"ג הקרקע, לא יחזירנה. נפלה
ע"ג כלי יחזירנה, ואם מצטער הרבה מותר לומר לאינו יהודי להחזירה,
אבל אסור לומר לאינו יהודי לעשות רטיה בשבת, כי מירוח הרטיה
הוא איסור דאורייתא ואסור אפילו על ידי אינו יהודי, אם לא כשחלה
כל גופו.

ז. אסור להניח בגד על מכה שיוצא ממנה דם, מפני שהדם
יצבע אותו, ומב"ש בגד אדום שהוא מתקנו. וגם אסור לדחוק במכה

רצא

2. It is permitted to eat and drink edibles and beverages which are the food of healthy people as remedies although in some respects it is hard to partake of them and it is obvious that he partakes of them medicinally it is permitted to partake of same. What is not food and drink for healthy people it is forbidden to partake of medicinally.

3. One who suffers slightly from tooth-ache but is not in great pain should not absorb vinegar or other beverages in his teeth as a remedy and then expel the liquid out of his mouth, but he should drink and swallow it, or dip bread in it and eat it in the usual manner, likewise one who has a pain in his throat should not gargle it with any liquor, but he should swallow it and he may be cured thereby. If one is in pain and he needs to rub himself with oil, he is forbidden to do so on the Sabbath.

4. One who has abdominal pains is permitted to apply thereto a vessel from which hot water has been poured out although it still retains the heat. It is also permitted to warm cloths and put it thereon.

5. If one has hurt his hand or foot he may bathe it in wine in order to staunch the bleeding, but not in vinegar as that is strong and is akin to medical treatment, and if he is sensitive the wine is also considered as vinegar and it is forbidden, but if the wound is on the back of his hand or foot, or it was caused by an iron, he is permitted to apply any remedy thereto, as it is dangerous.

6. On a wound in which there is no danger one should not place a plaster, even if it was made the previous day, nor anything else medicinally, but he may put something thereon to guard it against breaking open. If there was a plaster thereon from the previous day he may slightly raise it from each side and cleanse the wound, but he should not wipe the plaster itself as he thus plasters. If the plaster fell from the wound on the ground he should not restore it, but if it fell upon a vessel he should restore it. If, however, it cause him great pain he is permitted to tell a non-Jew to restore it, but he is forbidden to tell a non-Jew to make a plaster on the Sabbath, as plastering is a work forbidden through the Torah and it is even forbidden to be done through a non-Jew unless his entire body suffers.

7. It is forbidden to place a cloth upon a wound from which the blood flows as the blood colours it, and more especially a red cloth which he improves thereby. It is also forbidden to compress a wound

להוציא את הדם, אלא כיצד עושה, רוחץ במים או ביין להעביר הדם, ואח"כ יכרוך עליו סמרטוט, ואם אין הדם פוסק ע"י רחיצה, יעשה איזה רפואה על ידי אינו יהודי.

ח. דרך הרופאים להרחיב פי המכה להוציא המוגלה, וזה אסור בשבת. ואם פתחה כדי להוציא ממנה את הליחה שמצערתו, ואינו חושש אם תחזור ותסתם מיד, הרי זה מותר משום צערו. ודוקא לנקבה על ידי מחט וכדומה, אבל לא בצפרניו, משום דתולש קצת מעור המורסא. ואם אפשר יעשה זאת על ידי אינו יהודי.

ט. מכה שנתרפאה, נותנין עליה רטיה שעשאה מאתמול, שאינו אלא לשמרה, ומותר להסיר גלדי מכה. ואם נתחב לו קוץ מותר להוציאו במחט. ובלבד שיזהר שלא יוציא דם, דעביד חבורה.

י. חולה שנפל מחמת חליו למשכב, ואין בו סכנה, או שיש לו מיחוש שמצטער וחלה ממנו כל גופו, שאז אף על פי שהוא הולך, כנפל למשכב דמי, אומרים לאינו יהודי לעשות לו רפואה ולבשל בשבילו. ולמוצאי שבת אסור לו לאכול תבשיל זה, אם אפשר באחר.

יא. ומותר לו לאכול ולשתות סמי רפואה, וכן לעשות לו איזה רפואה בין הוא בעצמו בין אחרים, ובלבד שלא יהא בדבר איזה איסור מלאכה, אפילו איסור דרבנן. אבל כל שיש בו אפילו איסור דרבנן אסור לעשותן כי אם על ידי אינו יהודי, ואם אין אינו יהודי יש להתיר לעשות ע"י ישראל איסור דרבנן על ידי שינוי.

דיני חולה שיש בו סכנה, ודין אנום לעבירה.

א. כל מצות התורה (חוץ מעבודה זרה, גלוי עריות, ושפיכת דמים) נדחין מפני סכנות נפש. לכן חולה שיש בו סכנה והוא אדם כשר, ואף שלפעמים עושה עבירה לתיאבון, ואפילו הוא תינוק בן יומו, מצוה

רצב

in order to extract blood, but one may bathe it in water or wine to staunch the flow of blood, then bandage it and if the blood does not stop flowing through the bathing, he should have it treated by a non-Jew.

8. It is customary for doctors to open up the wound in order to extract the matter, this is forbidden on the Sabbath, but if he opens it only in order to remove the matter which causes him distress and he does not care if it immediately closes up again it is permissible because of the distress he is in, but only with a needle and the like is he allowed to pierce but not with his nails as he would thereby tear some of the skin of the wound. If possible, the piercing should be done by a non-Jew.

9. On a wound which had healed one may put a plaster that was made the previous day as it is only for the purpose of preserving it. It is permissible to remove the skin that peels off the wound. If a splinter ran into one's flesh, he is permitted to remove it with a needle, but he should take care not to draw blood, as he would thus make a bruise.

10. One who was compelled to take to bed owing to his sickness, although he is not in danger, or if his pain is so great that he suffers in his entire body, then although walking about, a non-Jew may be told to apply a remedy, also to cook for him, but on the close of the Sabbath, he is forbidden to partake of the victuals if he can obtain others.

11. It is also permitted to take medicine either solid or liquid, whether applied as a remedy for oneself, or have others apply it, providing, however, that no work that is forbidden even by Rabbinical prohibition be performed therein, but whatever necessitates a violation of even a Rabbinical injunction it is forbidden to do except through a non-Jew; in the absence of a non-Jew, it may be permitted an Israelite to do it, but only if it is a Rabbinical prohibition, and done in a different manner from a week-day.

LAW CONCERNING ONE DANGEROUSLY ILL, ALSO REGARDING ONE FORCED TO TRANSGRESS A PRECEPT.

1. The compliance with every precept of the Torah (with the exception of those prohibiting idolatry, immorality and bloodshed) must be superseded by the exigency arising from danger to human life, hence it is mandatory to disregard the Sabbath for the sake of

לחלל עליו את השבת, ואם החולה אינו רוצה כופין אותו על כך ועין
גדול הוא שלא להרפאות בשביל איזה איסור. והזריז לחלל שבת בשביל
חולה שיש בו סכנה הרי זה משובח, ואפילו יש אינו יהודי לפניו משתדלין
לעשות על ידי ישראל. וכל מי שחלל שבת בשביל חולה שיש בו סכנה
אף שלא הוצרך לו הרי זה יש לו שכר. כגון שאמר הרופא חולה זה
צריך לדבר אחד ורצו ט' אנשים והביאו כולם, יש להם שכר טוב. ואפילו
הבריא החולה בראשונה. וכן בשביל כל פיקוח נפש, ואפילו ספק פיקוח
נפש, מצוה לחלל עליו את השבת, ולעשות בשבילו כל איסורי דאורייתא,
שאין לך דבר שעומד בפני פקוח נפש.

ב. כל אדם שהוא אומר מכיר אני באותו חולה שהוא מסוכן, אם
אין שם רופא מומחה שמכחישו, נאמן, ומחללין עליו את השבת, ואפילו
אינו אומר בבירור, אלא אומר שנראה לו שהיא מסוכן, שומעין לו,
ומחללין עליו את השבת. משום דספק נפשות להקל. אם רופא אחד
אומר שהוא מסוכן, ושהוא צריך רפואה פלונית, ורופא אחד אומר שאינו
צריך, או שהחולה אומר שאינו צריך, שימעין להרופא שהוא אומר שהוא
צריך. ואם החולה אומר שהוא צריך לרפואה פלונית, והרופא אומר
שאינו צריך שימעין להחולה. אד אם הרופא אומר שתזיקהו הרפואה,
שומעין להרופא.

ג. אם רופא בקי, או שאר מבין, אומר, שאעפ"י שעתה עדיין אין
ההולה בסכנה, מכל מקום אם לא יעשו לו רפואה זאת, אפשר שתכבד
עליו החולי ויכול לבוא לידי סכנה, אפילו החולה אומר שאינו צריך
שומעין להרופא, ומחללין עליו את השבת. ואם הרופא אומר שאם לא
יעשו לו רפואה זאת ודאי ימות, ואם יעשו לו יכול להיות שיחיה, מחללין
גם כן את השבת.

ד. כל מכה שבפנים הגוף, דהיינו מן השפה לפנים, וגם השיניים
בכלל, דהיינו קלקול שמחמת מכה, או בועה, וכיוצא בזה, מחללין עליו
את השבת ואינו צריך אומר שאפילו אין שם בקיאים, וחולה אינו אומר

one who is dangerously ill, providing the person is of good character, even if he is occasionally led by desire to transgress a precept, also even for the sake of an infant a day old it is mandatory to desecrate the Sabbath and if the sick person will not allow it, he should be compelled to submit, as it is very iniquitous not to be cured because it would necessitate the violation of a prohibition, indeed, one who exceeds in disregarding the Sabbath for the sake of one dangerously ill is praiseworthy, and even if a non-Jew be present the work should be done preferably by an Israelite, and he who disregards the Sabbath for the sake of one who is dangerously ill even if his exertions prove unnecessary has earned a reward, e.g., if a certain thing was ordered by the physician, and nine men ran and procured it, they have all earned a reward, even if the invalid became well from the first that was brought; this applies to every case of danger to human life, even where it is doubtful whether human life is endangered it is mandatory to disregard the Sabbath and perform all work involving a violation of a prohibition of the Torah, as there is nothing that supersedes the saving of a human life.

2.   Any one regarding the condition of a sick person as dangerous and there be no competent physician present to gainsay him, he is credible, and the Sabbath be disregarded, even if he does not make a positive assertion, but says "I believe that he is in danger," he should be heeded and the Sabbath should be disregarded, as the law should be relaxed when there is probability of danger to human life. If one physician thinks there is danger and requires a certain remedy and another physician says he does not require it, they should pay heed to the physician who says he does require it. If the sick person says that he requires a certain remedy, and the physician says he does not require it, they should heed the sick person, if, however, the physician declares that that remedy will do him harm, they should heed the physician.

3.   If a physician or another who understands, says that although the sick person is in no immediate danger the sickness may nevertheless assume a dangerous form unless a certain remedy is applied therefor, even if the invalid says that he does not require it, the physician should be heeded and the Sabbath should be disregarded. Likewise if the physician says that if a certain remedy will not be applied he will surely die, but if applied there is a chance that he might live, the Sabbath should be disregarded.

4.   For a wound in the interior of the body, that is, from the lips inwards, the teeth included, and for the injury caused by a wound or for the swelling caused thereby and the like, the Sabbath should be disregarded, nor does it require the giving of an opinion, thus, even if experts are not there, and the sick person does not object, everything

כלום, עושין לו כל מה שרגילין לעשות בחול, אבל כשיודעים ומכירים באותו חולי שממתין ואינו צריך לחלול שבת אין מחללין. מיחושים אינם נקראים מכה. ומי שחושש בשיניו ומצטער עליו מאד עד שחלה ממנו כל גופו מותר לומר לאינו יהודי שיוציאו.

ה. החושש בשתי עיניו, או שהיה באחת מהן ציר, או שהיו שותת, או שהיה דם שותת, או שאר דבר שהוא סכנה לעין, מחללין עליו את השבת.

ו. חולה שיש בו סכנה שצריך לבשר, ויש כאן בשר אסור, שוחטין עבורו ואין מאכילין אותו בשר אסור, משום דחיישינן שמא כשיתודע לו שהאכילו אותו בשר אסור יקוץ בו, אבל במקום דליכא למיחוש לשמא יקוץ בו, כגון שהוא קטן או שדעתו מטורפת, מאכילין אותו בשר אסור, ואין שוחטין עבורו בשבת.

ז. המבשל בשבת בשביל חולה, אסור לבריא לאוכלו בשבת, אבל למוצאי שבת מותר מיד גם לבריא, אם בישלו ישראל.

ח. מי שרוצים לאנום אותו שיעבור עבירה לפי שעה, אפילו היא עבירה חמורה, אין מחללין עליו שבת כדי להצילו מן העבירה, אבל אם רוצים לאנום אותו להמיר את הדת ולהוציאו מכלל ישראל, אפילו הוא קטן או קטנה, החיוב הוא על כל מי שבידו, להשתדל להצילו, אפילו צריך לחלל שבת באיסורי דאורייתא, ואפילו אם הוא ספק אם תועיל ההשתדלות אם לא. אבל מי שפשע ורוצה להמיר, אין מחללין עליו את השבת באיסורי דאורייתא. ומכל מקום באיסור דרבנן, כגון ללכת חוץ לתחום ולרכוב על גבי סוס או לילך בעגלה, וכן לטמטם מעות וכדומה, מותר לחלל בשביל להצילו.

דיני יולדת.

א. כשהתחילה האשה להרגיש סימני לידה, אפילו היא מסופקת, קוראין לה מיד מילדת, אפילו ממקום רחוק כמה פרסאות.

רצד

should be done for him, the same as is done on a week-day, if they, however, know that according to the nature of that illness, it is possible to wait and there is no necessity of disregarding the Sabbath, it should not be disregarded. Pains are not considered as wounds, and one whose tooth aches to such an extent that he suffers therefrom in his entire body, is permitted to tell a non-Jew to extract it.

5. If one has pains in both eyes, or if some substance entered one eye, or if they were watering or bleeding, or other matter oozed therefrom which endangered sight, the Sabbath should be disregarded for their sake.

6. If one who is dangerously ill requires meat, and only forbidden meat is obtainable, an animal should be slaughtered for his sake in order not to feed him with forbidden meat, as it is apprehended lest he will become aware of having been fed on forbidden meat and he will be nauseated thereby, when, however, there is no fear of it causing nausea, as in the case of a child, or of one whose mind is distracted, he should be fed with forbidden meat, and not slaughter an animal for his sake on the Sabbath.

7. One who is well is forbidden to partake of the victuals that were cooked on Sabbath for an invalid, but even one who is well is permitted to partake thereof immediately on the close of Sabbath, providing it was cooked by an Israelite.

8. If one is forced to temporarily transgress a precept, even if it be an extreme offence, the Sabbath should not be disregarded for the sake of saving him from the transgression. If one, however, is forced to apostatize and become alienated from the Jewish community, even if it be a little boy or girl, one is duty bound to exert all his efforts in order to save him, even disregarding the Sabbath if necessary, and perform work thereon forbidden by the Torah, even if it is doubtful whether the efforts will be of avail or not ; however, for a transgressor who deliberately becomes an apostate, the Sabbath should not be disregarded so far as to violate a prohibition of the Torah. But when it only involves the violation of a Rabbinical prohibition, e.g., to go beyond the Sabbath boundary, and to ride on horse-back, or in a wagon, also to handle money, or other such prohibitions, it is permissible to disregard them in order to save him.

Laws Concerning Childbirth.

1. As soon as a woman begins to feel the symptoms of childbirth, even if she is not certain thereof, a mid-wife (or doctor) should be brought immediately, even from a place many miles away.

ב. כל יולדת הרי היא כחולה שיש בו סכנה, ומחללין עליה את השבת לכל מה שהיא צריכה, אך אם אפשר לעשות על ידי שינוי, או על ידי אינו יהודי עושין. ונקראת יולדת משתשב על המשבר, או משעה שהדם שותת ויורד, או שאין בה כח ללכת בעצמה. גם המפלת לאחר ארבעים יום מטבילתה דינה כיולדת.

ג. שלשה ימים הראשונים, אפילו אמרה שאינה צריכה, מחללין עליה את השבת, ואח"כ אם אין בה חולי אחרת רק צער הלידה, עד שבעה ימים, אם אומרת צריכה אני, מחללין עליה, ואם אומרת שאינה צריכה, אין מחללין, ומונין ימים אלו מיום הלידה, ולא מעל"ע. כגון אם ילדה ביום ד' לעת ערב, הרי היא ביום שבת לאחר שלשה, ואם ילדה בשבת לעת ערב, הרי היא בשבת הבא לאחר שבעה. ואם יש קצת חשש סכנה, שהאשה חלושה בטבעה, המיקל למנות ימים אלו מעל"ע, לא הפסיד.

ד. לאחר שבעה ימים, אפילו אומרת צריכה אני, אין מחללין עליה, אלא הרי היא עד שלשים יום כחולה שאין בו סכנה, ועושין כל צרכיה על ידי אינו יהודי. אבל להסיק התנור עבורה, מותר אפילו ע"י ישראל (כשלא נמצא אינו יהודי בנקל), ואפילו בתקופת תמוז, משום דיולדת כל שלשים יום מסוכנת היא בצנה.

ה. הולד שנולד, חותכין את טבורו, ומרחיצין אותו, ומישרין איבריו, ועושין לו כל צרכיו,

דיני עירובי חצירות.

א. שני ישראלים או יותר הדרים בחצר אחד, כל אחד בחדר בפני עצמו, אסור לטלטל, לא מן הבתים לחצר, ולא מן החצר לבתים, ולא מבית לבית, ואפילו בלא דרך החצר, כגון שיש פתח או חלון בין ביתו של זה לביתו של זה, אסורין לטלטל דרך שם. ומצוה עליהם לעשות עירובי חצירות, שלא יבואו לידי מכשול.

רצה

2. A woman at child-birth is equal to one who is dangerously ill, therefore the Sabbath should be disregarded for her sake in providing all that she requires. If, however, it can possibly be done in a different manner than on a week-day or through a non-Jew it should be done so. As soon as she is in travail, or as soon as there is a downward flow of blood, or as soon as she is unable to walk alone, she is considered as a woman in child-birth. One who has had a miscarriage forty days after her immersion (טבילה) is amenable to the same law that governs a woman at child-birth.

3. During the first three days, even if she says she does not require it the Sabbath should be disregarded for her sake, and thereafter if she have no other pains than the after pains of child-birth until seven days if she says that she requires it, the Sabbath should be disregarded for her sake but it should not be disregarded if she says she does not require it. These days should be counted from the day of child-birth and not from the twenty-four hours, thus if she gave birth on Wednesday towards the evening the Sabbath will complete the three days, and if she gave birth on the Sabbath toward the evening, the coming Sabbath completes the seven days, if, however, there be any possible danger, the woman being weak on the seventh day, it is not acting wrongly in relaxing the law and beginning to count these days from the first twenty-four hours.

4. After the seven days even if she says she requires it the Sabbath should not be disregarded for her sake, but until thirty days she is like one who is ill but not in danger, and all necessary work should be done for her through a non-Jew, to make a fire in a stove for her sake is permissible even through an Israelite (when a non-Jew is not easily found) and even in Tamuz, inasmuch as a woman in confinement is in danger from cold for thirty days.

5. One may cut the navel-string of a newly-born infant, bathe it, and straighten out its limbs, and do everthing that it requires.

LAWS CONCERNING THE INTER-COMMUNITY OF COURTS.

1. Two or more Israelites who reside in one court each in a room by himself, are forbidden to carry from the house to the court, or vice-versa, or from one house to another, even if they do not need to pass the court, as for instance if there is a door or window between one's house and the others, they are forbidden to carry through them, and it is mandatory upon them to establish an inter-community of courts, in order that they stumble not into transgression.

ב. שתי חצרות שיש ביניהם פתח, אם רוצים עושים כל בני חצר עירוב אחד בפני עצמם, ומותרים כל בני החצר לטלטל בחצר שלהם, אבל אסורין לטלטל מחצר לחצר כלים ששבתו בבית. ואם רוצים עושים כל הדרים בשתי חצרות עירוב אחד, כדי שיהיו מותרין לטלטל גם מחצר לחצר אפילו כלים ששבתו בבית. ואם יש בין החצרות אפילו רק חלון שהוא לכל הפחות רחב ארבעה טפחים וגובה ארבעה טפחים, והוא בתוך עשרה טפחים סמוך לארץ ואין בו סריגה ג"כ יכולין לערב ביחד, אבל בפחות מזה אין יכולין לערב ביחד. ואם יש חלון בין שני בתים, אפילו הוא גבוה למעלה מעשרה טפחים, יכולין לערב יחד (משום דביתא כמאן דמליא דמי).

ג. בית שיש בו כמה דירות, דהיינו שיש פרוזדור אשר דרך שם נכנסים לדירה זו וגם לדירה זו, ודרים בהדירות כמה דיורין, אסורים להוציא אפילו מבית לפרוזדור. וכן אפילו בדירה אחת שהיא חלוקה לשני חדרים, ודרים בהם שנים, אף על פי שהפנימי אין לו פתח אלא להחיצון, ומן החיצון יוצאין לחצר, מכל מקום אסורין לטלטל אפילו מחדר לחדר, עד שיעשו עירוב.

ד. כיצד עושין את העירוב, אחד מהדרים בחצר לוקח בערב שבת ככר אחד שלם משלו, ושיעור גדלו הוא כמו שמנה בצים, ומזכה אותו על ידי אחר לכל הדרים בחצר, דהיינו שאומר לאחר בלשון שהוא מבין ענין זה: קח ככר זה וזכה בו בשביל כל הישראלים הדרים בחצר הזה, או בחצרות אלו, ולוקח זה את הככר ומגביהו טפח, והמערב לוקחו ממנו ומברך, "בא"י אמ"ה אשר קדשנו במצותיו וצונו על מצות עירוב", ואומר, "בהדין עירובא יהא שרי לנא לאפוקי ולעיולי, מן הבתים לחצר, ומן החצר לבתים, ומבית לבית, לנא ולכל ישראל הדרים בבתים שבחצר הזה".

ה. צריך לזכות דוקא ע"י אחר. ולכן לא יזכה על ידי בנו ובתו הקטנים, אף שאינם סמוכים על שולחנו, משום דידם כידו. אבל על ידי קטן אחר יכול לזכות. ואם אפשר לא יזכה על ידי אשתו שמעלה לה רצון:

2. The tenants of two courts if there be a door between them, may establish if they desire a separate inter-community for each, thus making it permissible for them to carry, each in their respective courts; they are, however, forbidden to carry from one court to the other, vessels which were in the house over Sabbath, all the tenants of both courts can if they desire establish one inter-community in order that they should be permitted to carry also from one court to another even such vessels as have remained in the house over Sabbath. If there is only a window at least four hand-breadths wide by four hand-breadths high between the courts, and furthermore is within ten hand-breadths above the ground, and it has no lattice they may also establish an inter-community in common (inasmuch as being a house it is considered as if the gap is filled).

3. The tenants who occupy different apartments in a house containing many apartments to which they have access by means of a vestibule which is the entrance to the various apartments, are forbidden to carry anything even from the house to the vestibule. Even if an apartment is divided for two tenants although the one who occupies the inner rooms has no other exit than the door of the outer room, which door leads into the court, they are nevertheless forbidden to carry even from one room to another until they establish an "Erub" (inter-community).

4. The "Erub" is established as follows :—One of the tenants of the court takes one entire loaf of his bread the size of which should be about the capacity of eight egg-shells, and makes all the tenants of the court share therein, through another, by saying in whatever language he understands, as follows : "Take this loaf and acquire a share therein on behalf of all the Israelites dwelling in this court," or "(these courts," the latter then takes the loaf and raises it up a hand-breadth, then the one who makes the "Erub" takes it from him and says the blessing, adding ברוך אתה ה' אלהינו מלך העולם אשר קדשנו במצותיו וצונו על מצות עירוב "By virtue of this 'Erub' it shall be permissible for us to take out and to carry in from the houses to the court and from the court to the houses, and from one house to another, for us and for all Israelites who dwell in the houses of this court."

5. It is essential that he grant them proprietary rights only through another, he should therefore not grant it through his son and daughter who are minors, even if they do not eat at his table, inasmuch as their hands are considered as his own, but he may grant it through another's child. If possible he should not grant it through

מזונות, וגם לא על ידי בנו ובתו הגדולים, אם הם סמוכים על שולחנו,
משום דגם אלו נחשבים כידו. ומכל מקום בדלית ליה איש אחר, יכול
לזכות על ידיהן. ואם הבן נשא אשה, אף על פי שסמוך על שולחן אביו,
יכול לזכות על ידו.

ו. צריך שלא יקפיד על העירוב, אם יאכלו חבירו, ואם מקפיד
עליו, אינו עירוב, לכן צריך ליזהר שלא לערב בדבר שהבין לצורך שבת.

ז. יש לעשות עירובי חצרות בכל ערב שבת ובשבת יבצע עליו,
(כי אינו צריך להיות קיים רק בהכנסת שבת). ואם יש לחוש פן ישכח
פעם אחד, יכול לערב בככר אחד לכל השבתות, עד הפסח, וכשאומר
"כהדין" וכו' יסיים, "בכל השבתות שעד הפסח הבא עלינו לטובה". וצריך
שיעשה הככר דק ואפוי היטיב שלא יתקלקל, ועל השבת שבתוך הפסח
יעשה העירוב במצה כשירה.

ח. אין עושין עירובי חצרות ביום טוב, ואם חל יום טוב בערב
שבת צריכין לעשותו בערב יום טוב.

ט. ישראל הדר עם אינו יהודי בחצר אחד אין האינו יהודי אוסר
עליו, מותר לטלטל מבית לחצר, ומחצר לבית, אבל אם הם שני ישראלים
או יותר, שהיו צריכין לערב, אזי אם דר שם גם אינו יהודי הוא אוכ"
עליהם, ואינם יכולין לערב עד שישכרו ממנו את הרשות. ואם דרים שם
שני אינם יהודים או יותר, צריכין לשכור מכל אחד ואחד. וישראל המחל"ל
שבת בפרהסיא דינו לענין זה כאינו יהודי, וצריכין לשכור ממנו רשותו.

י. אפילו אם האינו יהודי דר בחצר אחר אלא שאין לו דרך לרשות
הרבים רק דרך החצר שהישראלים דרים בו, או שהוא דר בעליה
והמדרגות הן לתוך החצר, גם כן אוסר עליהם.

יא. אם החצר הוא של ישראל כשר, אלא שהשכיר או השאיל שם
דירה להאינו יהודי, או לישראל המחלל שבת, אינו אוסר, כי לא השכיר

nis wife as he supports her, nor through his grown son and daughter if they eat at his table as they are also considered as his own hand, but if there is no other, he may grant it through them, but if the son is married although he eats at his father's table, the latter may grant proprietary rights through him.

6.   It is essential not to be niggardly about the food supplied for the "Erub" to care if his neighbour ate it, for if he should be concerned thereat the "Erub" is not valid, he should therefore take care not to make the "Erub" with food that he had prepared for Sabbath use.

7.   The inter-community of courts should be established every Sabbath-eve, and the loaf of bread used in that ceremony may be cut up on the Sabbath (as it only needs to be whole on the entering of the Sabbath).   If he be apprehensive lest he sometimes forget to perform that ceremony, he may make the "Erub" with one loaf of bread to apply to every Sabbath until Passover by changing the formula as follows : When saying "By virtue of this ' Erub ' etc., he should conclude "for every Sabbath until the Passover which comes to us for good."   It is requisite that the loaf be thin and well-baked in order that it should not spoil.   For the Sabbath during Passover, the "Erub" should be made with unleavened bread that was prepared according to the law.

8.   The ceremony establishing an inter-community of courts should not be prepared on a Festival, hence if a Festival occurred on the Sabbath-eve, it should be performed on the eve of the Festival.

9.   If an Israelite resides in one court with a non-Jew, the latter does not restrict him and he is permitted to carry from the house to the court and vice versa, if, however, two or more Israelites who are required to make an " Erub " reside there with a non-Jew, the latter restricts them, and they are not allowed to make an "Erub" until they pay him for a temporary rental of his premises, and if two or more non-Jews live there the Israelites are required to rent the premises of each of them.   An Israelite who publicly profanes the Sabbath, is in that regard considered by the law as a non-Jew and the Israelites are required to rent his premises from him.

10.   Even if the non-Jew resides in another court but his only egress to the public domain lies in that court where Israelites reside, or if he lives in a garret but the staircase leads to the court, he also restricts them.

11.   If the court is owned by an Israelite who hired or rented a dwelling therein to a non-Jew or to an Israelite who profanes the Sabbath, the latter does not restrict him inasmuch as he does not hire

אי השאיל לו על דעת שיאסר על בני ישראל, ואפילו אם בעל החצר
בעצמו אינו דר שם.

יב. כיצד שוכרין, אומר לו הישראל השכר לי רשותך במעות זה,
ואינו צריך לפרש לו כדי להתיר הטלטול. אבל אם אמר לו תן לי
רשות, אף על פי שמפרש לו, כדי שאוכל לטלטל בחצר, לא מהני. ויכול
לשכור אפילו מאשתו, ואפילו ממשרתו.

יג. שכר את הרשות סתם, מהני לכל זמן שלא חזר בו, האינו
יהודי, או הישראל המחלל שבת, והוא דר שם, אבל אם יצא משם ונכנס
אחר במקומו, צריכין לשכור מחדש מזה השני, ואם שכר לזמן ובתוך
הזמן השכיר דירתו לאינו יהודי, או לישראל המחלל שבת אחר, די
בשכירות הראשונה, אבל אם מת, או שמכרה לאחר בתוך הזמן, צריך
לחזור ולשכור מהיורש או מהלוקח. ואם שכר ממשרתו, אם שכר סתם
לא מהני, אלא כל זמן שהמשרת הזה הוא שם. ואם שכר לזמן, אפילו
נסתלק המשרת. מהני השכירות עד הזמן. ובכל מקום שנתבטל השכירות
וצריכין לחזור ולשכור, צריכין גם כן לעשות עירוב חצירות מחדש.

יד. אם אי אפשר לשכור ממנו את הרשות, יבקש ממנו אחד
מהישראלים שישאיל לו מקום ברשותו המיוחד לו, להניח שם איזה חפץ,
ויניח שם את החפץ, ובזה קונה הישראל את המקום. ואפילו לקח את
החפץ משם קודם שבת, מכל מקום כיון שהיה להישראל רשות להניח
שם חפצו גם בשבת, נחשב כאלו יש לו שם חלק בדירה, ויכול הישראל
הזה להשכיר את הרשות לכל בני החצר.

טו. בהרבה קהלות מתקנים כל המבואות והרחובות בעירובין
(דהיינו בצורת הפתח וכדומה), ושוכרין רשות מן שר העיר, למען יוכלו
לטלטל בכל העיר. וצריכין לעשות כל התיקונים על ידי רב רב מומחה ובקי.
ובמקומות אלו מניחין העירובי חצרות בבית הכנסת, אבל במקומות שאין
העיר מתוקנת בעירובין, אז צריך כל חצר וחצר לעשות עירובי חצרות

רצה

or rent to him with the intention of restricting his co-religionists, even if the owner of the court does not reside there himself.

12. How should the hiring be done ? The Israelite says to him, " Rent me your premises at such a price," and he is not required to explain to him that it is in order to make carrying permissible, if, however, he said to him, " Allow me the use of your premises," although he explains to him " in order that I may be permitted to carry in the court " it is not valid. He may rent the premises even from his wife, and even from his servant.

13. If he rented the premises for an indefinite period it is valid so long as the non Jew or Israelite who profanes the Sabbath does not repent thereof, and he still resides there. If he removes and another lives there it is necessary to renew it from the latter. If he rented them for a certain time, and during that time the occupant rented his premises to another non-Jew or Israelite who profanes the Sabbath, the original rental is sufficient, if, however, the occupant died or sold the premises to another during that lease, he is required to rent it anew from the heir or purchaser. If he rented it from his servant, if he did not stipulate a time it is valid only as long as that servant remains there, if, however, he rented it for a certain time, then, even if the servant is no longer there, the rental is valid until that time expires. Whenever the rental ceases and a new rental must be made, the ceremony of lre-establishing an inter-community of courts is essential.

14. If it be impossible to rent the premises from him (the non-Jew) one of the Israelites should borrow a special place on his premises for the purpose of putting an article there, the Israelite thereby acquires proprietary rights in that place and even if he removed the article from thence before the Sabbath it is nevertheless considered as if he had a share in the premises inasmuch as the Israelite had a right to let the article remain there on the Sabbath as well, thus the Israelite may rent the premises to all the residents in the court.

15. In many communities an inter-community is established between all the thoroughfares and streets (by making the form of a door and the like) and they rent the franchise from the head of the municipality in order that they may be enabled to carry throughout the city. It is essential that all the necessary observances be performed through a learned Rabbi well versed in these laws. In these communities the " Erub " should be put away in the synagogue, in those places, however, where the city is not provided with an " Erub," each court yard is required to have an " Erub " of its own ; when an " Erub " is made for the residents of the court wherein there is a

לעצמי. וכשעושין עירובי חצרות בשביל הדיורין שבחצר בית הכנסת, אין
להניח את העירוב בבית הכנסת, אלא צריכין להניחו בבית דירה.

מז. עיר המתוקנת בעירובין, ונתקלקל העירוב בשבת, אז כל
החצרות שהן כתיקונן ואין בדם פרצה האוסרת, אפילו יש בחצר כמה
בתים, מותרין לטלטל שם כל אותו השבת. ואף על פי שהעירובי הצירות
הוא ברשות אחר שנחלק עתה מחצר זה, מבל מקום מותר, מטים דלענין
זה אמרינן, שבת כיון דהותרה, הותרה. וכיון שיש חשש גדול שלא יכשלו
רבים לשאת גם במקים שנאסר, כיין שהורגלו בהיתר, על כן אם אפשר
לתקנו על ידי אינו יהודי, מותר אם נק״ע החבל שבצורת הפסח, ואפשר
שהאינו יהודי יתקנו בעניבה, או בקשר אחד ועניבה על גבוי מה טוב.

דיני עירובי תחומין.

א. אסיר לצאת בשבת או ביום טוב יותר מאלפים אמה ממקום
ששבת. ומקומו של אדם הוא ארבע אמות. במה דברים אמורים, שהיה
בין השמשות בשדה, ואם שבת בבית יחידי, מודדין התחומי מקיר הבית
וחוצה. ואם שבת בתוך עיר, כל העיר הוא מקומו. ועיבודה של העיר,
שהוא שבעים אמה ושני שלישי אמה סמוך לעיר, שאין שם בנין (והוא
הנקרא קרפף העיר) שייך להעיר. וממקום שיבלה מתחילין למוד
תחום שבת.

ב. עיר המוקפת חומה, אפילו גדילה היא מאוד, מהלך את כולה
ועיבורה ומשם מודד תחום שבת. וכן עיר שאינה מוקפת חומה, אם אין בין
בית לבית מקום פנוי יותר מן שבעים אמה ושני שלישים, נחשבים כולם
להעיר, אפילו הוא מהלך כמה ימים, ומבית האחרון מודדין את הקרפף
ותחום שבת.

ג. היו שתי עיירות סמוכות זו לזו, נותנין קרפף לזו וקרפף לזו,
ולכן אם אין ביניהם יותר משיעור שתי קרפיפות נחשבות שתיהן לעיר
אחת. ויש כמה דינים בענין מדידת תחום שבת, ואין לעשות כ״א ע״י בקי.

synagogue, the "Erub" should not be put away in the synagogue, but put away in one of the dwellings.

16. If the "Erub" of a city became defective on a Sabbath, the tenants of every court which is properly partitioned and in which there is no breach making it invalid—even if that court contains many houses—are permitted to carry the entire Sabbath. Even if the "Erub" lay in another's premises which is now separated from that court, it is yet permissible, as it is said in connection therewith, "once it was allowed on that Sabbath," it continues to be allowable. But as there is great risk of many stumbling into the transgression of carrying also where it is forbidden, having become habituated to carry everywhere because allowable, therefore, if possible to have the same repaired by a non-Jew, it is permissible. If the cord across the form of a door was torn and it is possible for a non Jew to repair it by looping it together or by making one knot and a loop above it, it is proper to have it done.

LAWS CONCERNING THE INTER-COMMUNITY OF BOUNDARIES.

1. On a Sabbath or Festival it is forbidden to walk a greater distance than 2,000 cubits "and a man's space," which is four cubits, from the place where one had acquired the Sabbath repose. Thus, if on Friday in the twilight one was in a field where there was a solitary house where he had acquired the Sabbath repose, his boundary should be measured from the outer wall of that house and beyond. If he had reposed in the city the entire city is considered as his space also the purlieu of the city which is a space of 70²/₃ cubits in the vicinity of the city, even if no building be there (it is called the city enclosure) belongs to the city and from its outskirts the measurement to the boundary line should begin.

2. A walled city even if it is very large, may be traversed throughout, also through its purlieu and from thence is measured the Sabbath boundary. Likewise a city which is not surrounded by a wall, if there be no vacant space between one house and another for a greater distance than 70²/₃ cubits, they are all reckoned as of the one city even if it would take many days to traverse it, and from the last house the city enclosure and the Sabbath boundary should be measured.

3. If there were two cities near each other, an inclosure should be added to each, hence if the distance between the two cities was no greater than the dimensions of two inclosures they should both be considered as one city. There are many laws concerning the measuring of a Sabbath boundary, and it should only be done by one proficient in these laws.

ד. הנצרך ללכת בשבת או ביום טוב יותר מתחום שבת, צריך להניח בערב שבת אי בערב יום טוב עירובי תחומין. וצריך להניחו בתוך תחום העיר במקום שהיה מותר לו ללכת שם. ובמקום שהניח את העירוב נחשב לו כאלו הוא דר שם. ולכן יש לו ממקום ההוא ב' אלפים אמה לכל צד, וממילא מובן כי מה שהוא מרויח בצד זה שהוא מניח את העירוב הוא מפסיד מצד האחר.

ה. כיצד עושין את העירוב, לוקח פת כשמנה ביצים, או לפתן שיש בו שיעור לאכלו עם פת כשמנה ביצים (חוץ מן המלח ומן המים שאין מערבין בהם), והולך אל המקום שהוא רוצה להניחו ומברך, „ברוך אתה ה' אמ"ה אקב"ו על מצות עירוב", ואומר „בזה העירוב יהא מותר לי לילך ממקום זה אלפים אמה לכל רוח", וחוזר לביתו. ויכול להניח עירוב אחד לכמה שבתות, ובלבד שיניחנו במקום המשתמר, שלא יהא נאבד או נתקלקל.

ו. יכול לשלוח את העירוב על ידי שליח שיניחהו בשבילו, ויברך השליח ויאמר, „בזה העירוב יהא מותר לפלוני לילך" וכו'. וצריך שיהא השליח גדול ובר דעת. ואפילו אינו יודע אם קיים שליחותו, יכול לסמוך, דחזקה שליח עושה שליחותו.

ז. כמה אנשים יכולים לצאת בעירוב אחד אם יש בו כשיעור לכל אחד, ואם אחד נותן עבור כולם, יזכה להם על ידי אחר, כמו בעירובי חצירות. ואין מערבין עירובי תחומין לאדם אלא לדעתו. והמניח, אם הוא שליח לכולם, אומר „יהא מותר לפלוני ולפלוני". ואם מניחו גם בשבילו, אומר „לי, ולפלוני, ולפלוני".

ח. צריך שיהא העירוב מונח במקום שאפשר לאכלו בין השמשות, בלי עשיית איסור דאורייתא. ולכן אם הניחו בגומא וכסהו בעפר, לא הוי עירוב. כסהו באבן הוי עירוב. נתנו באילן, אם האילן קשה, הוי עירוב. הניחו על אילן או קנה רך, אינו עירוב.

ש

4. One who needs to go further than the Sabbath boundary on a Sabbath or Festival is required to put down a "Boundary 'Erub'" on the eve of the Sabbath or Festival : he is required to put it within the boundary lines of the city in a place where he would be permitted to go; the place where he puts the "Erub" is considered as his habitation, thereby acquiring the right to walk from thence 2,000 cubits in each direction. Of course it is understood that what he gains on the side where he puts the "Erub" he loses on the other side.

5. How should the "Erub" be made? One should take bread as large as the capacity of eight egg-shells, or that which is eaten with bread, enough to eat therewith bread of the capacity of eight egg-shells (excepting salt and water with which an "Erub" is not made) and go into the place where he desires to put it, and pronounce the blessing ברוך אתה ה' אלהינו מלך העולם אשר קדשנו במצותיו וצונו על מצות עירוב then add, "By virtue of this 'Erub' shall it be permissible for me to go from this place two thousand cubits in each direction," and then return to his house. He may let an "Erub" lay for many Sabbaths but he should put it in a safe place so that it should not get lost or spoiled.

6. He may send the "Erub" through a messenger who can put it down on his behalf, the latter should pronounce the blessing and say "By virtue of this 'Erub' shall it be permissible for———(naming the principal) to go," etc. It is essential that the messenger be an intelligent adult. Even if he does not know whether the messenger had fulfilled his mission, he may take for granted the accomplishment of his mission.

7. Many people may obtain dispensation by means of one "Erub," if it consists of sufficient food to make it valid for each. If one puts an "Erub" down for all of them he should make them acquire a right therein through another in the same manner as is done with the "Erub" of courts. The "Erub" for boundaries should not be made for any one without his knowledge. The one who puts down an "Erub" as an agent for many should say, "It shall be allowable for this and that one" if he puts it down for himself as well he should say, "for me and for this and that one."

8. It is essential that the "Erub" shall lay in a place where it is possible to partake thereof on Friday in the twilight without transgressing a prohibition of the Torah, hence if he placed it in a pit and covered it with earth the "Erub" is not valid. If he covers it with a stone the "Erub" is valid. If he placed it upon a tree, if it is a hard tree the "Erub" is valid. If he put it upon a soft tree or stalk the "Erub" is not valid.

ט. אם נותן את העירוב בתוך עיר, אזי נחשב כאלו הוא דר באותו העיר, ויכול ללכת כל העיר אפילו היא גדולה, וגם חוץ לעיר כדי עיבורה ותחום שבת.

י. אם יש בתוך התחום איזה עיר שהיא מוקפת חומה, או שהיא מתוקנת בעירובין, אינה נמדדת ואינה עולה לחשבון אלא לד' אמות. ודוקא כשהתחום שבת מגיע עד חוץ לעיר, כגון שמן העירוב עד העיר יש חמש מאות אמה, ואורך העיר היא אלף אמה, אז העיר אינה נחשבת אלא לד' אמות, ויש לו מחוץ לעיר עוד אלף ותצ"ו אמה. אבל אם התחום כלה באמצע העיר, אסיר לו ללכת יותר, כיון שהוא חוץ לתחום, כי בענין זה לא נחשב לו כל העיר לד' אמות. וכן הדין כשהניח את העירוב קרוב לשני אלפים אמה מחוץ להעיר, כשהוא חוזר אח"כ לעירו, כלו האלפים אמה ממקום עירובו בתחלת העיר קידם ביתו, אסיר לו אפילו לשיב לביתו.

יא. אין מערבין עירובי תחומין אלא לדבר מצוה, כגון להתפלל בעשרה, או להקביל פני רבו או חבירו שבא מן הדרך, או לסעודת מצוה, או לפקח על עסקי רבים, או שהוא בא מן הדרך ורוצה לילך לביתו, וכדומה.

יב. אין מניחין עירובי תחומין לא בשבת ולא ביום טוב. ולכן אם חל יום טוב בערב שבת והוא רוצה ללכת בשבת, צריך להניח את העירוב בערב יום טוב. וכן ביום טוב לאחר השבת, ורוצה ללכת ביום טוב, צריך להניח את העירוב בערב שבת.

יג. חפציו ובהמותיו של אדם הרי יֵם כרגליו, ובמקום שהוא אינו רשאי להלוך, גם אותן אין אדם רשאי להוליכן. ואם השאילן לאחר, או השכירן, או מסרן לשמירה, הרי הן כרגליו של זה שהם אצלו, ואפילו הוא אינו יהודי, קנו הבהמה והכלים שביתה אצלו. ולא עוד אלא גם החפצים של אינו יהודי קינים שביתה במקום שהיו בין השמשות.

9. If he placed the "Erub" in the midst of the city, it is considered as if he is a resident of that city and he may traverse the entire city even if it is large, also without the city the length of its purlieu until the Sabbath boundary.

10. If within the bounded district there be a city which is surrounded by walls, or in which an inter-community was formed by means of an "Erub" that city is not measured and does not count for more than four cubits, providing, however, that the boundary line extends beyond the outskirts of that city, e.g., if there are five hundred cubits from the "Erub" until the city, and the length of the city is one thousand cubits, the city is not figured at more than four cubits and he has yet 1,496 cubits beyond the city (unto the Sabbath boundary). If, however, the boundary line ends in the middle of the city he is forbidden to walk any longer as beyond that is without the boundary line ; in that regard the entire city is not reckoned to him as four cubits. The law applies to him also who has put the "Erub" down at a place which is near to 2,000 cubits without the city, if when afterwards returning to his city the 2,000 cubits from the place where he had put the "Erub" end, where the city begins before his house, he is forbidden even to return to his house.

11. An "Erub" for boundaries should be made only for the purpose of performing a precept, e.g., to pray in an assembly of ten, or to meet one's Rabbi or friend who had returned from a journey, or to go to a feast of the precepts, or to attend to matters in the interest of many, or if he had returned from a journey and he desires to go to his house and the like.

12. The "Erub" for boundaries should not be put down on a Sabbath or Festival, if, therefore, a festival occurred on the eve of the Sabbath and he desires to go (beyond the boundary line) on the Sabbath, he is required to put the "Erub" down on the eve of the Festival. Likewise on a Festival after the Sabbath, if he desires to go on the Festival, he is required to put the "Erub" down on the Sabbath-eve.

13. The property and live-stock of a man are governed by the laws which restrict his own feet, thus, it is forbidden to take them where he is not allowed to go, if, however, he had loaned them to another, or hired them out, or delivered them to another's care they are governed by the law applying to the one in whose charge they are, even if he be a non Jew, the cattle and the property have acquired the Sabbath-rest at his place, furthermore, even the property of a non-Jew acquires the Sabbath-rest wherever they are on Friday in the twilight.

יד. אינו יהודי שהביא דבר שאין לחוש שנעשה בו מלאכה בשבת זה, אלא שיש איסור תחומים, אם הביאם בשביל עצמו או בשביל אינו יהודי אחר, מותרין לישראל מיד אפילו באכילה, אלא שאסורין לטלטלם חוץ לד' אמות, אא"כ הביאם לתוך הבית, או שהעיר מתוקנת בעירובין, אזי מותרין בטלטול בכל העיר. ואם הביאן בשביל ישראל אסורין לישראל זה ולכל בני ביתו כל השבת, ובמוצאי שבת עד זמן שהיו יכולין להביאן. ומ"מ מותרין לו בטלטול תוך ד' אמות, או בכל העיר אם היא מוקפת חומה או עירוב. ובספק אם הובאו מחוץ לתחום גם כן אסורין, אא"כ יש לתלות יותר שלא הובאו מחוץ לתחום.

טו. אין תחומין למעלה מעשרה טפחים, ולכן מי שבא לתוך ספינה בערב שבת קודם הכנסת שבת והלכה הספינה אפילו דרך רחוק, כשהגיע בשבת לנמל ויצא, יש לו משם אלפים אמה לכל צד, כי מסתמא בהליכת הספינה הוא תמיד למעלה מן עשרה טפחים מהקרקע, ולא קנה שביתה עד המקום שהוא בא ליבשה, אבל אם בתוך השבת יצא מהספינה וחזר ונכנס לתוכה, מאחר שהיה בשבת ביבשה קנה שם שביתה, ואם הלכה הספינה אח"כ חוץ לתחום, אזי אין לו שם אלא ד' אמות כדין יוצא חוץ לתחום. וכן אם היתה הספינה בשבת במקום אחד שאין שם עשרה טפחים עד הקרקע, קנה שם שביתה. ואם מסתפק אם היתה במקום בזה או לא, אזלינן לקולא.

דיני מוצאי שבת.

א. מאחרין תפלת ערבית, כדי להוסיף מחול על הקודש. "בשמנה עשרה" אומרים "אתה חוננתנו", ואם שכח ולא אמר, אם נזכר קודם שאמר את השם מן ברכת חונן הדעת אומר "אתה חוננתנו" וכו' "וחננו" וכו'. אבל אם לא נזכר עד לאחר שאמר את השם, גומר חונן הדעת ואינו חוזר, שהרי יבדיל אח"כ על הכום, רק שלא יעשה שום מלאכה, ושלא

שב

14. If a non-Jew brought an article regarding which one need not apprehend that any labour was performed therein on that Sabbath, only that it is forbidden on account of having been brought from beyond the Sabbath boundary, if the non-Jew brought it for himself or for another non-Jew, it is at once permitted to make use of it, even to partake thereof; only that it is forbidden for him to carry it more than four cubits unless it was brought into the house, or if the city is supplied with an "Erub," then it is permissible to carry it in the entire city. If, however it was brought especially for the Israelite, he and his entire family are forbidden to make use thereof the entire Sabbath and on the close of the Sabbath they must wait the length of time it would take to bring it. Nevertheless it is permissible for him to carry it within a space of four cubits, or in the entire city, if it is surrounded by a wall or provided with an "Erub." When it is a matter of conjecture as to whether it was brought from beyond the Sabbath boundary it is also forbidden unless it may be more readily surmised that it was not brought from beyond the boundary.

15. There are no boundaries above ten hand-breadths from the ground, therefore one who boarded a vessel on the Sabbath-eve before the coming in of the Sabbath and the vessel sailed away, even on a long voyage, if it reached port on the Sabbath and he landed, he has the right to go from that place a distance of 2,000 cubits in any direction, as it is presumed that during the entire voyage of the vessel, he is always above ten hand-breadths from the ground, and he does not acquire the Sabbath rest until he reached land. if, however he had left the vessel during the Sabbath and returned thereto after having been on shore during the Sabbath he had then acquired the Sabbath-rest, and if the vessel afterwards sailed beyond the boundary-line, he has only four cubits on board as he is governed by the law applying to one who went beyond the boundary-line. Likewise if a vessel reached a port on the Sabbath where it is not ten hand-breadths above the ground he had there acquired the Sabbath-rest. If he is in doubt whether it was at such a place or not the law may be relaxed.

LAWS CONCERNING THE CONCLUSION OF THE SABBATH.

1. The Evening Service should be said at a later hour (than on a week-day) in order to add from the profane to the sacred. In the prayer of שמונה עשרה one should include אתה חוננתנו, but if one forgets to say it, and he recollected it before he pronounced the Divine Name of the blessing חונן הדעת he should say אתה חוננתנו, וכו' and וחננו. If, however, he did not recollect it until after he had pronounced the Divine Name, he should conclude the blessing חונן הדעת and he need not repeat the שמונה עשרה as he will afterwards pronounce the "Habdalah" upon a goblet, but he should not not do any manner of work nor partake of anything before he will have pronounced the

ימעום כלום קודם שיבדיל על הכום ואם עשה מלאכה, או טעם, צריך לחזור ולהתפלל.

ב. לאחר שמנה עשרה אימרים חצי קדיש, אח"כ אומרים „ויהי נועם", ויש לאמרו מעומד. ונוהגין לכפול את הפסיק האחרון, „אורך ימים" וגו', אח"כ אימרים „ואתה קדוש וסדר קדושה". אם חל יום טוב בשבוע הבאה, אפילו בערב שבת, אין אומרים „ויהי נועם", „ואתה קדוש", לאחר „ויהי נועם" „ואתה קדוש" אומרים קדיש שלם, ואח"כ אומרים „ויתן לך".

ג. מצוה לקדש את השבת ביציאתו על כום יין, דהיינו בהבדלה, ומברכין גם על הבשמים ועל הנר, וגם נשים חייבות לשמוע ברכת הבדלה, במקום שאין למצוא יין מבדילין על שאר משקה שהוא חמר מדינה, חוץ מן המים

ד. משקיעת החמה אסור לאכול או לשתות שום דבר, (חוץ מן המים) קודם הבדלה, אך מי שמאריך בסעודה שלישית אפילו עד תוך הלילה מותר, כיון שהתחיל בהיתר. ומותר לו לשתות נם מכום של ברכת המזון, מפני שהיא גם כן שייך לסעודה. ודוקא כשדרכו לברך תמיד על הכום, אבל מי שמברך לפעמים בלא כום, אסור לו לשתות עתה מכום ברכת המזון קודם הבדלה.

ה. אין לעשות מלאכה קודם הבדלה, והנשים שצריכין להדליק נרות קודם הבדלה יאמרו תחלה, „ברוך המבדיל בין קודש לחול, בין אור להשך, בין ישראל לעמים, בין יום השביעי לששת ימי המעשה, ברוך המבדיל בין קדש לחול". ואם חל יום טוב ביום ראשון, יסימו, „המבדיל בין קדש לקדש".

ו. המאחר להתפלל ערבית במוצאי שבת, או שממשיך סעודתו בלילה, מותר לו לומר אפילו לישראל שכבר התפלל והבדיל בתפלה, שיעשה לו מלאכה.

ז. ימלא כום של הבדלה על כל גדותיו עד שישפך קצת ממנו,

" Habdalah " upon the goblet, and if he did some work or partook of something, he is required to repeat the prayer.

2. After the שמונה עשרה, portion of the Kaddish is said followed by ויהי נועם should be said. It must be said standing, and it is customary to repeat the last verse אורך ימים, וכו' afterward ואתה קדוש should be said, also the verses of sanctification. In the event of a Festival occurring in the week that follows, ויהי נועם and ואתה קדוש should not be said. After ויהי נועם and ואתה קדוש the entire Kaddish should be said followed by ויתן לך.

3. It is mandatory to sanctify the Sabbath on its conclusion upon a cup of wine, that is the " Habdalah." Blessings should also be pronounced upon spices and upon the light. Women also are in duty bound to hear the blessings of the Habdalah. When wine cannot be procured the Habdalah should be pronounced upon another beverage which is the " national drink," water excepted.

4. From sun-set it is forbidden to eat or drink anything except water previous to pronouncing the " Habdalah," one, however, who prolongs the third Sabbath-feast until the night is permitted to eat and drink inasmuch as he began it when allowable, he is also permitted to drink from the goblet of Grace, as that also forms part of the feast, this however, is permissible only when it is his invariable custom to say Grace upon a goblet of wine, but one who sometimes says Grace without such goblet is forbidden to drink from the goblet of Grace before having pronounced the " Habdallah."

5. No work should be performed previous to the saying of the " Habdalah." Women who need to light up before the saying of the " Habdalah " should first say, ברוך...המבדיל בין קדש לחול, בין אור לחשך, בין ישראל לעמים, בין יום השביעי לששת ימי המעשה, ברוך . . המבדיל בין קדש לחול and if a Festival occurs on Sunday, the blessing should be concluded with המבדיל בין קדש לקדש.

6. One who delays saying the Evening Prayers on the conclusion of the Sabbath or who prolongs his meal into the night is permitted to tell even an Israelite who had already prayed and said אתה חוננתנו in the שמונה עשרה to do some work for him

7. One should fill up the goblet of Habdalah to its very brim, letting it slightly overflow as a token of blessing then take the goblet

וזהו לסימן ברכה, ונוטל את הכוס בימין ואת הבשמים בשמאל עד אחר שמברך „בורא פרי הגפן", ואח"כ נוטל את הכוס בשמאל והבשמים בימין, ומברך „בורא מיני בשמים", ואח"כ מברך על הנר, ואח"כ שוב נוטל את הכוס בימינו ומברך ברכת המבדיל, ולאחר שנגמר יושב ושותה כל הכוס כולו.

ח. יש ליתן תוך הבשמים קצת פיזעם, לפי שעליו מברכין לכולי עלמא „בורא מיני בשמים". ויש ליקח גם הדס, הואיל ואיתעביד ביה מצוה חדא זימנא, ליתעביד ביה נמי מצוה אחריתא.

ט. אבוקה להבדלה מצוה, שיהא משעוה איזה נרות קלועות יחד, ואם אין לו, יברך על שתי נרות אחרות שיתקרבו יחד בשלהבת שתהא אבוקה, ונוהגים שלאחר „בורא מאורי האש" מסתכלין בצפרנים.

י. מי שאינו מריח לא יברך על הבשמים, וסומא לא יברך על הנר

יא. אם לאחר שבירך על היין ואוחז את הבשמים בידו, ונתכוין לברך עליהם, טעה בלשונו ואמר „בורא מאורי האש" ותוך כדי דיבור נזכר וסיים עוד „בורא מיני בשמים", עלתה לו הברכה להבשמים ומברך אח"כ על הנר. אבל אם נתכוין בברכתו על הנר, עלתה לו על הנר, ומברך אחרי כן על הבשמים.

יב. מצוה להרבות קצת בנרות במוצאי שבת ולומר הזמירות ללות את השבת ביציאתו, ומזכירין „אליהו הנביא", ומתפללין שיבוא ויבשר לנו הגאולה.

יג. מצוה לקיים סעודת מלוה מלכה בפת ותבשיל חם, ויסדר שולחנו יפה לכבוד הלוית השבת. ומי שאי אפשר לו לאכול פת יאכל לכל הפחות מיני מזונות או פירות.

יד. מי שהבדיל כבר, יכול להבדיל בשביל בניו שהגיעו לחנוך להוציאן ידי חובתן, ומכ"ש בשביל גדול, והמבדיל בשביל אחרים. כשמברך
שר

in the right hand and the spice box in his left and hold them thus until after pronouncing the blessing בורא פרי הגפן : then he should transfer the cup to the left hand and the spice-box to the right and pronounce the blessing בורא מיני בשמים, then he should pronounce the blessing upon the light after which he should again take the goblet in his right hand and pronounce the blessing המבדיל and on concluding he should resume his seat and drink the entire contents of the goblet.

8.   It is well to put some of the spice called "pizam" among the spices as all are agreed that the blessing בורא מיני בשמים should be pronounced thereon.   One should also take an "Hadas" (spice box for ritual use) inasmuch as a precept was once performed therewith it is fitting that another precept be performed therewith.

9.   It is mandatory that the light for the "Habdalah" should be made of wax and consist of several strands twisted together, but if he has none, he should pronounce the blessing on two candles which should be held together so that both flames should merge in one like a flambeau, after saying בורא מאורי האש he should look upon his finger-nails.

10.   One who cannot smell should not pronounce a blessing on spices, nor should one who is blind pronounce a blessing upon the light.

11.   If after having pronounced a blessing upon the wine while holding the spices in his hand and intending to pronounce a blessing thereon, he had erred in the words and said בורא מאורי האש but instantly became aware of it and concluded בורא מיני בשמים it is a valid blessing upon the spices, and he should afterwards pronounce the blessing upon the light, if, however, it was his intention to pronounce that blessing upon the light, it is a valid blessing upon the light and he should afterwards pronounce the blessing upon the spices.

12.   It is mandatory to light up on the conclusion of Sabbath somewhat more brilliantly than usual and to chant the appropriate hymns, and thus accompany the Sabbath upon its departure; the name of Elijah the prophet should also be mentioned and prayers should be said that he may come to bring us the glad tidings of redemption.

13.   It is mandatory to partake in the "feast of accompanying the Queen" of bread and warm victuals.   One should set a good table in honour of accompanying the Sabbath.   One who is unable to partake of bread should at least eat cake or fruits.

14. One who had already said the Habdalah may repeat it for the sake of his sons who has reached the age of religious training, in order that they may thus fulfil their obligations, and all the more so for the

„כורא מיני בשמים" צריך להריח בהם, שלא תהא ברכתו לבטלה. ובשביל נשים לחוד אין להבדיל מי שהבדיל כבר.

טז. שכח, או נאנס, או הזיד, ולא הבדיל במוצאי שבת, יבדיל עד סוף יום ג', אבל לא יברך לא על הבשמים ולא על הנר, רק ברכת „בורא פרי הגפן" וברכת „המבדיל", ולאחר שכלה יום ג' אינו מבדיל עוד.

דיני ראש חדש וקידוש לבנה.

א. היראים מתענים בערב ראש חדש ואומרים סדר „יום כפור קטן", לפי שבו מתכפרין כל העונות של כל החדש.

ב. מצוה להרבות בסעודה בראש חדש. ואם חל בשבת יעשה תבשיל אחד יותר מבשאר שבתות. ובראש חדש אסור בתענית ובהספר, ואין אומרים בו צדוק הדין.

ג. בתפלת שחרית אומרים „הלל", וצריך לאמרו בעמידה, ולא יפסיק בו. וישתדל לאמרו עם הצבור, וכן אם בא לבית הכנסת סמוך להלל יאמר הלל עם הצבור ואחר כך יתפלל, ואם הוא עומד בפסוקי דזמרה, יק־א הלל עם הצבור, ולא יברך לא בתחלה ולא בסוף, כי ברכת „ברוך שאמר" וברכת „ישתבח" יעלו לו גם להלל, ודוקא בראש חדש יכול לעשות כן, שאומרים ההלל רק בדילוג. וכן בחול המועד וימים האחרונים של פסח. אבל כשאומרים הלל שלם אינו יכול לעשות כן. ומי שאומר הלל שלא בצבור, אם יש שם שנים אחרים יאמר לפניהם „הודו לד'" כדי שיענו הם, דכיון שאמר „הודו" משמע שאומר לאחרים. לאחר הלל אומרים קדיש שלם ומוציאין ספר תורה וקורין ד' אנשים.

ד. חייבין לקדש את הלבנה בכל חדש, ואין מקדשין אותה אלא כשהוא ודאי לילה, שנראית זריחתה על גבי הק־קע וראוי ליהנות מאורה. אם נתכסית בעב אין מקדשין אותה אא״ב הוא דק וקלוש. ואם התחיל

sake of a grown person. One who pronounces the "Habdalah" for the sake of others should inhale the perfume of the spices when saying the blessing בורא מיני בשמים so that the blessing be not pronounced in vain. One who had already said the "Habdallah" should not repeat it for the sake of women alone.

15.   If one had forgotten or was prevented by an accident, or had wilfully neglected to say the "Habdalah" on the conclusion of the Sabbath, he should say the "Habdalah" at any time until the end of the third day, but he should not say a blessing on the spices nor on the light and only say the blessing בורא פרי הגפן and המבדיל, after Tuesday the "Habdalah" should not be said.

LAWS CONCERNING THE NEW MOON AND THE CONSECRATION OF THE MOON.

1.   On the eve of the New Moon a fast is observed by the pious and special services called "Services for the Minor Atonement-day" are held, for on this day pardon is accorded for the sins of the past month.

2.   It is mandatory to regale oneself at the meal of the New Moon.   If it occurs on the Sabbath an extra dish should be prepared in its honour.   It is forbidden to fast, to deliver a funeral eulogy, and to say צדוק הדין (services for the dead) on the New Moon.

3.   Hallel should be said in the Morning Service; it should be said standing and without interruption.   One should endeavour to say it together with the congregation, hence if one arrives at the synagogue when the congregation is about to begin saying Hallel, he should join them and pray afterwards; if he is then saying פסוקי דזמרה he should say Hallel with the congregation but he should not say the blessings before and after Hallel, as the blessings ברוך שאמר and ישתבח will answer the same purpose for the Hallel.   This, however, may be done only on the New Moon when parts of the Hallel are omitted, likewise during the Intermediate and last days of Passover but when the entire Hallel is said this cannot be done.   One who was saying Hallel without the congregation, if two more are there he should say הודו לה' before them in order that they should respond, for the saying of הודו implies an exhortation to another.   After the Hallel, the entire Kaddish is said and two Scrolls of the Law are taken out, four persons being called up to its reading.

4.   It is obligatory each month to consecrate the moon.   It should not be consecrated before it is actually night, when its light is reflected upon the ground and one may enjoy of its light.   If it was obscured be a cloud it should not be consecrated unless the cloud is light and filmy. If one began the blessing and a cloud obscures the moon he should

לברך ואחר כך נתכסית בעב גומר את הברכה, אבל אם הוא משער
שלא יוכל לגמור את הברכה קודם שתתכסה אסור לו להתחיל. ואין
לקדשה רק תחת השמים ולא תחת גג, אך אם אין לו מקום נקי או
מחמת אונס אחר, יכול לקדשה גם בתוך הבית בעד החלון. וסומא מותר
לקדש את הלבנה.

ה. מצוה לקדשה במוצאי שבת, אך אם מוצאי שבת יהיה לאחר
עשרה ימים מן המולד, או שיש שם איזה חשש שמא לא יוכל לקדשה,
אין ממתינין למוצאי שבת. ומצוה לקדשה באסיפת עם, אבל לא יתעכב
בשביל זה.

ו. אין מקדשין אותה עד שיעברו עליה לכל הפחות שלשה ימים
מן המולד, ואין מקדשין איתה רק עד י"ד מעל"ע וי"ח שעות וכ"ב
מינוטען מן המולד.

ז. אין לקדשה לא בליל שבת ולא בליל יום טוב, אלא בשעת
הדחק, שבמוצאי שבת יעבור הזמן.

ח. אם הלבנה זורחת בתחילת הלילה קידם שהתחילו להתפלל
מעריב, אם יש עוד זמן איזה לילות לקדשה, מתפללין תחלה מעריב
ואחר כך מקדשין אותה, אבל אם אין עוד זמן רק ב' או ג' שעות, בזמן
קצר כזה יש לחוש שמא תתכסה בעבים. ובעת הגשמים גם כשיש עוד
זמן ד' לילות יש לחוש לכיסוי עננים, יש להקדים קידוש לבנה. ואם
נראתה הלבנה בעת שאומרים קריאת שמע וברכותיה, אם הזמן מצומצם
כל כך שבעוד שיגמרו תפלת שמונה עשרה יעבור זמן קידושה, יכולין
להפסיק אפילו באמצע ברכות קריאת שמע או באמצע קריאת שמע
לקדש אותה, אך אם אפשר יגמרו את הפרק לקדשה בין הפרקים.

ט. אם בחדש אדר לא נראתה עד ליל י"ד, שהיא זמן קריאת
המגילה, יקדשו תחלה את הלבנה ואחר כך יקראו את המגלה, ואם
נראתה באמצע קריאת המגילה, אם הוא בזמן שגם לאחר שיגמרו את

conclude it, if, however, he thinks that he will be unable to conclude the blessing before the moon will be obscured he is forbidden to begin it. It should be consecrated only in the open air, and not under a roof; if, however, he has no clean place or is unable through some cause, he is permitted to consecrate it also in the house through a window. It is permissible for a blind person to consecrate the moon.

5. It is mandatory to consecrate it on the conclusion of the Sabbath, but if it will then be more than ten days from its conjunction, or it is apprehended that he will then be unable to consecrate it, one need not wait until the conclusion of the Sabbath. It is mandatory to consecrate it in the midst of a multitude, he, however, should not postpone it on that account.

6. It should not be consecrated before at least three days had elapsed from its conjunction, nor should it be consecrated after 14 days and nights, 18 hours and 22 minutes had passed since its conjunction.

7. It should not be consecrated on a Friday night, nor on a Festival night, unless in an emergency when the time for its consecration will have passed on the conclusion of the Sabbath.

8. If the moon was visible in the beginning of the night before the Evening Prayers had begun and there yet remain several nights to consecrate it, Evening Prayers should first be said and then consecrate it, but if there remain only two or three nights the time being so short, it may be apprehended lest it will be obscured by clouds, and in a rainy season even if four nights yet remain, it may be apprehended lest it be obscured by clouds and the consecration of the moon should therefore take precedence. If the moon were not visible while reading the שמע and its blessings, and the time for its consecration be so limited that it will have passed after שמונה עשרה is said then prayers may be interrupted even in the midst of the blessings, or in the midst of reading the שמע in order to consecrate it between the sections.

9. If during the month of Adar the moon was not visible until the night of the 14th, which is the time for reading the Book of Esther, the moon should be consecrated first and the Book of Esther read thereafter. If it became visible during the reading of the Book of Esther, if it be at such a time that it will be valid to consecrate it also after the reading is concluded, the reading of the Book of Esther

הקריאה יהיה עוד זמן לקדשה, אין מפסיקין באמצע קריאת המגילה, אבל אם עד שיגמרו המגילה יעבור זמנה של קדוש לבנה, אם כל הקהל לא קדשו עדיין, יפסיקו קריאת המגילה ויגמרו הקריאה אחר קדוש לבנה, אבל יחיד לא יפסיק.

דיני חדש ניסן.

א. בכל חדש ניסן אין אומרים "תחנון", ולא "צדוק הדין", ואין אומרים "צדקתך" בשבת במנחה. ואין מתענין בניסן אפילו תענית יאהר־ צייט, אבל תענית חלום מתענין והבכורים מתענין בערב פסח. וחתן וכלה גם כן מתענין בו, ואפילו בראש חודש ניסן. ומראש חורש ואילך קורא'ם בכל יום (ביחיד) פרשת הנשיא שהקריב בו ביום, וביום י"ג קוריאן פ' "בהעלותך עד כן עשה את המנורה". ובשבת הגדול למנחה נוהגין שאין אומרים "ברכי נפשי", אלא "עבדים היינו" וכו'.

דיני החיטין והקמח למצות.

א. כתיב "ושמרתם את המצות", מכאן שצריכין לשמור את החיטין לשם מצות מצוה שלא יבוא עליהם מים משעה שמוליכין אותן לטחון ואילך. ומי שאפשר לו בחיטין שמורין משעת קצירה לכל ימי החג מה טוב. ואם לאו, ראוי לו על כל פנים להדר בזה למצות שעל הסדר משתי הלילות.

ב. חיטים שנמצאו בהן מבוקעות או מצומחות, השאר מותר, ובלבד שיבררו אותן, או צריכין לדקדק היטב אם יש שם עכ"פ ששים כנגד המבוקעות והמצומחות. ולכתחלה יש להדר לברור גם מן החטים שאכלו מהן עכברים אי שיהיה ששים כנגדן. והחטים שבאו בספינה, או שהיו מונחין בבורות, אם הן יבשות וקשות, ולא נשתנה מראיהן, כשרות

should not be interrupted, but if the time for the consecration of the moon will have passed before the reading of the Book of Esther is concluded and the entire congregation had not as yet consecrated the moon, they should interrupt the reading of the Book of Esther and consecrate the moon, concluding the reading thereafter, but an individual should not interrupt same.

Laws Concerning the Month of Nissan.

1. During the entire month of Nissan תחנון (supplications) should not be said, nor should צדוק הדין (funeral services) be held, nor should צדקתך be said on Sabbath in the Afternoon Service. One should not fast in Nissan even on a Jahrzeit, but one may fast to propitiate an evil dream. The first-born should fast on the eve of the Passover, a bridegroom and bride should also observe their fast even on the New Moon of Nissan. Beginning with the New Moon on each day should be read (privately) the section of Num. vii. treating of the offerings of the prince on that day, and on the thirteenth day, section בהעלותך should be read until כן עשה את המנורה (Num. viii. 1 5). On Sabbath Haggodol it is customary to omit ברכי נפשי and to substitute therefor עבדים היינו, וכו'.

Laws Concerning the Wheat and Flour for
Unleavened Bread.

1. It is written "And ye shall observe the unleavened bread," hence it is inferred that it is requisite to observe the wheat intended for the unleavened bread of the precept in order that no water come thereon from the time that it is taken to the mill and thenceforth. It would be well if it were possible for one to use (during the entire Festival) unleavened bread of wheat that was under observation from the time of reaping. If this is impossible, one should at least embelish the two "Seder" nights by using such unleavened bread thereon.

2. If there was found in the wheat some that were split, or had sprouted, it is permitted to use the rest, providing they had separated them or were very particular about there being at least sixty times as much good wheat as split ones, or as those that had sprouted. One should originally be careful to separate wheat from that which was devoured by mice, or see that there are sixty times as much good wheat. Wheat brought by a vessel, or stored in pits if it is dry and hard and its appearance is not changed, it is valid for unleavened bread, but if it was stored in a garret and the rain had dripped down

ואם היו מונחות בעליה וירדו עליהן גשמים דרך הגג בקצת מקומות,
אסורות. אבל אם נפל עליהם קצת שלג, או קצת מים במקום אחד,
מסלק אותן שיש להסתפק בהן, והשאר מותרות.

ג. בהכשר הריחים יש לזהר לנקר היטב ולנקות בכל האפשרי.
וכיסים לוקחים חדשים. ומפני שישנם בזה כמה הלכות וידיעות גדולות.
לכן כבר נהגו בכל ישראל, שלא להכשיר הריחיים כ"א על ידי רבנים
מובהקים שיבואו להשגיח שיהא ההכשר כראוי. והקמח הראשון שנטחן
לאחר ההכשר אין אוכלין אותו בפסח. אם טוחנין ברחיים גם תבואה
לתותה, צריכין להפסיק במחיצה שלא יתערב בו מן האבק ההוא.

ד. שק עם קמח שנתלחלח ממים, אם הוא במקום אחר, בין שהוא
עדיין לח, בין שנתייבש, יאחוז את המקום הזה בידו ויריק השאר, ומותר,
רק זאת שנתלחלח אסור. ואם נתלחלח בכמה מקימות. שאי אפשר לו
לעשות כן, אזי אם עדיין הוא לח, ירקד את הקמח, ומה שנשאר על
הנפה פירורין, זהו לבד חמץ, והשאר מותר. וכן אם אכלו עכברים מן
הקמח, ירקדנו. אבל אם כבר נתייבש לא מהניא ליה הרקדה, וכל
הקמח אסור.

ה. ביום שתחנו את הקמח אסור לאפותו, מפני שאז הקמח הוא
חם וממהר להחמיץ כשנותנין בו את המים, על כן ישהה אחר הטחינה
לכל הפחות מעת לעת.

ו. השקים שמשימים בהם את הקמח, טוב לעשותן חדשים או
לכל הפחות להתיר את התפירות ולכבסן היטב בחמין ובאפר
ובשפשוף.

ז. אסור להניח שק עם קמח על גבי בהמה, אלא אם יש עור
עב תחתיו, דאם לא כן יתחמם ויתלחלח מן הזועה. ואם אפשר יזהר
גם כן שלא להניח הרבה שקים זה על זה, מפני שעל ידי זה מתחממם
ויחמיץ בלישה.

upon it in several places through the roof, it is forbidden to use them, if, however, a little snow or rain fell on it in one place, then only the doubtful wet wheat should be removed, and the rest is permitted to be used.

3. The utmost care should be taken to cleanse the mill and make it fit to grind the grist for unleavened bread. One should, therefore, thoroughly cleanse the mill in the most scrupulous manner, and provide new receptacles for the flour, and yet as the laws relating thereto are numerous, and great knowledge is required for their application, it has long been the custom in Israel not to consider the mill valid for use unless it was inspected by erudite Rabbis who vouched for its fitness in a proper manner. The flour of the first grinding after the mill was approved should not be partaken of on the Passover. If grist that was soaked was also being ground in that mill, it should be separated from the other by a partition in order that none of its powder mingle therewith.

4. If a bag of flour was moistened by water and a part only affected, it does not matter whether it is still wet or already dry, one may hold that part in his hands while emptying the bag of the rest of the flour, the use of which is permitted, but the use of that which became moist is forbidden. If, however, many places became wet, so that it is impossible to proceed as aforementioned, if it is still moist, one should sift the flour and that alone which remains crumbling upon the sieve is leaven, but the use of the rest is permitted; likewise if mice devoured some of the flour, it should be sifted, but if it had already become dry sifting is of no avail and the use of the entire flour is forbidden.

5. It is forbidden to bake the flour on the same day that it was ground as the flour is then warm and will readily turn sour when water is added to it, therefore one should defer baking for at least 24 hours after the grinding.

6. It is proper to make new bags for holding the flour, or at least to take the seams apart and to wash them thoroughly with warm water, ashes, and by rubbing them.

7. It is forbidden to place a bag of flour upon a beast except with the intervention of thick leather, as otherwise it will get warm and moist from perspiration. One should also be as careful as possible not to place many bags one on top of the other, as the flour will be heated by friction and turn sour in the kneading.

דיני המים שלשין בהם המצות.

א. אין לשין את המצות אלא במים שלנו הלילה, דהיינו שישאב
אותם בין השמשות, (או יקדים קצת, אבל לא הרבה) ויסננם, ויעמידם
במקום קר כל הלילה ויזהר לכסותם. ואפילו אם הלילה ארוכה יותר מי"ב
שעות, אסור ללוש בהן עד אור היום. ואם הלילה קצרה ואין י"ב שעות
עד אור היום, צריכין להמתין עד שיעברו י"ב שעות משעה שנשאבו.
וכשהוא נושאם לבית יזהר שלא יבוא עליהם השמש.

ב. יכול לשאוב בפעם אחד לכמה ימים, אבל המצוה היא לשאוב
בשביל כל יום ויום בפני עצמו.

ג. בימי ניסן על פי הרוב הנהרות יותר קרים מן הבארות, ועל
כן ישאוב מן הנהר, אך לפעמים הנהרות גדולות מהפשרת שלגים ואינם
קרים כ"כ, אז טוב יותר לשאוב מן הבארות.

ד. המים שלנו לא ישאב אלא ישראל, ולא יתנם בכלי שהיה בו
דבש, או שאר מי פירות, אלא אם הגעילום קודם. מכל שכן שלא יתנם
בכלי שהיה בו דבר חריף, אפילו לא היה חמץ, משום דעל ידי דבר
חריף ממהר להחמיץ. ואפילו הגעלה לא מהניא לזה. גם לא יתנם בכלי
נחושת שאינו מצנן כמו שאר כלים.

ה. אם לא יספיקו לו המים שלנו, מותר להוסיף לתוכן שאר מים,
ובלבד שיהא הרוב ממים שלנו. ולכתחלה טוב שיהיו שני שלישים מים
שלנו. ויש להדר אם אפשר להמשיך את המים שמוסיפין מתוך מקום
מכוסה שאין השמש באה על המים.

ו. כשאופין ביום ראשון צריכין לשאוב המים שלנו ביום ה' בערב,
ואם לא שאב ביום ה', ישאב בערב שבת לאחר מנחה, או בשבת ע"י
אינו יהודי. אין לשפוך את המים שלנו מפני המת או מפני התקופה.
שנאמר „שומר מצוה לא ידע דבר רע".

שנב

LAWS AND CUSTOMS OF ISRAEL

Laws Concerning the Water with which the Unleavened Bread is Kneaded.

1. Unleavened bread should be kneaded only with water that stood over night, i.e., drawn in the twilight (or a little earlier, but not much earlier) filtered, then placed covered in a cool place and let stand the entire night. Even if the night is longer than twelve hours, still it is forbidden to knead it before daylight, and if the night is short and there are not twelve hours to daylight, it is required to wait until twelve hours will have passed since it was drawn. When bringing it to his house he should be careful that the rays of the sun do not reach it.

2. One may draw at one time enough water to last several days, but it is mandatory to draw water daily for each day's use.

3. As the streams in Nissan are generally cooler than the wells, one should draw water from a stream, at times, however, the streams are swollen from the melted snow and are not so cold, it is then preferable to draw water from the wells.

4. Only an Israelite should draw the water. It should not be placed in a vessel that had contained honey or other fruit-extracts, unless it had been previously scoured it should specially be avoided placing it in a vessel which had contained something having a pungent taste even if it is not leaven, because on account of that which is pungent it will more readily turn sour, and even scouring will not avail, nor should the water be placed in a copper vessel, as it does not keep it so cool as other vessels.

5. If the water that stood over night does not suffice, it is permitted to add water thereto, providing most of the water be that which stood over night, and it should be a primary object to have two thirds of the water of that which stood over night. One should if possible endeavour to obtain the added water from a sheltered place, where the rays of the sun do not reach it.

6. If the baking is done on Sunday, it is necessary to draw the water on Thursday evening, and if not drawn on Thursday, it should be done on the eve of Sabbath (Friday) after the Afternoon Service, or on the Sabbath through a non Jew. The water that stood over night should not be poured out on account of a death if it occurred, or on account of the equinox, for it is written that "no evil will befall upon him that guardeth the precept."

309

דיני לישת ואפיית המצות.

א. תנור שאפאו בו חמץ, כשרוצה לאפות בו מצות צריך להכשירו
על ידי שיסיקו כל כך, עד שיהיו ניצוצות נתזין ממנו. וצריך ליזהר לפזר
הגחלים על פני כולו, וטוב וישר הוא לגורפו ולנקותו היטב אחר ההיסק,
ולהמתין עד שיצטנן קצת, ואח"כ יחזור ויסיקהו לאפיית המצות.

ב. אם התנור הוא של חרס, יש נוהגין לטוח את התנור בקרקע
חדשה, כדי שלא יצטרכו להכשירו על ידי היסק. ובלבד שיטוחו אותו
בקרקע עבה כעובי אצבע, או יותר על פני כולו. אבל טוח מיעוט אינו
מועיל כלום

ג. אין לשין ואין עושין את המצות אלא בבית מקורה, ולא כנגד
חלון פתוח, אפילו אם אין החמה זורחת שמה. אבל אם החמה זורחת
שמה, לא מהני חלון זכוכית, אלא צריך לפרוס וילון במקום זריחת החמה.
וכן צריכין ליזהר שלא יהא הבית מהוסק וחם.

ד. אין לשין עיסה גדולה יותר משיעור חלה, וכשהוא מודד הקמח
לא ידחוק הקמח תוך המדה. ואם לש עיסה רכה, לא יוסיף בה קמח
להעבותה.

ה. ויזהר שלא להניח את הקמח סמוך למים, שלא יפול מאבק
הקמח לתוך המים. וכן המודד את הקמח לא יתקרב אל העיסה, או אל
המים. וטוב ליזהר שלא להניח את היד על הקמח שלא לצורך, כי היד
מחממת קצת.

ו. בכלי שלשין בו לא יהא שום נקב או סדק שיוכל להשאר שם
משהו עיסה ותתחמץ. ולא יניח הכלי בשעת לישה על כרים וכסתות פן
תתחמם. ויזהר שלאחר כל י"ח מינוטען ינקה את הכלי היטב, וגם ירחוץ
ידיו היטב. וכן הדפין, והעצים, והמכונות, לא יהא בהם שום נקב או
סדק. ולכל הפחות לאחר כל י"ח מינוטען ינקו אותם היטב. ועל המרדה

Laws Concerning the Kneading and Baking of the Unleavened Bread.

1. If it is desirable to bake unleavened bread in an oven where leaven had been baked it is required to make it legally proper by glowing it so much as to make sparks fly therefrom. Great care should be taken to spread the coals upon its entire surface; after glowing it it is highly proper to remove the ashes and clean it carefully waiting until it will become slightly cooler, he should then make a new fire therein for baking unleavened bread.

2. If the oven is made of earth, it is customary for some to plaster it with fresh earth in order to make it valid for use without requiring to glow it. A thick coating, however, of plaster (the thickness of one's finger, or thicker) should be put upon the entire oven, as a thin coating is of no avail.

3. The unleavened bread should be kneaded and made only in a room that has a roof, and not opposite an open window, even if the sun does not shine through, but if the sun shines through, the glass window-panes are of no avail, but it is necessary to spread a curtain to shut out the sun's rays. Care should also be taken that the room should not be heated or warm.

4. No greater quantity of dough should be kneaded than that requisite for the separation of the dough-cake. When the flour is measured it should not be stuffed into the measure. If the dough kneaded was soft, flour may be added thereto to harden it.

5. One should be careful not to place the flour near water so that the flour-dust should not fall therein. Likewise one who measures the flour should not go near the dough or the water. It is well to take care not to needlessly handle the flour, as it might warm it slightly.

6. There should be neither crack nor crevice in the vessel used for kneading wherein any particle of dough might remain and turn into leaven, nor should the vessel be placed upon cushioned articles while in the act of kneading lest it become warm; the vessel must be thoroughly cleansed every 18 minutes when the hands too must be carefully washed. The boards, rollers and machines should also be free from crack or crevice, and should be thoroughly cleansed at least

310

שמכניסין בה את המצות לתוך התנור צריכין להשגיח שלא יהא בה שום סדק, שלא יכנום בה קצת עיסה ויתחמץ.

ז. אם נפל לתוך העיסה איזה דבר חריף, כגון מלח, או תבלין, או סיד חי, אפילו משהו, ונילש בתוכו, כל העיסה אסורה משום דמתחממת שם. ואם נמצא בתוך העיסה גרעין תבואה, יטול מן העיסה כעובי אצבע סביב הגרעין וישליך, והשאר מותר.

ח. יזהרו שלא להניח את העיסה אפילו רגע אחת בלי עסק, ואם לא יוכלו למהר כל כך בעריכת המצות, ילוש העיסה ויעסוק בה שלא תנוח אפילו רגע בלי עסק.

ט. העוסקים יעסקו בזריזות, וישגיחו שלא יהיה פירורין מן העיסה על הדף, או על המכונה, וגם שלא יהא מודבק בידיהם שום עיסה. ומיד כשרואין שנדבק בהן קצת עיסה, ינקה ויסיר אותה.

י. מיד לאחר שנגמרה המצה ימהרו בכל מה דאפשר, ומיד יתנוה לתוך התנור. ויזהר מאד שלא ישהה אותה אפילו מעט נגד פי התנור, כי שם תמהר להחמיץ. ועל כן צריכין ליזהר שזה שהוא מושיט את המצות להאופה יהיה בעל תורה וירא שמים, שידקדק בזה.

יא. הירא דבר ה' יזהר, שקודם אפיית המצות שלו יסיקו היטב מחדש את התנור, ולפזר את הגחלים על פני כולו.

יב. האופה יזהר מאד להשגיח שלא תתכפל איזה מצה, וגם שלא תגע אחת בחברתה. ואם אירע שנתכפלה או שנתנפחה (היינו שנתחלקה המצה בעוביה, והחלל הוא כמו רוחב אגודל) איזה מצה, צריכין לשבור את המקום ההוא, והוא חמץ, והשאר מותרת, אבל אם נגעה זו בזו כשהן עדיין לחות בתנור. יש להתיר בדיעבד.

יג. צריכין ליזהר שלא להוציא מצה מן התנור, כל זמן שלא נאפית קצת עד שאם היו פורסין אותה לא היו כעין חוטין נמשכין, כי קודם שיעור זה הרי היא עדיין כמו עיסה, וכשהיא חוץ לתנור תמהר

שיא

every 18 minutes. The peel with which the unleavened bread is thrust into the oven should be critically examined that there be no crack therein where a particle of dough might enter and become sour.

7. If anything calorific fell in the dough, such as salt, spices or quick-lime, even a particle thereof, and was kneaded therein, the use of the entire dough is forbidden, inasmuch as it became heated thereby. If a grain of corn was found in the dough, a mass of dough as thick as one's finger should be removed from all around that grain and thrown away and the use of the rest is permitted.

8. Care should be taken not to let the dough lay for a moment without working upon it and if the unleavened bread cannot change process with sufficient celerity, the kneading of the dough should be kept up as it should not lay idle for a moment.

9. Those who are engaged in the work should perform their tasks speedily and see that there are no particles of dough upon the boards or machines, and that none of it stick to their hands; should they find any dough sticking to them, they should instantly cleanse them and remove same.

10. Immediately after the unleavened bread was prepared, it should be put in the oven as quickly as possibly, the utmost care should be taken not to delay it for a moment opposite the mouth of the oven, as there it will quickly turn sour, hence it is necessary that the one handing the unleavened bread to the baker should be versed in the law and pay scrupulous attention to it.

11. A God-fearing man should take care before baking his unleavened bread to have the oven heated anew and the coals spread upon its entire surface

12. The baker should most carefully see to it that none of the unleavened bread be doubled up, nor that one should touch the other. In the event of one having doubled up or become inflated (that is, if the unleavened bread was divided at its thick parts, and the hollow part is as wide as a thumb) it is requisite to break off that portion as it is leaven, and it is permitted to use the rest, if, however, they touched each other while still moist in the oven, their use may be permitted.

13. Care should be taken not to take the unleavened bread out of the oven so long as it is not baked to such a degree that one may break it without drawing strands of dough therefrom as previous to that condition it is only like dough which being taken out of the oven readily turns sour, the peel upon which such unleavened bread was

להחמיץ. וגם המרדה שהוציאוה עליה גם כן אסורה עוד למצות. ואם אי אפשר לידע אם היו חוטין נמשכין ממנה או לאו, יש להחמיר מספק, אך אם קרמו פניה, יש להקל.

יד. ראוי לכל ירא שמים שיהא הוא בעצמו עומד ומשגיח בעשיית אפיית המצות שלו, ולהזהירם שיעשו בזריזות ובהשגחה. וכך היו עושין גדולי ישראל הראשונים ז"ל, וכן עושין גם בזמנינו, החרדים לדבר ה'.

טו. המצות שהן לצאת בהן ידי חובת אכילת מצה בשתי לילות הראשונים, נקראות מצות מצוה. וצריכין לעשותן לשם מצוה ע"י ישראל גדול בן דעת, שהוא בן י"ג שנה ויום אחד, ואשה בת י"ב שנה ויום אחד. ובכל העשיות יאמר העושה לשם מצות מצוה, אפילו בשאיבת המים.

דיני בדיקת וביטול חמץ.

א. בלילה שלפני ערב פסח, מיד בתחילת הלילה, בודקין את החמץ. ואסור להתחיל לאכול, או לעשות שום מלאכה, חצי שעה קודם הלילה.

ב. אין בודקין אלא בנר של שעוה יחידי. ובשעת הדחק, שאין לו נר של שעוה, יבדוק בנר של חלב.

ג. בודק כל החדרים שיש לחוש שמא הכניסו בהם חמץ, אפילו המרתפים, והעליות, והחנויות, ובית העצים, כל שיש לחוש שמא הכניסו שם חמץ, צריכין לבדקו. וכן צריכין לבדוק כל הכלים שמחזיקים בהם חמץ. וקודם הבדיקה יכבדו היטב כל המקומות, וינקו אותם מכל חמץ למען יהא נקל לו אח"כ לבדוק.

ד. רפת של בקר שנותנים שמה תבואה לבהמות לאכול, וכן לול של תרנגולים שנותנים להם שם תבואה אינן צריכין בדיקה, ואם נתנו להם שמה תבואה חמוצה, צריכין בדיקה.

שיב

taken out, is also thenceforth forbidden to use for unleavened bread. If it is impossible to tell whether strands of dough can be withdrawn therefrom or not, because of the doubt, the law should be enforced, but if it became brown the law should be relaxed.

14. It is proper for every God-fearing man to personally supervise the making and baking of his own unleavened bread and admonish the workingmen to use due care and diligence. This was the method of the great men of Israel, of blessed memory, and this is also the method of the pious in our own times.

15. The unleavened bread wherewith to perform the precept of its eating on the two first Passover nights will be fulfilled, is called "the unleavened bread of the precept" and it should be made "for the sake of the precept" by an adult male Israelite of intelligence, aged at least thirteen years and one day. or by a female aged at least twelve years and one day, and at each stage of its process, even when drawing water, the worker should say "for the sake of the unleavened bread of the precept."

Laws Concerning the Search for and

Nullification of Leaven.

1. On the night preceding the eve of Passover, immediately after dark, a search for leaven should be made, and it is forbidden to begin eating or doing any manner of work half-an-hour before nightfall.

2. The search should be made only with a single wax-candle, but in an emergency, if one has no wax candle he may search with a candle of tallow.

3. All the rooms wherein it is surmised leaven was brought, should be searched, even the wine-cellars, garrets, stores and wood-shed: all those vessels in which leaven was kept should also be searched. Before the search all these places should be carefully swept and cleansed from leaven in order to facilitate the search thereafter.

4. A stall in which the cattle are fed with corn, likewise a coop in which the fowls are fed with corn do not require searching, if, however, corn was given them therein, they require searching.

ה. צריכין לבדוק בכל המקומות בחורין ובסדקין כל מה שאפשר. וגם הכיסים שבבגדים שלו ושל תינוקות, שלפעמים נותנין בהן חמץ, צריכין בדיקה. וינערם היטב למחר בשעת הביעור.

ו. החדרים שמוכרים לאינו יהודי עם החמץ, כיון שאין מוכרין עד למחר, אם כן חל עליו בלילה חובת בדיקה, וחייב לבדקם.

ז. קודם שמתחיל לבדוק יברך, "אקב״ו על ביעור חמץ". ולא יפסיק בין הברכה לתחלת הבדיקה, וטוב שלא יפסוק עד גמר כל הבדיקה, אלא במה שהוא מענין הבדיקה. ויכול לבדוק כמה בתים בברכה אחת.

ח. נוהגין שקודם הבדיקה מניחין פתיתי לחם במקומות שימצאם הבודק, שלא תהא ברכה לבטלה ומי שאינו בודק כראוי, אלא שהוא מקבץ הפתיתים, לא קיים מצות בדיקה, ועשה ברכה לבטלה.

ט. החמץ שהוא משייר לאכילה או למכירה, יניח קודם הבדיקה במקום המשומר היטב, וכן החמץ שהוא מוצא בבדיקתו וצריך לשרפו למחר, יניח במקום משומר ומקושר שלא יאבד ממנו. ויניחנו בשקים שיראהו למחר ולא ישכח לשרפו.

י. אחר הבדיקה מיד יבטלנו. ועיקר הביטול הוא בלב, שיגמור בלבו שכל חמץ שברשותו, הרי הוא כאלו אינו, ואינו חשוב כלום, והרי הוא כמו עפר, וכדבר שאין בו צורך כלל. ותקנו חכמים שיוציא דברים אלו גם בפיו ויאמר "כל חמירא". ומי שאינו יודע פירושו יאמר בלשון שהוא מבין. וביום לאחר ששרף אותו יחזור ויבטלנו, ויכלול כל החמץ ויאמר "כל חמירא", או בלשון שהוא מבין.

יא. חדר שצריך בדיקת חמץ, ורוצה לאצור בתוכו פירות, או עצים, או שאר דברים, שמחמת זה לא יכול לבדקו, כשיגיע ליל י״ד, צריך לבדוק תחלה את החמץ שם בלילה, כמו שבודקין את החמץ ליל י״ד, ואפילו יש עוד זמן רב עד הפסח, ואפילו מיד לאחר פסח שעבר. ובדיעבד אם לא בדקו קודם שעשאו אוצר, אם דעתו לפנותו קודם שיגיע

שי״ג

5.   It is essential to search every nook and cranny in these places with the utmost care.   One should also search his pockets also the children's garments as sometimes leaven is placed therein, and in the morning when the leaven is being burnt they should be thoroughly shaken out.

6.   The rooms which are sold to the non-Jew with the leaven, inasmuch as the sale will not be made before morning, the obligation to search devolves upon him in the night.

7.   Before beginning the search he should say the blessing יִשר קדשנו במצותיו וצונו על ביעור חמץ and he should not interrupt same between saying the blessing and beginning the search; it is well not to interrupt until the search is completed, excepting for that which relates to the search.   One may search many houses by the one blessing that was pronounced.

8.   Previous to making the search, it is customary to lay pieces of bread in places where the searcher may find them, so that the blessing should not be in vain, one, however, who does not make a proper search but simply gathers up these crumbs, does not fulfil the commandment of searching and has pronounced the blessing in vain.

9.   Previous to making the search, one should put away in a safe place all the leaven which he leaves for food or to sell.   The leaven which he has found in his search should likewise be put away in a safe place, it should first be carefully tied round and then put it in a prominent position where it can be seen in the morning and one should not forget to burn it.

10.   Immediately after the search he should nullify it.   The essential of nullification is the hearty resolve to consider all the leaven in his domain as non-existent, entirely valueless, and comparable to dust, and as something for which he has absolutely no use, our Sages have furthermore ordained that one should give expression to these thoughts by saying כל חמירא, וכו' and if he does not understand it, he should say it in any language he understands.   In the morning after one has burnt it, one should again nullify it, including all the leaven by that nullification and say כל חמירא, וכו' or a translation of same.

11.   If one desires to use as a store-house for fruit, wood, or other things a room which requires to be searched for leaven, and the above mentioned articles will prevent him from searching that room on the night of the 14th of Nissan, he should previously search it in the night time in the same manner that the search is made on the night of the 14th, even if there be yet ample time before the Passover, and even a year in advance.   If, however, by inadvertance one did not search it before he had transformed it in a store house, and it is his intention to remove the things before the time will come for the search of leaven,

זמן בדיקת חמץ, אינו צריך להטריח עתה לפנותו ולבודקו. אבל אם דעתו לפנותו בתוך ימי פסח, צריך לפנותו עתה ולבדקו, ואף על פי שיש טורח רב וחסרון כיס.

יב. אם עושה את האוצר על דעת שלא לפנותו עד אחר הפסח, אזי יש חילוק בזמן, אם הוא קודם שלשים יום שלפני הפסח, אינו צריך לבדקו (אלא שאם יש שם חמץ ידוע, יבערו תחלה), ויועיל לו הביטול שיבטל כל חמץ בזמנו. אבל אם הוא תוך שלשים יום שלפני הפסח, חל עליו חיוב בדיקה, וצריך לבדקו. ואפילו בדיעבד, אם שכח ולא בדק, צריך לפנות את האוצר ולבדקו בלילה תיכף לאחר שנזכר.

יג. אם עושה אוצר בבור מחטים שאינן מחומצות, ואח"כ מחמת ליחות הבור נתחמצו החטים שבבקרקעית הבור ושבקירותיו. אף על פי שאצרן בתוך ל' יום, אינו צריך לפנות את הבור בליל י"ד ולבדקו, אלא די לו בביטול, כיון שבשעה שאצר, אצר בהיתר. ואם יש ביניהם חיטים מחומצות, יש בזה כמה חלוקי דינים וישאל לחכם.

יד. לא ישליך גרעיני תבואה לתרנגולים במקום לח תוך שלשים יום, שמא ישכח מלבערם.

טו. היוצא לדרך, קודם לכתו ימנה שליח שיבדוק ויבטל חמצו, ויאמר לו בפירוש, שהוא ממנה אותו לשליח על הבדיקה, וגם על הביטול. והשליח יאמר בביטול, "חמצו של פלוני" וכו'. ומכל מקום גם הוא באשר הוא שם בערב פסח בבוקר, יבטל חמצו שברשותו.

טז. מצא חמץ בביתו בחול המועד, יוציאו וישרפו. ואם יש בו כזית יברך מתחלה, על ביעור חמץ. ואם מצאו ביום טוב, או בשבת חול המועד, וכן בשבת שחל בערב פסח, דאסור לטלטלו, משום דהוי מוקצה, יכפה עליו כלי עד מוצאי יום טוב, או מוצאי שבת, ואז ישרפו. ואם מצאו בימים האחרונים של במוצאי יום טוב כבר עבר הפסח, אינו מברך עליו, אלא שורפו בלא ברכה, אפילו יש בו כזית.

he need not trouble himself to remove them just then and search the room, but if he intends to remove them during the Passover, he must remove them and search the room even if it involves great trouble and entails a loss of money.

12. If one fills up a store-room with the intention of not emptying same until after Passover, there is a distinction as to the time. If it is before 30 days preceding Passover he need not previously search the room (except to burn anything that is positively leaven that may be there) and the formula of nullification at the proper time will also avail for that room, if, however, it is within the 30 days preceding Passover, it devolves upon him to search the room, thus, even if he inadvertently did not make the search, he is required to empty the store-room and search it in the night time immediately he was reminded thereof.

13. If one stores wheat that was not sour in a pit, but afterwards the wheat on the bottom and sides of the pit turned sour on account of its dampness, even if he had stored it there within the 30 days, he need not empty the pit on the night of the 14th in order to search same, as the nullification is sufficient, inasmuch as he had stored it away in a manner that was permissible, and if there be some sour wheat amongst them, there are diverse laws in regard thereto and one should consult the ecclesiastical authorities.

14. One should not cast corn-seeds to fowls in a moist place during the 30 days as he may forget to burn them.

15. One who sets out upon a journey should previous to starting, appoint one as his agent to search and nullify his leaven, and he should tell him expressly that he is appointing him his agent to search and nullify. The agent when pronouncing the [formula of nullification should mention the name of the owner ; nevertheless the owner himself, wherever he may be, should nullify the leaven on his premises on the morning of the Passover-eve.

16. If one finds leaven in his house during the Intermediate Days of Passover, he should take it and burn it, and if it be the size of an olive he should previously pronounce the blessing על ביעור חמץ. If he found it on the Festival, or on the Sabbath in the Intermediate Days, likewise on the Sabbath which occurs on the Passover-eve, when it is forbidden to handle it, as it is "set aside," he should cover it with a vessel until the conclusion of the Festival or Sabbath and then burn it. If he had found it on the last days, as the Passover will end on the conclusion of the festival days, he need not say a blessing when burning it, although it is the size of an olive.

314

דיני המינים האסורים והמותרים להשהות
בבית ישראל בשבת.

א. כל דבר שיש בו תערובות חמץ, ואפילו אין בו חמץ בעין, רק הטעם מחמץ, כגון שהסירו את החמץ, מכל מקום אסור להשהותו בפסח. אבל דבר שלא היה בו חמץ כלל, אלא שנתבשל בכלי חמץ, אפילו היה הכלי בן יומו, או שנכבש בכלי חמץ, מותר להשהותו בפסח. ודוקא שנתבשל או נכבש קודם פסח, אבל אם נתבשל, או נכבש בפסח בכלי חמץ, חייבין לבערו.

ב. תבואה שיש בה גרעינים מצומחים, או מבוקעים, ואפילו הם מעורבים מעט בהרבה, וכן תבואה שנפל עליה מים, או שרחצה במים, אסור להשהותה. וכן כל הדברים שנעשה מתבואה זה אסיר להשהותן. ומי שמוכר לחבירו תבואה שנתלחלחה, צריך להודיע לו. שלא ישהה אותה בפסח. ולנכרי אסור למוכרה במקום שיש חשש שימכרה הנכרי לישראל, וישהה אותה בפסח.

ג. בגדים שנתכבסו ונתקנו בחלב חטה (שטאַרק) מותר ללבשן בפסח. אבל אין להציען על השלחן, אם יש עליהם איזה ממשות, שיש לחוש שיתפרד מהם איזה פירור. וכל שכן שאסור לתת לתוכן קמח של פסח.

ד. מותר לדבק בדבר שנעשה מחמשת המינים אפילו בתוך שלשים יום לפסח, ובלבד שלא יהא החמץ נראה, דכיון שהדבק אינו חמץ גמור, וגם הוא מכוסה, לא החמירו בו. אבל אם נראה בחוץ אסור. וקודם שלשים יום בכל ענין מותר.

ה. החמץ שנפסל ונפסד לגמרי קודם פסח הפסח, מותר בפסח בהנאה ובשהיה.

שטו

LAWS AND CUSTOMS OF ISRAEL

LAWS CONCERNING ARTICLES FORBIDDEN, AND THOSE PERMITTED TO BE FOUND IN AN ISRAELITE'S HOUSE ON THE PASSOVER.

1. Everything which has a mixture of leaven in it, even if the leaven is not actually there, i.e., if it was removed therefrom, but the taste of the leaven remains, it is nevertheless forbidden to keep it on the Passover, but an article in which there was no leaven, only that it was cooked in a vessel used for leaven, even if cooking was previously done therein on that very day, or an article that was pickled in a vessel used for leaven, it is permitted to keep it on Passover providing the cooking or pickling was done before the Passover. If, however, it was cooked or pickled on the Passover in a vessel used for leaven it is obligatory to burn it.

2. Corn in which there were grains that had sprouted, or were split, even if but a few were mingled in a large quantity, likewise corn upon which water had fallen, or had been saturated with water, it is forbidden to keep that as well as everything that was prepared therefrom. One who sells his neighbour corn that became moist is required to inform him thereof in order that he should not keep it on the Passover, but it is forbidden to sell it to a non-Jew when it may be apprehended that the non-Jew will sell it to an Israelite, who will keep it during the Passover.

3. One is permitted to wear on the Passover garments which were washed and prepared with starch, but one should not spread a cover upon the table if there be any of the starch upon it which may be apprehended to crumble therefrom, and it is most decidedly forbidden to put Passover flour therein.

4. It is permissible to use paste made of the five species of flour, even during the 30 days preceding Passover, providing the leaven is not visible, inasmuch as the paste is not absolutely leaven, and it is also covered up, the law is not stringently enforced therein; if, however, it is visible on the surface it is forbidden, but before the 30 days it is permitted in any manner.

5. The leaven which became spoiled and was entirely damaged before the Passover, it is permitted to utilise it also to keep it on the Passover.

ז. כל הכלים שאינו מכשירן לפסח, צריך לשפשפן היטב בערב
פסח קודם שעה שישית ולהדיחן, בענין שלא יהא חמץ ניכר בהן, ויצניעם
במקום צנוע שאינו רגיל לילך לשם בפסח. וטוב לסגרם בחדר מיוחד
ולהצניע את המפתח עד לאחר הפסח.

דיני ערב פסח.

א. אין אומרים בערב פסח „מזמור לתודה" ולא „למנצח".

ב. אסור לאכול חמץ אחר שליש היום (היינו שליש הזמן מעלות
השחר עד צאת הכוכבים) ובהנאה מותר עוד שעה אחת, ומותר למוכרו
אז לאינו יהודי, אבל אח"כ אסור גם בהנאה. וצריך לשרוף את החמץ
ולבטלו כל זמן שהוא מותר בהנאה.

ג. מחצות היום ואילך אינו מותר לעשות מלאכה רק מה שמותר
לעשות בחול המועד, וע"י אינו יהודי מותר להסתפר. וכן לקצץ הצפרנים
צריכין קודם חצות. ואם שכח, יכול לקצוץ צפרניו גם לאחר חצות. אבל
להסתפר אסור כי אם על ידי אינו יהודי.

ד. אסור לאכול מצה כל היום, ואפילו הקטנים והקטנות, כל
שמבינים ענין יציאת מצרים, אסור לתת להם מצה, אבל תבשילין שעושין
ממצות טחונות מותר כל אדם לאכול עד הרביעית האחרון של היום.
ומשם ואילך אסור לאכול כי אם לעת הצורך מעט פירות, או בשר
ודגים. ויזהר שלא ימלא כריסו, כדי שיאכל בלילה לתיאבון.

ה. הבכורים, בין בכור לאב, בין בכור לאם, מתענים בערב פסח,
אפילו חל בערב שבת. וגם הבא אחר הנפלים צריך להתענות. וכל זמן
שהבכור קטן האב מתענה תחתיו. ואם יש להם סעודת מצוה, אז
מותרים לאכול.

ו. בכור המתענה אומר בתפלת מנחה „עננו". ואם הם כמה בכורים,

LAWS AND CUSTOMS OF ISRAEL

6. All vessels which were not made valid for the use of Passover should be thoroughly scoured and washed on the Passover-eve before 12 o'clock in such a manner that no leaven be recognizable upon them, and secreted in a secluded place. But it is best to lock them up in a separate room and hide the key until after Pascover.

LAWS CONCERNING PASSOVER-EVE.

1. On Passover-eve neither מזמור לתודה nor למנצח should be said.

2. It is forbidden to eat leaven after a third of the day, (i.e. a third of the time from dawn until the stars appear), but one may utilise it for another hour; thus he is permitted to sell it to a non-Jew; after that time, any use thereof is also forbidden. It is requisite to burn the leaven and to nullify it while it is yet permitted to utilise it.

3. After noon-time such work only is permitted as that which is permitted during the Intermediate Days of the Festival. One is permitted to have his hair cut by a non-Jew. Paring the nails should also be done before noon, one, however, who forgot, may also pare his nails after noon, but he is forbidden to have his hair cut except by a non-Jew.

4. It is forbidden to eat unleavened bread the entire day. It is forbidden to give unleavened bread even to children capable of understanding the subject of the exodus from Egypt, but all are permitted to partake of victuals made of the meal of the unleavened bread until the last quarter of the day. From that time it is forbidden to eat, save in a case of necessity, when fruit, meat or fish may be partaken of, but one should be careful not to eat too much in order that he may relish the un leavened bread of which he is about to partake in the night.

5. The first-born, whether on the father's or on the mother's side, should fast on Passover-eve, even if it occurred on a Sabbath-eve. One who was born after an abortion should also fast. While the child is small the father should fast in its stead. At a feast of the precepts they are permitted to eat.

6. A first born who fasts should say עינינו in the Afternoon Service. If there are many of the first born and they pray with the

316

אם מתפללין בצבור, לא ירד בכור לפני התיבה, כי אין לומר ענינו
בהחזרת התפלה בקול, כיון שהוא חדש ניסן.

דיני אפיית מצות מצוה.

א. המהדרין אופין המצות של מצוה בערב פסח אחר חצות היום,
שהוא זמן הקרבת קרבן פסח. וכיון שאז הוא אחר זמן איסור חמץ, טוב
שיבטל בפירוש את הפירורים, ויאמר בלשון שהוא מבין ענין זה, כל
פירורים שיפלו בשעת לישה ועריכה, וכן הבצק שידבק בכלים, אני מבטל
ומפקיר אותם.

ב. המים שרוחצין בהם את הכלים, צריכים לשפכן במקום מדרון,
ושלא יהיה רצפת אבנים, כדי שיבלעו מהרה בקרקע, שאם ישפכן שלא
במקום מדרון, או אפילו במקום מדרון והוא רצפת אבנים, יש לחוש שמא
יתקבצו במקום אחר ויחמיצו קודם שיבלעו בקרקע, ונמצא שיהיה
חמץ ברשותו.

דיני מכירת חמץ.

א. ישראל שהיה לו חמץ שלו ברשותו בפסח עובר בכל רגע
ורגע על "בל יראה ובל ימצא", והחמץ אסור בהנאה לעולם, ואפילו ביטלו
קודם פסח ולכן מי שיש לו הרבה חמץ, שאינו יכול לבערו מן העולם,
צריך למכרו לאינו יהודי קודם הפסח בשעה שהוא עדיין מותר בהנאה.
ולא יהא ענין מכירת חמץ אצל האדם כמו מצות מלומדה, אלא
צריך שיגמור בדעתו שהוא מוכרו באמת להאינו יהודי מכירה גמורה
וחלוטה. ולא ימכור ביוקר מן המחיר הראוי ולאחר הפסח יבקש מאת
האינו יהודי שישלם לו את החוב, וכאשר ישיבהו שאין לו כסף, יבקש
ממנו שיחזור וימכור לו את החמץ (עם ההדר) בכך וכך.

congregation, none of them should officiate as Reader as עינו is not said in the loud repetition of the prayer owing to the month Nissan.

LAWS CONCERNING THE BAKING OF THE "UNLEAVENED BREAD OF THE PRECEPT."

1. The very pious bake the "unleavened bread of the precept" on the Passover-eve after noon-time which is the time when the Pascal sacrifice was offered, and inasmuch as leaven is then forbidden, it is proper to nullify the crumbs by saying as follows: "All the crumbs that will fall during the kneading and preparing, as well as the dough which will cling to vessels, I hereby nullify and make free to all."

2. The water with which the vessels are washed should be poured out where it can flow down, a stone flooring should not be there, so that it might be quickly absorbed in the ground, for, by emptying it where the the water cannot flow down, or even in a steep place but there is a stone flooring it may be apprehended that it will gather in one place and turn sour before it is absorbed in the ground, thus there will be leaven on his domain.

THE SELLING OF THE LEAVEN.

1. An Israelite possessing "leaven" is perpetually transgressing the law which precludes such possession. Therefore it is needed that all leaven should be sold to a non-Jew before Passover. But the selling must be real and not nominal. If the buyer does not pay for the goods, it is permissible to retake it from him after Passover.

ב. החמץ שהוא מוכר לאינו יהודי צריך שלא יהא בביתו של
ישראל. ואם האינו יהודי לוקח את החמץ לביתו מה טוב, ואם אי אפשר
שיקחהו לביתו, צריך להשכיר לו את החדר שההחמץ מונח בו, וצריך
לכתוב בשטר שם הקונה, ובכמה השכיר לו את החדר, ושאגב קרקע
הקנה לו את החמץ המונח שם, ויפרוט את כל החמץ בכמה מכר לו,
או שישווה עמו לסמוך על שומת ג׳ בקיאים שתהיה אחר הפסח, ואינו
צריך לפרוט סכום המדות, ויוכל לכתוב רק בעד כל מדה עד למידה.
וכן בדברים הצריכים משקל או מנין. וכל מה שכתוב בשטר ידבר עם
הקונה גם בעל פה, ויקבל ממנו ערבון (אויפגאב), ושאר המעות יזקוף
עליו במלוה, ויהא הכל כתוב בשטר, וגם ימסור לו את המפתח מן
החדר. חמץ שהוא בתוך כלי הצריך טבילה, (כשלוקחו מאינו יהודי) לא
ימכרנו עם הכלי, כי לאחר הפסח כשיחזור ויקנהו מן האינו יהודי תצטרך
טבילה מחדש.

ג. לאחר שמכר לו החמץ, אם ירא פן יקלקל שם הקונה, יכול
גם הוא לתלות שם מסגרת לשמירה, או אם הקונה רוצה להפקיד אצל
הישראל את המפתח רשאי, אבל אסור שיניח הישראל חותם על החמץ.

ד. אם אינו יכול להשכיר לו את כל החדר, מפני שהוא צריך ג״כ
להשתמש בו, יעשה מחיצה לפני החמץ, וישכיר לו את המקום שער
המחיצה, ויכתוב כן בתוך השטר, גם יכתוב שיש להקונה דריסת הרגל
ללכת ברצונו אל המקום ההוא, וגם שאם ירצה האינו יהודי הזה הקונה
למכור את החמץ לאינו יהודי אחר בתוך הפסח או לישראל באסרו חג
פסח, יש לכולם דריסת הרגל ללכת שמה. וכן אם משכיר או מוכר
להאינו יהודי חדר שצריכין ללכת שמה דרך רשותו של המוכר, צריך
לכתוב כן בשטר שיש להאינו יהודי הקונה ולכל הקונים שיבא שמה,
דריסת הרגל ללכת שמה.

ה. אם הבית הוא אצל הישראל רק בשכירות מישראל אחר, אזי
אינו יכול להשכירו לאינו יהודי לבית דירה בלי רשות המשכיר. ולכן

שיח

יתנה בפירוש עם האינו יהודי, שאינו משכירו לו לדור בו, רק להחזיק בו כליו ומטלטליו. אבל לא ישכירו בפירוש להחזיק בו את החמץ, רק סתם להחזיק בו כליו ומטלטליו כרצונו. ומכל מקום אם המשכיר בעיר יקח ממנו רשות להשכירו, וכן מי שנוסע לדרך קודם פסח ואשתו תמכור את החמץ, יתן לה רשות בפירוש שתשכיר את החדר.

ו. אסור לעשות תנאי עם האינו יהודי, שלאחר הפסח מחויב האינו יהודי למכרו לו, או שהישראל מחויב לחזור ולקנותו ממנו, אבל יכול להבטיח, שיחזור לקנותו ממנו ויתן לו ריווח. אסור למכור את החמץ למומר או למומרת, ולא לבן מומרת, אף על פי שילדתו מאינו יהודי לאחר שהמירה.

ז. מי שיש לו חמץ במקום אחר, או בדרך, בעגלות, או בספינה, יכול למוכרו גם כן אגב קרקע שבמקומו. ומכל מקום יפקירו גם כן בפני ב"ד או שלשה אנשים. ואם הובא לו חמץ בפסח, האינו יהודי הקונה הוא ישלם שכר העגלה ויתר ההוצאות. ואם הובא לו חמץ אשר שלח לו אינו יהודי סחורה והוא לא בקשה ולא ידע, יקבלה גם כן האינו יהודי, וישלם מה שמגיע להמביא, וישראל לא יתעסק בה כלל. ואדרבה יפקירה גם כן בפני בית דין או בפני שלשה אנשים.

ח. אם חמצו של ישראל הוא ברשות אינו יהודי, או בהיפוך, חמצו של אינו יהודי ברשות ישראל, ישאל לחכם היאך יתנהג בו.

ט. צריכין ליזהר שלא ליהנות לאחר הפסח מחמצו של ישראל שהוא חשוד שלא מכרו כדת.

נוסח שטר מכירת חמץ.

אנכי החתום למטה מכרתי להאינו יהודי את כל השפירטוס שיש לי במרתף (קעללער) בדירה שאני דר בה, והמרתף הוא בתוך החצר
שיט

מצד צפון השני מצד מזרח וכל השפירטוס שיש לי שם הן בחביתין
בינוניות הן בחביתין גדולות (קיפעס) הכל מכרתי להנ"ל עם הכלים
בעד ר"ך זהובים אעס"ו. וגם אראק שיש לי שם בצלוחית גדול לערך
שבע מדות מכרתי לו בעד ה' זהובים אעס"ו בלי הכלים וגם שליווא־
וויץ (שאינו נקי) שיש לי שם בחבית קטן (אנטיל) מכרתי לו בעד י"ב
זהובים אעס"ו וחמשים צ"ל עם הכלי. וגם מכרתי לו שש חביות ריקנות
שהיה בהם שפירטוס. ושתי חביות גדולות (קיפעס) בחשוקי ברזל ג"כ
ריקנות משפירטוס שיש לי שם. כולם מכרתי לו בעד ה' זהובים וחמשים
צ"ל אעס"ו. גם חמשה שקים קמח חטים שיש לי בתוך החדר הנקרא
שפיין השייך להדירה שאני דר בה מכרתי להנ"ל עם השקים בעד ל"ט
זהובים אעס"ו. וגם כל הכלים מחמץ שיש לי שם דהיינו עריבות ותיבות
מקמח מכרתי לו בעד ד' זהובים וחמשים צ"ל אעס"ו. גם גריסי שעורים
(גערשטל) בשק קטן שיש לי שם מכרתי לו בעד א' זהב וחמשים צ"ל
אעס"ו עם השק. וקבלתי מאתו ערבון (דראנגאבע) י' זהובים אעס"ו
והמותר זקפתי עליו במלוה. וזמן הפרעון לא יאוחר מן עשרה ימים
מיום דלמטה. והשכרתי להקונה הנ"ל את המרתף הנ"ל ואת החדר הנ"ל
מעכשיו עד עשרה ימים מיום דלמטה בעד ד' זהובים אעס"ו וקבלתי
ערבון ג' זהובים אעס"ו והמותר זקפתי עליו במלוה שישלם לי לא
יאוחר מעשרה ימים מיום דלמטה. ואגב קרקע המושכר לו דהיינו המרתף
והחדר הנ"ל הקניתי לו כל המטלטלין הנ"ל ואני מודה בהודאה גמורה
שהשכרתי לו המרתף והחדר הנ"ל והקניתי לו כל המטלטלין הנ"ל בכל
מיני קנינים המועילים באיזה מהם שיהיה הקנין חל ע"פ דתוה"ק וע"פ
נימוסי הקיר"ה והמדינה בלי שום טענה ומענה. ורשות בידו לעשות בכל
הנ"ל ככל חפצו ורצונו. למכור וליתן במתנה ולהשכיר בלי שום מוחה.
וכן יש רשות בידו ליקח מיד כל הנ"ל לביתו. ואף אם ישאיר אותם
כאשר המה שמה מעתה הכל הוא באחריותו של הקונה ואין עלי שום
אחריות ואפילו אחריות אונס. ונתתי לו דריסת הרגל דרך חצרי ודרך
ביתי לילך להמרתף ולהחדר הנ"ל המושכרים לו. וכן אם ירצה בתוך

משך ימי השכירות למכור מהמטלטלין לאיש אחר לכל הבאים מדעתי,
לכולם יש להם דריסת הרגל. גם מסרתי לו את המפתחות מן המרתף
וזמן החדר הנ"ל. נעשה בכל אופן היותר מועיל ע"פ דתוה"ק וע"פ
נימוסי הקיר"ה והמדינה.

אונגוואר, י"ד ניסן תרל"ה. ראובן ב"ר שמעון איזראעלאוויט

שטר ערבות.

זאת, עם חתימת ידי דלמטה, תעיד עלי כמאה עדים, שכל הסך
המגיע מהאינו יהודי — — — — להרב — — — — ובי"ד שעמו, בעד
כל החמץ ומקומותיהם, שלהם, ושל כל המרשים אותם, שקנה הא"י
הנזכר, בק"ג בכל דרכי הקנאה, כפי המבואר בשטר מכירה, שמסר
הרב הנזכר להא"י הנזכר, מחייב אנכי הח"מ לשלם להרב ובי"ד שעמו
הנזכר, לזמ"פ לא יאוחר מיום כ"ה ניסן דהאי שתא — —, במזומנים
בלי שום טו"מ ודו"ד ופ"פ כלל, בעד הא"י הנזכר, כפי החשבון שיעלה
אחר המדידה המשקל והמנין, אם ימכור הא"י לאחרים, ואף גם אם
לא ימכרם כלל, ואקבלם בחובי, הריני מחויב למוכרם בעצמי, לשלם
לידי הרב ובי"ד שעמו, לזמ"פ הנזכר, אם לא שיתרצו מרצונם הטוב,
לקבל החמץ בפרעון חובי, וחיוב זה קבלתי בקנא"ס, מיד — — הנזכר,
ולראיה ח"ש, ביום — — לחדש, שנת — — פה — — —

נאום . . . .

דיני ערב פסח שחל להיות בשבת.

א. ערב פסח שחל להיות בשבת, בודקין את החמץ בלילה
השייכה ליום ששי. אחר הבדיקה מבטלו ואומר כל חמירא כמו בפעם
אחר, וביום ששי שורפו גם כן בזמן שהוא שורפו בכל ערבי פסחים. אבל
אינו צריך לומר „כל חמירא", אלא בשבת לאחר האכילה מבטלו ואומר
„כל חמירא" וכו'.

ב. הבכורים מתענים ביום ה'. ואם קשה לו להתענות עד לאחר
בדיקת חמץ, יכול לטעום דבר מועט קודם הבדיקה, או יעשה שליח לבדוק.

שכא

Laws Concerning the Passover-Eve
Which Falls on the Sabbath.

1. On the Passover-eve which falls on the Sabbath, the leaven should be searched for on Thursday night, on concluding the search one should nullify it and say כל חמירא "All leaven" etc., as at another time, and on Friday he should burn it at the same time that he burns it every Passover-eve, he, however, need not say כל חמירא excepting on the Sabbath after the meal when he should nullify it and say כל חמירא "All leaven" etc.

2. The first-born should fast on Thursday, and if it is difficult for him to fast until after the search for leaven is concluded, he may take some slight refreshments previous to the search, or else appoint one as his agent to make the search.

321

ג. אין מבשלין לשבת זה תבשילי קמחין שיכולין להתדבק בקדירות, ואסור להדיחן, על כן יבשל רק מאכלים שאינם מתדבקים, ואחר האכילה מנער היטב את המפה ומצניע אותה עם כלי החמץ בחדר שאינו רגיל ללכת שמה בפסח. ואם נשאר לו מעט פת יתננו לאינו יהודי, רק לא יתן לו להוציא לרשות הרבים. ומכבדין את הבית על ידי אינו יהודי, או בדבר המותר.

ד. בבוקר מתפללין „בהשכמה" שלא לאחר הזמן שמותרין באכילת חמץ. ונכון לחלק סעודתן לשתים, דהיינו שיברך ברכת המזון ומפסיק מעט, וחוזר ונוטל ידיו ואוכל קצת ומברך שנית ברכת המזון כדי לקיים מצות סעודה שלישית.

ה. בערב שבת יזהר כל אדם במאד מאד לשאול אם הפרישו חלה מן החלות שאפאו לכבוד שבת. ואם שכחו להפריש חלה מערב שבת ישאל לחכם.

דיני הגעלה.

א. כל כלי חרס שנשתמש בו חמץ לא מהניא ליה לא הגעלה ולא ליבון. התנורים והכירות הבנויות מאבנים ולבנים מהניא להו ליבון.

ב. כלי עץ וכלי מתכות וכלי אבן מהניא להו הגעלה, אך אם הוא דבר שמתקלקל ברותחין, כגון כלים המדובקים בדבק, ואפילו אם רק הקתא מדובק באיזה דבק, לא מהניא ליה הגעלה.

ג. קודם שמגעיל את הכלי צריך לנקותו היטב מן החלודה וכדומה שיהא נקי לגמרי. אבל מראות (פלעקען) אין בהם קפידא. ואם יש גומות בכלי צריך לנקרם היטב. ואם הוא כלי מתכות ישים על הגומות נחלים ללבן שם ואח"כ יגעילו. ואם אי אפשר לנקות היטב הגומות והסדקים, וגם אי אפשר ללבן שם אין לו תקנה. ולבן בסכינים עם קתות צריכין

שכב

3. An article of food prepared with flour should not be cooked for this Sabbath, inasmuch as it may cling to the plate, and it is forbidden to wash it (being Sabbath) therefore only victuals that are not pasty should be cooked; after the meal the cloth should be well shaken and hid away with the vessel used for leaven in a room to which one is not accustomed to go during the Passover; if he have any bread left he should give it to a non-Jew, but he should not give it to him to take it to the public domain. The house should be swept by a non-Jew, or with something permissible.

4. The Morning Service should be held at an early hour in order not to delay in eating while it is yet permissible to eat leaven. It is proper to divide the meal as follows, he should say Grace and pause for a short time, then wash the hands again, and eat a little, then repeat the Grace, thus fulfilling the precept regarding the third meal.

5. On the Sabbath-eve one should be very careful to inquire whether the dough-cake was separated from the loaves that were baked in honour of the Sabbath. If the separation of the dough-cake was forgotten on the Sabbath-eve, the ecclesiastical authorities should be consulted.

Laws of Purging.

1. For all earthen vessels which have been used for leaven, neither purging nor glowing will avail; for ovens, and ranges for saucepans built of stones and brick glowing may be used.

2. For wooden, metal and stone utensils, purging is available, but if it be an article that will be damaged by hot water, such as a vessel which is glued together, even if only the handle is glued on, purging does not avail.

3. Before the vessel is purged, it should be thoroughly cleansed from rust and the like, and made perfectly clean, but stains do not matter. If the vessel is indented, it should be carefully scraped. If it is made of metal, hot coals should be placed upon the dents to glow them, and the vessel should be purged thereafter, if, however, it be impossible to thoroughly cleanse the dents and cracks, also to glow them, it cannot be made valid for use, hence it is necessary to carefully observe whether purging will avail for knives with handles. It is best, if one can afford it, to buy new knives for Passover.

לדקדק היטב, אם מועיל להם הגעלה. ומצוה מן המובחר, למי שאפשר
לו, שיקנה לו סכינים חדשים לפסח.

ד. כלים שמשתמשין בהן על ידי האור בלי מים (כגון אגנות
ומחבות), צריכין ליבון. והליבון צריך להיות לכתחלה ליבון חזק עד שיהיו
ניצוצות נתזין ממנו. והמרדה (שעפעל) של עץ, אין לה תקנה.

ה. כלי שיש בה טלאי, אם הוא בענין שיש לחוש שמא יש תחת
הטלאי משהו חמץ בעין, אזי צריך מקודם ללבן אותו מקום, עד שידע
בבירור שאם יהיה שם משהו חמץ היה נשרף, ואח"כ יגעילו. ואם אין
חשש שיהא שם חמץ בעין, אזי אם היה הטלאי נעשה קודם שהשתמשו
בו חמץ יכול להגעילו כמו שהוא דכמו שבלע את החמץ כך יפליטו
בהגעלה. אבל אם נשתמש תחלה בכלי חמץ ואח"כ נתנו את הטלאי,
אזי לא מהניא ליה ההגעלה למקום שתחת הטלאי אלא צריך ליתן ג"כ
קודם ההגעלה גחלים על הטלאי ללבן את המקום ההוא, ואם הטלאי
נתחבר בהתכת בדיל או כסף וכדומה יכול להגעילו כמו שהוא, כי בליעת
החמץ נשרפה אז בהתכה. מדוכה במקום שדרכו לדוך בו דברים חריפים
עם חמץ ביחד צריך ליבון קל, דהיינו שממלאים אותו גחלים בוערות
שירתיח כ"כ עד שהקש נשרף עליו מבחוץ. ובמקום שאין דרכו לדוך בו
רק פלפלין וכדומה, סגי בהגעלה.

ו. כלי שהחזיק בהם יין שרף לקיום, אין טעם וריח היי"ש נפלט
על ידי הגעלה, רק אם בישל אותן היטב במים עם אפר עד שנסתלק
מהם הריח לגמרי, מועיל להם אח"כ הגעלה.

ז. הגעלת החבית יעשה בדרך זה, ילבן אבנים וישימם בו, ויערה
עליהם מים רותחין מכלי ראשון, ויגלגל את החבית כדי שתגיע ההגעלה
לכל מקום. והחביות שלנו שהם עשויים מכמה דפים מחוברים בחשוקים.
אם עמד בהם חמץ כגון יי"ש, או שהחזיק בו קמח, לא מהניא ליה הגעלה.

4. Utensils in which water is not generally put when used over the fire (such as frying pans and the like) require glowing. One should originally glow them to the extent of making them emit sparks. A wooden spoon cannot be made valid for use.

5. A vessel on which there is a patch should be examined to ascertain if there is any apparent leaven under the patch, in which case it is necessary to glow that place until it is positive that any leaven there was consumed, it should then be purged, but if there is no fear of there being any apparent leaven, then, if the patch was put on before it was used for leaven, he may purge it just as it is, as the purging will cause it to reject the leaven it has absorbed. If, however, the vessel was used for leaven before the patch was put on, the purging is not enough, but it is necessary to place hot coals upon the patch to glow that place before purging it; if the patch was soldered with lead or silver and the like, it may be purged just as it is, as the leaven that was absorbed was used in the soldering. A mortar, which it is customary to use for pounding pungent spices together with leaven requires a slight glowing, thus it should be filled up with burning coals until it is hot enough for straws to be burnt on its surface, but where it is customary to pound therein only pepper and the like, purging is sufficient.

6. A vessel which was permanently used to hold brandy does not reject the odour or taste of brandy through purging, and only if it was previously thoroughly boiled in water and ashes until its odour was entirely dissipated, does purging avail it.

7. The purging of a cask should be done in the following manner: One should place therein stones that he had made glowing hot, and pour upon them boiling water from the vessel in which it was boiled, and then roll the cask in order that it be purged everywhere. The casks commonly used that are made of many staves confined by hoops, if they had contained leaven such as brandy, or if flour was kept therein, cannot be made valid by purging.

ח. כל דבר שצריך הגעלה לא מהניא ליה קליפה, אלא דוקא הגעלה.

ט. כל כלי שאי אפשר לנקותו היטב, כגון הנפה וכים של רחיים, וכן סלים שמשתמשים בהן חמץ וריב-אייזען, וכן כלי שפיו צר ואי אפשר לשפשפו מבפנים, או שיש לו קנים, לא מהניא ליה הגעלה.

י. התיבות שמצניעים בהם אוכלים כל השנה, ולפעמים נשפך שם מרק מן הקדירות, צריכין הכשר קל, דהיינו שמערין עליהן רותחין. ודוקא מתוך הכלי שהרתיחו בו את המים. ולא יזרוק את המים אלא ישפכם עליו בקילוח. והשלחנות נוהגין גם כן ללבן אבנים ומניחים על השלחן, ושופכין עליהן רותחין, ומוליכין את האבנים ממקום למקום, באופן שיהיו מים רותחים על פני כולו. וצריכין לשפשפן מקודם, ואחר מעת לעת יכשירום.

יא. ידות הכלים צריכין גם כן הכשר. ומכל מקום אם אינו נכנס לתוך היורה, יכול להכשיר את היד בשפיכת רותחין עליו.

יב. כל כלי שתיה וכלי המדות צריכין גם כן הגעלה. וכלי זכוכית לא מהניא להו הגעלה.

יג. אין מגעילין אלא במים, ולא יהא בהם שום תערובות, אפילו אפר וכדומה. אם הגעיל הרבה כלים ביורה עד שנעכרו המים, אין מגעילין עוד בהם.

יד. אם מגעיל על ידי צבת שמחזיק בה את הכלי צריך לרפות את הכלי ולחזור ולתופסו. וטוב יותר לשום את הכלי במחרוזה (נעטץ) או בתוך סל. ולא יניח כלים הרבה בפעם אחת לתוך הכלי שהוא מגעיל בו, כדי שלא ינעו ביחד.

טו. אין להגעיל אלא כלי שכבר עבר מעת לעת משעה שבשלו בו חמץ. וכן היורה שמגעילין בו לא יהא בן יומו. וישגיח שבכל פעם שהוא נותן את הכלי לתוך היורה יעלו המים רתיחות. ואם צריך להגעיל

שכך

8. Any article that requires purging cannot be made valid by scraping, but must be purged.

9. A vessel that cannot be thoroughly cleansed, such as a sieve, the receptacle of a mill, a basket used for leaven, and a grater as well as any vessel that has a narrow neck which makes it impossible to cleanse it from within, e.g., tubes, cannot be made valid by purging.

10. A larder in which eatables are kept the entire year and in which leakage from the pots is possible, require a slight purification, such as hot water poured upon them from the very vessel wherein it was boiled. The water should not be thrown suddenly, but poured upon the shelves and made to run all over them. Tables are best purified by having stones made glowing hot placed upon them, boiling water poured over the stones which should then be moved from place to place in such a manner that the boiling water should cover the entire surface. The table should previously be scoured, then purified at the end of twenty-four hours.

11. Handles of vessels also require purification, nevertheless if they do not protrude into the pots the pouring of water thereon is sufficient.

12. Vessels used for drinking and for measuring also require purging, glass vessels cannot be made valid by purging.

13. Purging is done only in water, and nothing should be mixed therewith, not even ashes and the like. If one had purged many vessels in one boiler, so that the water became turbid, no more purging should be done therein.

14. If one purges a vessel by means of a pair of tongs with which he takes hold of it, he should loosen its hold on the vessel, and then again take hold with it. It is better to put the vessels in a net or basket. One should not place many vessels at one time in the vessel wherein he purges them, so that they should not touch each other.

15. One should not purge a vessel unless twenty-four hours had passed since leaven was cooked therein. Likewise the boiler in which the purging is done should not have been used for leaven that same day, he should carefully observe each time that he puts a vessel in the

את היורה, אזי כשהמים מעלין רתיחות, תהא היורה מלאה. ויזרוק בה אבנים מלובנות, כדי שישטפו המים הרותחין על שפתה. ואין להגעיל רק עד חצות היום.

טז. נוהגין שאחר ההגעלה שוטפים את הכלים במים קרים.

דינים נחוצים לכל איש מישראל בפסח.

א. בערב פסח עד הלילה דין חמץ כמו שאר איסורין שבטל בששים, ולכן אם נמצא גרעין בעוף ובתבשיל זורקו והשאר מותר לאכול אפילו בפסח. אבל בתוך הפסח חמץ אוסר אפילו במשהו גם בהנאה, ובכל מקום שנמצא איזה גרעין מחמשת מיני דגן או משהו חמץ צריכין לשאול לחכם.

ב. באר מים שנמצאו בו גרעיני תבואה, אין להסתפק מזה המים אלא בדוחק גדול, כגון שאין מים אחרים בנמצא. ואם נמצא בו חתיכת פת, אסור אפילו אין מים אחרים, וגם סינון לא מהני.

ג. אין מהבהבין את העופות בקש שעם השבלים, כי חיישינן שמא יש בהן גרעין מחומץ. ולכן מהבהבין בנייר, או בעשבים, או חותכין את השבלים מן הקש. ובדיעבד מותר. ויזהר ליטול את הזפק מן העוף קודם שמהבהבין אותו.

ד. כל מיני קטניות אסורין. וכן כל פירות יבשות אסורין, אא"כ נודע שנתייבשו בחמה או בתנור, בהכשר לשם פסח. אפילו תאנים יבשים וצמוקים בין גדולים בין קטנים אסורין. וכן קליפות פאמעראנצען. ומכל מקום המשקה שעושין מהצמוקים קודם פסח, מותר לשתותו בפסח.

ה. אין ליתן לתוך התבשיל נעגעלעך וזאפרון, מפני שיש בהם חשש חימוץ. ושאר בשמים שאין בהם חשש חימוץ, וכן המלח, צריכין לבדקו אם אין בהם איזה גרעין תבואה.

שכה

boiler that the water comes up boiling hot. If it is requisite to purge the boiler, then it must be full when the water is boiling therein and hot stones should be thrown therein in order that the boiling water should overflow its border; purging should only be done until noon.

17. After the purging it is customary to wash the vessels with cold water.

Various Laws Concerning Passover Which it is Necessary for Every Israelite to Know.

1. On Passover-eve until night-fall the prohibition against leaven is amenable to the same law that governs all dietary prohibitions which is nullified if the forbidden food is but a sixtieth part of the proper food, hence if a corn-seed was found within a fowl or in victuals, it should be thrown away, and it is permitted to partake of the rest even during Passover. But as during the Passover even a particle of leaven makes food prohibited, even to benefit thereby, thus wherever a corn-seed of the five species of grain is found, or any particle of leaven, it is necessary to consult the ecclesiastical authorities.

2. If corn seeds were found in a well, the water thereof should not be used unless in a case of urgent necessity, e.g., if no other water can be obtained, but if a piece of bread was found therein, its use is forbidden even if there is no other water, and straining does not avail to make it fit for use.

3. Poultry should not be singed with straws bearing ears of corn, as it is apprehended that a leavened grain may be amongst them, hence, singeing is done with paper or herbs, or the ears of corn are detached from the straw, if, however, by inadvertence the singeing was done, it does not invalidate the poultry. One should be careful to remove the crop from poultry previous to singeing it.

4. All kinds of legumes, likewise all kinds of dried fruits are forbidden unless it is known that they were dried in a proper manner by the sun, or in a stove that was made proper for the use of Passover. Even dried figs and raisins are forbidden, whether they are large or small, also the rinds of oranges, nevertheless it is permitted to drink during Passover a beverage prepared from raisins that was made before Passover.

5. Neither cloves nor saffron should be put in victuals, as there is a taint of leaven about them, other spices in which there is no taint of leaven, salt included, should be carefully examined to see if there is not a corn-seed therein.

ו. דבש אין אוכלין אלא מה שלא נתרסק, או שנתרסק על ידי
ישראל לשם פסח.

ז. בשעת הדחק, כגון לצורך חולה או זקן, מותרין לאפות מצות
עם מי ביצים, או שאר מי פירות, כגון חלב יין וכדומה והיא נקראת
מצה עשירה, ובלבד שיזהרו שלא יתערב בהם אפילו מעט מים. אבל
בשתי לילות הראשונות צריכין לאכול מצה ממש, ואין יוצאין במצה
עשירה. ושלא לצורך גדול אסור לאפות מצה עשירה אפילו קודם פסח
לשם פסח.

ח. הנותן תבואה או מורסן לפני עופות, יזהר לתתם במקום יבש
שלא יתלחלחו. אבל לבהמה אסור ליתן מורסן, כי יתלחלחו מן הרוק. וגם
אם נותן להם תבואה יזהר לתת להם מעט מעט, שלא ישאירו מלוחלחים.
ואם השאירו, יבערם מיד.

ט. בערב פסח משעה שהחמץ נאסר בהנאה, וכן בכל ימי הפסח
אסור ליהנות אפילו מחמצו של אינו יהודי. ולכן אסור לישראל להוליך
או לשמור חמצו של אינו יהודי. ומכל שכן דאסור לקנות חמץ בשביל
אינו יהודי, אפילו במעותיו של אינו יהודי. וכן אסור להשכיר אז לאינו
יהודי בהמה שתביא לו חמץ, או חדר לשום בו חמץ. אבל מותר להשכיר
לו בהמה לשבוע של פסח בסתם. וכן מותר להשכיר לו חדר שידור בו
בפסח אף על פי שיודע שיכנים לתוכו חמץ.

י. אסור למסור אפילו זמן הרבה קודם פסח בהמתו לאינו יהודי
כשיודע שיאכילה חמץ בפסח.

יא. מותר לומר למשרתו אינו יהודי, הא לך מעות וקנה לך
מזונות ואכול אף על פי שהוא יודע שיקנה חמץ. ובשעת הדחק מותר
לו גם כן לאמר לו, צא ואכול אצל אינו יהודי ואני אפרע לו. או לאמר
לאינו יהודי אחר, תן למשרתי לאכול ואני אשלם לך. אבל אסור להקדים
לו את המעות בשביל מה שיתן למשרתו.

שבו

6. Honey should not be partaken of excepting of that which was not detached from the combs, or of that which was not detached by an Israelite especially for the use of Passover.

7. In a case of necessity, as for instance for the requirements of a sick or an aged person it is permitted to take unleavened bread with extract of eggs or other fruit extracts such as milk, wine and so forth. This is called מצה עשירה (unleavened bread prepared in a rich manner) care, however, should be taken not to mingle any water with it, no matter how little, but on the first two nights of Passover only the actual unleavened bread should be partaken of, and one does not fulfil one's obligation with מצה עשירה. Where there is no great necessity it is forbidden to bake מצה עשירה even before Passover for use during Passover.

8. One who places corn or bran before fowls should be careful to put them in a dry place so that they should not become moist, but it is forbidden to give bran to cattle, as it becomes moist from their saliva, and if one does give them corn, he should be careful to give a little at a time so that they leave none that is moist, and if any were left it should be instantly burnt.

9. On Passover-eve from the time when it is forbidden to benefit by leaven as well as during the entire Passover, it is forbidden to benefit even by the leaven of a non-Jew, hence an Israelite is forbidden to transport or to guard the leaven of a non-Jew, and it is assuredly forbidden to purchase leaven for a non-Jew even with the non-Jew's money. It is also forbidden to hire a beast to a non-Jew for the purpose of carrying leaven, or to rent him a room for the purpose of keeping leaven therein, but it is permitted to hire him a beast for the Passover week without any stipulations, it is also permitted to rent him a room to live in during Passover, although he knows that he will bring in leaven.

10. One is forbidden to deliver his beast to a non-Jew, even a long time before the Passover, if he knows that he will feed it with leaven on the Passover.

11. It is permissible for one to say to his non-Jewish domestic on the Passover, "here is money, go buy yourself some food and eat," although he knows that he will buy leaven. In a case of necessity, one is also permitted to say "go and eat by the non-Jew, and I will pay him," or to say to another non-Jew "Give my domestic something o eat and I will pay you," but he is forbidden to pay him the money in advance for whatever he will give to his domestic.

יב. מי שהוא צריך להאכיל לתינוק חמץ, ישאהו אל האינו יהודי ויאכילהו האינו יהודי חמץ, ויפרע לו הישראל אח״כ. אבל הישראל לא יאכילהו חמץ. ואם התינוק מסוכן, הכל מותר.

דיני הכנת הסדר.

א. מצוה להדר אחר יין יפה (בין במראהו בין בטעמו) למצות ארבע כוסות. ולטיבול הראשון שהוא כרפס, יקח מין פרי אדמה. ולמרור יש ליקח (סאלאטא) או תמכא (חריין). וכיון שהוא חריף מאד יכולין לפררו, רק שיזהרו שלא יפוג לגמרי. ויש לפררו כשבאין מבית הכנסת, ובשבת יש לפררו קודם הלילה, ויכסהו עד הלילה.

ב. כל המינים שיוצאין בהם מצטרפין זה עם זה לכזית, ויוצאין בין בעלין בין בקלחין, אבל לא בשרשים הקטנים המתפצלים לכאן ולכאן. אבל השורש הגדול שבו נדלים העלים, אף שהוא טמון בקרקע, הרי הוא בכלל קלח. ומכל מקום טוב יותר ליטול העלים והקלח היוצא חוץ לקרקע. העלים אין יוצאין בהם אא״כ היו לחים, אבל הקלחים יוצאין בהם בין לחים בין יבשים, אך לא במבושלין או כבושין.

ג. יש לעשות החרוסת מתאנים, אגוזים, תמרים, רמונים, תפוחים, שקדים, קנמון וזנגביל. וצריך שיהיה עב, ובשעה שהוא צריך למבול את המרור ישפוך לתוכו יין או חומץ שיהיה רך, וגם שיהא ראוי לטבול בו. ובשבת לא ישפוך את היין או את החומץ לתוך החרוסת, אלא יתן את החרוסת לתוך היין או החומץ, ואת המי מלח יעשה מערב יום טוב, ואם עושהו ביום טוב יתן תחלה המים ואח״כ המלח.

ד. בשעת אמירת ההגדה צריך שיהיה על השולחן בשר מפרק הנקרא זרוע, צלויה על הגחלים, גם ביצה צלויה או מבושלת. ויש לצלותן או לבשלן מערב יום טוב בעוד יום. ואם לא צלאם או בשלן מבעוד יום, יצלה ויבשל אותם בלילה ביום טוב, אך אם כן יאכלם ביום טוב

שכז

12. If it is necessary for one to feed a child with leaven, the child should be carried to a non-Jew and the non-Jew should give it the leavened food, the Israelite should pay him afterwards. The Israelite should not himself feed the child with the leaven, but if the child is in a dangerous condition, everything is permitted.

LAWS RELATIVE TO PREPARING THE "SEDER" (סדר).

1. It is mandatory to acquire choice wine of a fine appearance and rich flavour wherewith to perform the precept of drinking four goblets. For the first dipping termed "Carpas" כרפס one should take a species of fruit which grows on the ground. For the bitter herbs one should take salad or horse-raddish, but inasmuch as the latter is very pungent, it may be grated, care, however, should be taken that it become not entirely tasteless, therefore it might be grated on arriving from the synagogue, but on the Sabbath it should be grated before night, and kept covered until the night.

2. All the species valid for the precept can be counted together to make up the size of an olive (כזית) and either the leaves or stems can be used, but not the growing roots which peel off here and there, the large root, however, upon which the leaves grow, although it is hidden in the earth, is classed with the stem. Nevertheless, it is best to take the leaves and the stem which protrude above the ground. The leaves are not valid for the precept unless they are tender, but the stems are valid whether they are tender or dry, but not if cooked or pickled.

3. The "Charoseth" (חרוסת) should be made of figs, nuts, dates, pomegranates, apples, almonds, cinnamon and ginger. It should be mixed thickly, and when necessary to dip the bitter herbs therein, one should pour in wine or vinegar in order that it be soft and fit for dipping therein. On the Sabbath one should not pour the wine or vinegar in the "Charoseth," but one should put the "Charoseth" in the wine or vinegar. The salt water should be prepared on the eve of the Holiday, and if one makes it on the Holiday he should first pour in the water then add the salt.

4. During the recital of the Hagadah it is necessary that there should be on the table the meat from the part called the shoulder which has been broiled over the fire, also a fried or cooked egg, prepared on the Passover-eve while it is yet day, if, however, one did not fry or cook them while yet day, it may be done at night on the Festival in which case he should eat them on the first day of the Festival. Likewise on the second night, if he fried or cooked them on

ראשון. וכן בליל שני צלאם או בשלם ביום טוב, יאכל אותם ביום טוב
ביום, כי אין מבשלים מיום טוב לחבירו, וכל שכן מיום טוב לחול, ולפי
שאין אוכלין צלי בלילי פסחים, לכן אם צלאם ביום טוב יאכלם למחר.
ואף כשצלאין בערב יום טוב אין לורקם אחר כך, אלא יתגם ביום טוב
שני תוך המאכל שמבשלים ויאכלם.

ה. יכין מושבו מבעוד יום במצעות נאות כפי יכולתו, ובאופן
שיוכל להטות ולהסב בשמאלו. ואפילו הוא איטר ישב בשמאל של כל
אדם. גם את הקערה יכין מבעוד יום, כדי שמיד בבואו מבהכ"נ יכול
לעשות את הסדר בלי עיכוב. וטוב להרבות בכלים נאים כפי כוחו,
אפילו הכלים שאינן צריכין לסעודה, ויסדרם יפה על השולחן להיות
לנוי ולחירות.

ו. סדר הקערה כך היא, מניח שלש מצות על הקערה ופורס
עליהם מפה נאה ועליה מניח את הזרוע נגד הימין שלו, ואת הביצה
משמאל, מרור לברכה באמצע, חרוסת תחת הזרוע, כרפס תחת הביצה,
ומרור לכריכה באמצע.

ז. הכוסות יהיו שלימות בלי שום פגימה, ומודחות יפה, ויחזיק
לכל הפחות רביעית.

ח. מנהגינו ללבוש את הקיטל, ויכינו ג"כ מבעוד יום. ומי שהוא
אבל ר"ל אינו לובשו, אבל בהסיבה חייב, רק אם לא נהג אבילות כלל
קודם יום טוב, כגון שקבר מתו ביום טוב, נוהגין שאינו מיסב, ו„הלל"
אומר כי ההלל הוא חיוב.

ט. בן אצל אביו חייב בהסיבה, אבל תלמיד אצל רבו אינו צריך.

דיני ליל פסח.

א. מצות אכילת מצה בפסח הוא דוקא בלילה, וכן מצות ד' כוסות
היא דוקא בלילה, ולכן אין מקדשין עד שהוא ודאי לילה. ילבוש את

שכח

the Festival he should eat them on the Festival day, as it is not allowable to cook on one Festival for another, more especially on a Festival for a week-day. Now, inasmuch as roasted meat is not partaken of on the Passover nights, if he roasted it on the Festival, he should eat it on the following day. Even if it was roasted on the eve of the Festival, it should not be thrown out thereafter, but it should be placed in the victuals that are cooked on the second day of the Festival and eaten.

5. He should arrange his seat while it is yet day, using nice spreads to the full extent of his means, and place it in such a manner that he will be able to incline his body and recline on the left side. Even if he is left-handed, he should recline on the left side. The " dish " too should be set while it is yet day in order that immediately on his arrival from the synagogue he may proceed with the " Seder " without any hindrance. It is good to make use of as many beautiful vessels as one can afford, and even the vessels that he does not use for the meal he should arrange nicely on the table to beautify it and to symbolize freedom.

6. The " dish " should be set as follows : Three Matzoth should be placed upon the dish and covered with a nice cloth, near that, towards his right hand the זרוע (shank bone) should be placed, and the egg towards the left hand, the bitter herbs on which a blessing will be pronounced in the centre, the Charoseth below the shank-bone, the " Carpas " below the egg, and the bitter herbs for eating with unleavened bread in the centre.

7. The wine goblets should be whole, without any flaw, and thoroughly washed, and they should hold at least a רביעית (the capacity of one and a half egg-shells).

8. It is customary to don the ritual garment called " Kittel " which should also be prepared while yet day, but one who is in mourning should not don it but is obliged to recline. if, however he did not in any wise observe mourning before the Festival, as for instance, if he had interred his dead on the Festival, then it is not customary to recline, but he should say the Hallel, inasmuch as it is obligatory to say the Hallel.

9. The son at his father's table is obliged to recline, but the disciple at the table of his Rabbi is not required to recline.

LAWS CONCERNING THE NIGHT OF PASSOVER.

1. The precept to eat unleavened bread on the Passover is to be performed especially at night as also the precept to drink four goblets which is also to be carried out especially at night, hence " Kiddush " should not be said until it is positively night. He should don the

הקטול וישב את עצמו על מושבו לעשות את הסדר. ומצוה לחלק
לתינוקות שקדים ואגוזים וכדומה, כדי שיראו שינוי וישאלו, ועל ידי זה
יתעוררו לשאול גם כן על מצה ומרור והסיבה. ותינוק ותינוקת שיודעים
מקדושת יום טוב ומבינים מה שמספרים מיציאת מצרים, נותנין להם גם
כן כוס שישתו ממנו. נוהגין למזוג כוס אחד יותר מן המסובין, וקורין
אותו כוס של אליהו הנביא.

ב. משרתו או אחד מבני ביתו ימזוג את הכוסות. וכן בכל פעם
שמוזגין ימזגו הם ולא הוא בעצמו, כדי להראות דרך חירות. ויזהיר לבני
ביתו שישתו מכל כוס לכל הפחות את הרוב בפעם אחת. ומכוס רביעי
ישתו רביעית בפעם אחת ויכוונו כולם למצות ארבעה כוסות וסיפור
יציאת מצרים ואכילת מצה ומרור, כי גם אנשים חייבות במצות אלו, רק
בהסבה אינן נוהגות. יעשה קידוש ככתוב בהגדה, וישתה בהסבת שמאל.
וטוב אם אפשר לשתות כוס שלם מכל הארבע כוסות.

ג. אחר כך ירחוץ ידיו, ולא יברך עליהן, ומנגבן, וחותך מן הכרפס
לעצמו ולכל בני ביתו לכל אחד פחות מכזית, וטובלין במי מלח ומברכין
"בורא פרי האדמה", ומכוונין לפטור בברכה זו גם את המרור ואוכל
בהסיבת שמאל, אחר כך נוטל את המצה האמצעית וחולקה לשני חלקים,
ומניח את החלק הגדול אצל מושבו לאפיקומן, ויש לכורכו במפה, והחלק
הקטן מחזירו להקערה למקומו ומגלה קצת את המצות ומגביה את הקערה
ואומרים "הא לחמא עניא די אכלו וכו' עד לשנה הבאה בני חורין".

ד. מוזגין כוס שני וכאן הבן שואל את אביו "מה נשתנה". ואם
אין דעת בבן, אביו מלמדו. אם אין לו בן, אשתו שואלתו, ואם לאו הוא
שואל לעצמו. ואפילו תלמידי חכמים שואלים זה לזה "מה נשתנה". ואחר
כך אומרים "עבדים היינו" וכו'. והנכון לפרש לפני ביתו דברי ההגדה
בלשון שמבינים, ואם גם הוא בעצמו אינו מבין לשון הקודש, יאמר ההגדה
עם פירוש שפה המדוברת. ומכל שכן המאמר "רבן גמליאל היה אומר",
צריכין להבין את הטעם של פסח מצה ומרור. כשמגיע ל"היא שעמדה"

שבט

"Kittel" and take his seat to arrange the "Seder." It is mandatory to distribute nuts, almonds and the like amongst the children in order that they shall note the change and ask the cause, their curiosity will then lead them to enquire also the cause for having unleavened bread, and bitter herbs, and the reason for reclining. If the children have the capacity to comprehend the sacredness of the Festival, and understand what is related concerning the Exodus from Egypt, goblets of wine should be placed before them as well from which they should drink. It is customary to fill up one goblet more than the number at the table, this is called "the goblet of the Prophet Elijah."

2.   The domestic or one of the household should fill up the goblets, and whenever it is necessary they should be filled by another than himself to symbolize freedom.   He should urge his household to drink at least the greater part of each cup at one time, and of the fourth cup they should drink a רביעית at one time and they should all bear in mind that they are thus performing the precept to drink four goblets, to relate of the going out from Egypt, to eat unleavened bread and bitter herbs, as women also are in duty bound to perform these precepts, excepting the custom of reclining.   He should recite the "Kiddush" as it is written in the Hagadah, and drink while reclining on his left side.   If it is possible for one to do so, it were well to drink the entire contents of each of the four goblets.

3.   After that he should wash his hands without pronouncing the blessing, dry them, and cut up the "carpas" for himself and the members of his household, less than a כזית should be given to each, it should be dipped in salt water, and the blessing בורא פרי האדמה should be said thereon, they should bear in mind that this blessing will exempt them from saying one on the bitter herbs, he should eat thereof whilst reclining on his left side.   After that he should take the unleavened bread that lies in the middle and divide it in two parts, he should take the larger part and put it upon his seat (it is right to wrap it in a cloth) for the Afikomon.   The smaller portion he should put back in its place on the dish, the company present should then say הא לחמא עניא די אכלו until לשנה הבאה בני חורין.

2.   The cup should be filled a second time and the youngest son should ask his father מה נשתנה "Wherefore is this night different, etc." If the son has no knowledge (how to ask) his father should teach him. If he has no son the wife should ask him, otherwise he should recite the questions himself.   Even the learned should ask one of the other מה נשתנה.   After that עבדים היינו should be said, and it is proper to explain the Hagadah to the household in the language that they understand ; if he himself does not understand the Holy language, he should say the Hagadah with the translation in the vernacular, particularly the section ר' גמליאל היה אומר where it is essential to understand the reason for the pascal lamb, the unleavened bread and the bitter herbs.   At והיא שעמדה he should cover the unleavened bread

וכו' יכסה את המצות, ותולין את הכוסות בידיהם ואומרים „והיא שעמדה
וכו' עד מידם", וחוזר ומגלה את המצות, וכשמגיע למצה זו נוטל את
המחצה המצה שבקערה ומראה לבני ביתו ואומר „מצה זו". וכן ב„מרור
זה", מגביה את המרור, אבל כשאומר „פסח שהיו אבותינו אוכלים" וכו',
לא יגביה את הזרוע שהוא זכר לפסח, וכשמגיע „לפיכך" מכסה את
המצות ונוטל כל אחד את הכום בידו ומגביהו עד שחותם „גאל ישראל".
ומברכין על הכום „בורא פרי הגפן", ושותין בהסבת שמאל.

ה. אחר כך רוחצין ידיהם ומברכין „על נטילת ידים", ואוחז שתי
המצות השלימות בידיו, והפרוסה ביניהן, ומברך המוציא, ומניח את המצה
התחתונה מידיו ואוחז רק בעליונה, וגם בפרוסה, ומברך „על אכילת
מצה". ובוצע מן העליונה וגם מן הפרוסה מכל א' כחצי ביצה, (וכן הוא
נותן לכל אחד מבני ביתו) ואוכל שניהם יחד בהסבה שמאלית. ואם קשה
לו לאכלם בפעם אחד אוכל תחלה הכחצי ביצה של המוציא ואח"כ כחצי
ביצה של הפרוסה, רק שלא ישהה ביניהם כלל ויאכל שתיהן בהסיבה.
ואין טובלין את המצה במלח, לא של המוציא ולא של מצה.

ו. מי שאינו יכול ללעום מצה מותר לשרותה במים לרככה, ובלבד
שלא תהא נמחה לגמרי. ומי שהוא זקן או חולה ואינו יכול לאכלה
שרויה במים, יכול לשרותה ביין או בשאר משקים. כששורין את המצה
לצאת בה, צריכין ליזהר שלא לשרותה מעת לעת, כי אז נחשבה כמבושל,
ואין יוצאין בה. וגם צריכין ליזהר בשאר דברים שלא יפסיד דין לחם.

ז. אחר כך נוטל כזית מרור (וכן הוא נותן לכל אחד מבני ביתו),
וטובלו בחרוסת, ומנער את החרוסת מעליו, ומברך „על אכילת מרור",
ואוכלו בלא הסיבה. אחר כך נוטל מן המצה התחתונה גם כן כחצי ביצה
וגם כחצי ביצה מרור, ויטבל גם כן בחרוסת וינערו מעליו, ומניח את
המרור תוך המצה ואומר „כן עשה הלל" וכו'. ואוכל בהסיבה כמו חצי
ביצה. ומי שהוא חולה שאינו יכול לאכול מרור כלל ילעום עכ"פ קצת
של

and they should take the goblets in their hands and say והיא שעמדה until מידם, after which he should again uncover the unleavened bread. At מצה זו he should take the half Matzoh from the dish, and showing it to his household, say מצה זו. Likewise at מרור זה he should raise the bitter herbs, but when saying פסח שהיו אבותינו אוכלים he should not raise the shank bone which is commemorative of the pascal lamb. At לפיכך he should cover the unleavened bread, and they should each take their cups in their hands and hold them aloft until they conclude saying גאל ישראל, they should then say the blessing בורא פרי הגפן and drink whilst reclining on their left sides.

5. After that they should wash their hands and say the blessing על נטילת ידים he should then take the two whole Matzoth with the broken one between them and pronounce the blessing המוציא, then lay down the lower Matzoth and retain only the upper and the broken Matzoth and pronounce the blessing על אכילת מצה, then break off a piece the quantity of half an egg both of the upper and the broken Matzah (and give the same to each member of his household) he should eat both pieces whilst reclining on his left side. If it is difficult for him to eat both at one time, he should first eat the pieces on which he had pronounced the blessing המוציא, then the piece from the broken Matzah, but he should not delay between them and eat both whilst reclining, neither the Matzah of המוציא nor that of מצה should be dipped in salt.

6. One who is unable to masticate Matzah is permitted to soak it in water to soften it, providing it does not become entirely dissolved, but a sick or old person who cannot eat it if soaked in water may soak it in wine or other beverage. When soaking the Matzah wherewith one intends to fulfil his obligations, care should be taken not to let it soak for twenty-four hours, as then it would be considered as if it was cooked and the precept could not be performed therewith. Care should also be taken that it does not lose its right to be classed as bread through other means.

7. He should then take bitter herbs the quantity of an olive, (and give as much to each of his household) and dip it in Charoseth, which he should shake off therefrom and eat it without reclining, after that he should take from the Matzah on the bottom also a like quantity of a half egg and about the quantity of half-an-egg of bitter herbs, and he should also dip it in the Charoseth and shake it off therefrom and put the bitter herbs between the Matzah and say כן עשה הלל וכו' and eat about the size of half-an egg whilst reclining. One who is indisposed and cannot eat any bitter herbs should at any rate chew a little of the species with which the obligation can be

מהמינים שיוצאים בהם או שאר עשב מר, עד שירגיש טעם מרירות בפיו,
לזכר בעלמא, בלא ברכה.

ח. אחר כך אוכלין הסעודה. ויש לאכול כל הסעודה בהסיבה.
ונוהגין לאכול ביצים, ויתן דעתו בסעודתו, למען יוכל לאכול את האפיקומן
כמצותו, ולא לאכילה גסה. ואין אוכלין בשר צלי בשתי הלילות, אפילו
של עוף, ואפילו בשלוהו ואחר כך צלאוהו בקדירה, אין אוכלין. לאחר
גמר הסעודה אוכלין אפיקומן. ויש לאכול ממנו כשיעור ביצה. ועכ"פ לא
יפחות מכחצי ביצה, ואוכלו בהסיבה. ואחר האפיקומן אסור לאכול שום
דבר. ואחר כך מוזגין כוס שלישי לברכת המזון. אם אינו נקי צריך שטיפה
והדחה. ומצוה להדר שיהיה לו מזומן, אבל לא ילכו מבית לבית לצורך
מזומן ונוהגין שבעל הבית מברך בזימון, ואחר כך מברכין על הכוס,
ושותה בהסיבה. ואסור לשתות בין כוס זה לכוס חבירו.

ט. אחר ברכת המזון מוזגין כוס רביעי. ונוהגין לפתוח את הדלת
ואומרים "שפוך חמתך" וכו', אחר כך מתחילין "לא לנו" ואומרים כסדר,
וכשמגיע "להודו", אם הם שלשה, אפילו עם אשתו ובניו שהגיעו לחינוך,
יאמר הודו והשניים יענו כמו שאומרים בצבור. מן הכום הרביעי צריכין
לשתות רביעית שלם ומברכין אחריו ברכה אחרונה ואחר כך גומרין
כסדר ההגדה. ואחר הד' כוסות אסור לשתות שום משקה רק מים. אם
אין שינה חוטפתו יאמר אחר ההגדה "שיר השירים". ונוהגין בשתי לילות
הראשונות של פסח שאין קורין ק"ש שעל המטה רק פ' שמע וברכת
המפיל.

י. מי שאינו שותה יין כל השנה מפני שמזיק לו ואעפ"כ צריך
לדחוק את עצמו לשתות ארבע כוסות. ומכל מקום יכול למזגו במים או
לשתות יין צמוקים או שישתה מעד.

יא. אם נאבד האפיקומן, אם יש לו עוד מצה מאלו שנעשו לשם
מצת מצוה יאכל ממנה כחצי ביצה, ואם לאו יאכל ממצה אחרת כחצי ביצה.

שלא

fulfilled, or any other bitter herb until he will feel a bitter taste in his mouth just as a commemoration, without saying a blessing thereon.

8. The feast should then be partaken of. It is proper to recline during the entire feast. It is customary to partake of some eggs. When feasting one should bear in mind that he has to partake of the Afikoman, according to the precept, which is, not to be food in excess of his desire. Roast meat should not be partaken of on either night, not even poultry, nor even if it was first boiled and then roasted. On concluding the feast the Afikoman should be eaten. It is proper to eat thereof about the size of an egg. At any rate one should not eat less than the size of half-an-egg. It should be eaten whilst reclining. After the Afikoman it is forbidden to partake of anything. The third cup for the Grace should then be filled up but if it is not clean it requires washing and rinsing. It is mandatory to make an effort to say Grace in a company of three, but they should not go from house to house in order to look for a company to say Grace. It is customary that the Grace be said by the master of the house, after it is said a blessing should be said on the third cup which should be drunk whilst reclining. It is forbidden to drink between that and the fourth cup.

9. After Grace the wine cup is filled up for the fourth time, the door is opened according to the custom, and שפוך חמתך וכו' is said, after that they begin to recite לא לנו and continue Hallel until הודו which, if there are three, should be said by one and responded to by two, as it is said in the congregation (the same may be thus recited even where one's wife and children who had reached the age of training compose the three). A full רביעית should be drunk from the fourth cup and the ברכה אחרונה (final blessing) said thereafter, the Hagadah should then be continued until concluded. After the four goblets it is forbidden to drink any beverage except water. If one is not too somnolent, he should say the Song of Songs after the Hagadah. It is customary on the two first Passover nights to omit the reading of קריאת שמע with the exception of the section שמע and the blessing המפיל before retiring.

10. One who abstains from wine during the year because it is injurious to him should at any rate strain himself to drink the four goblets, and in any event he may dilute it with water or he may drink raisin wine or mead.

11. If the Afikoman was lost and there yet remains Matzah of that which was made for performing the precept, he should eat thereof about the size of half an egg otherwise he should eat that amount of another Matzah.

יב. מי ששכח לאכול את האפיקומן, אם נזכר קודם ברכת המזון, אף על פי שכבר נטל מים אחרונים או שאמר הב לן ונברך, אוכלו ואינו צריך לברך ברכת "המוציא". ובמ"מ יש לו ליטול ידיו ולא יברך "על נטילת ידים". לא נזכר עד לאחר ברכת המזון קודם שברך "בורא פרי הגפן" על כוס שלישי, יטול ידיו וגם כן לא יברך "על נטילת ידים" ויברך ברכת "המוציא" ויאכל כחצי ביצה ואחר כך יברך "ברכת המזון", ויברך על כוס שלישי וישתה. אבל אם לא נזכר עד לאחר שבירך "בורא פרי הגפן" על כוס שלישי, ישתה את הכום ויטול ידיו ויברך "על נטילת ידים" ו"המוציא" ויאכל אפיקומן ויברך "ברכת המזון" בלא כום.

דיני ספי־־ת העומר וימי הספירה.

א. ספירת העומר מתחילין מליל שני של פסח, וסיפרין בעמידה, ומצותה בתחלת הלילה, ובדיעבד זמנה כל הלילה. בלילי שבת ויו"ט סופרין בבהכנ"ם לאחר הקידוש, ובמוצ"ש ויו"ט סופרין קודם הבדלה. וכשחל יו"ט האחרון במו"ש שאומרים קידוש והבדלה על כוס אחד סופרין גם כן קודם, כדי לאחר את ההבדלה.

ב. אם שכח כל הלילה ולא ספר, יספור ביום בלא ברכה, ובלילות שאחר כך יספור בברכה, ואם שכח גם כל היום יספור אחר כך בכל הלילות בלא ברכה. ואם נסתפק לו אם ספר בלילה אם לא אף על פי שלא ספר ביום שלאחריו, מכל מקום יכול לספור שאר הלילות בברכה.

ג. הנשאל בין השמשות או אחר כך קודם ספירת העומר כמה מונים היום, ישיב אתמול היה כך כך, וכך, שאם יאמר כמה מונים היום, אינו רשאי לברך אחר כך על הספירה.

ד. קודם שיברך צריך שידע כמה ימים הוא בספירה, ובדיעבד אם לא ידע ופתח הברכה על דעת שיספור כמו שישמע מחבירו גם כן יצא. וכן אם ברך על דעת לספור לארבעה ימים ולאחר שברך נזכר שצריך

שלב

12. One who had forgotten to eat the Afikamon and became aware of it previous to saying Grace, although he had already laved his hands on the conclusion of the meal, or said "Let us say Grace" he may eat it without being required to say the blessing המוציא, he should at any rate wash his hands without saying על נטילת ידים. If he did not become aware of it until after Grace, before pronouncing the blessing on the third goblet he should wash his hands without saying על נטילת ידים, but he should say the blessing המוציא and eat about the amount of half-an-egg, he should then say Grace, say a blessing on the third cup and drink thereof, if, however, he only became aware of it after he had already said the blessing בורא פרי הגפן on the third goblet, he should partake thereof, he should then wash his hands and eat the Afikoman and say Grace without a cup of wine.

LAWS CONCERNING THE COUNTING OF THE OMER AND LAWS ABOUT THAT PERIOD.

1. The counting of the Omer begins from the second night of Passover. It is counted whilst standing. This precept is performed in the beginning of the night, yet the entire night is the proper time for its performance. On the nights of Sabbath and Festival, the Omer is counted in the synagogue after the Kiddush has been said. At the conclusion of Sabbath and Festival it is counted before the Habdallah is said. When the last day of the Festival occurs at the conclusion of the Sabbath when Kiddush and Habdallah is said on the one goblet, the counting is also done previously in order to say the Habdallah at the last.

2. If one had forgotten and did not count the entire night, he should count in the daytime without saying a blessing thereon, but the following night he should say a blessing when counting, but if he had forgotten to count that entire day he should count every night thereafter without saying a blessing. If he is in doubt as to whether he had counted the previous night or not, although he did not count on the following day he may nevertheless say a blessing when counting on the remaining nights.

3. If one is asked at twilight or later previous to counting the Omer, how many days are to be counted on that day, he should tell him the number of days that were counted on the previous day, for by mentioning the number of days to be counted on that day he will afterwards be forbidden to pronounce a blessing when counting the Omer.

4. Before he pronounces the blessing he should know the number of days to be counted, if, however, he did not know it, and said the blessing with the intention of counting as he will hear his neighbour count, he has also fulfilled his obligation, likewise if one said the blessing with the intention of counting four days and was afterwards reminded that he must count five days, he need not repeat the bles-

לספור חמשה, סופר חמשה ואינו צריך לברך שנית. וכן אם טעה בספירה
שהיה צריך לומר ששה ימים ואמר חמשה ימים, אם נזכר מיד סופר
כראוי ואינו צריך לברך שנית, אבל אם הפסיק קצת צריך לברך שנית.

ה. בכל יום טוב אם חל ליל ראשון בשבת שאין אומרים אז
מערבית אזי בליל שני אומרים המערבית מליל ראשון, חוץ מפסח, שאפילו
חל ליל ראשון בשבת, מכל מקום בליל שני אומרים מערבית ששייך לו,
מפני שמדבר בקצירת העומר שהיה בליל זו.

ו. אחד אנשים ואחד נשים אין עושים מלאכה כל ימי הספירה
משקיעת החמה עד לאחר ספירת העומר.

ז. בימי הספירה אין נושאין נשים ואין מסתפרין. הסנדק והמוהל
ואבי הבן מותרין להסתפר ביום שלפני המילה סמוך לערב. ולעשות
שידוכין אפילו בסעודה, מותר בימי הספירה, אך רקודין ומחולות אסור.

ח. בר״ח ובל״ג בעומר ובשלשת ימי הגבלה מותר לשא אשה.

ט. בליל א׳ דשבועות מאחרין מלהתפלל ערבית עד צאת הכוכבים.

דיני מלאכות המותרות והאסורות ביום טוב.

א. כל מלאכה שאסור לעשותה בשבת אסור לעשותה ביום טוב,
ואפילו על ידי אינו יהודי גם כן אסור. וגם ביום טוב הוא מצווה על
שביתת בהמתו. ואין בין יום טוב לשבת אלא אוכל נפש בלבד, דהיינו
לישה, אפייה, שחיטה ובישול שמותרים ביום טוב. והוצאה והבערה מותרים
ביום טוב. ואפילו שלא לצורך אוכל נפש אלא לצורך אחר.

ב. לעשות גבינה או חמאה או להעמיד חלב על ידי איזה דבר
שיתקבץ ויקפה אסור ביום טוב. וכן אסור לקלוט שומן החלב מן החלב
אלא שינית מעט על החלב התחתונה, וגם זאת אינו מותר אלא מה

שלב

sing. Likewise if one erred in counting and instead of saying "six days" said "five days," if he was immediately reminded thereof, he should count properly and is not required to repeat the blessing, but if he had paused slightly he must repeat the blessing.

5. On every Festival, if the first night occurs on the Sabbath when special Festival compositions ("Maaravith") are not said, the "Maaravith" of the first night are said on the second night, the Passover 'excepted, when even if the first night occurs on the Sabbath, nevertheless, on the second night the "Maaravith" pertaining to that night is said, inasmuch as it treats of the cutting of the Omer (sheaf) which took place on that night.

6. Neither men nor women should do any work during the days that the Omer is counted, from sundown until after the Omer has been counted.

7. One should not marry on the days that the Omer is counted, nor should one have his hair cut, but the Sandek, the Mohel and the father of the child are permitted to have their hair cut on the day before the circumcision towards evening. It is permitted to make betrothal parties, even to have a feast thereon is permissible on the days of counting the Omer, dancing and music however are forbidden.

8. On Rosh Hodesh, Log Be'Omer (the 33rd day of the Omer) and the three days before Pentecost (שלשת ימי הגבלה) one is permitted to marry.

9. On the first night of "Shevuoth" the Evening Service should be put off until the stars appear.

LAWS CONCERNING THE MANNER OF WORK PERMITTED

AND FORBIDDEN TO BE PERFORMED ON A FESTIVAL.

1. Any work which one is forbidden to do on the Sabbath, one is forbidden to do on a Festival, even through a non-Jew it is prohibited. On a Festival it is also mandatory that one's cattle repose. In the observance of a Festival it is different from the Sabbath only as regards supplying food for human beings, thus kneading, baking, slaughtering and cooking are permissible on a Festival, and carrying from place to place, also kindling a fire are all permissible on a Festival even when not required for supplying food, but for another purpose.

2. The making of cheese or butter or the curding of milk by placing something therein to cause it to coagulate is forbidden on a Festival. It is likewise forbidden to separate the cream from the milk, unless one lets some of it remain with the milk on the surface, and even in this manner it is only allowable for as much as he needs on

שהוא צריך לבו ביום, אבל לצורך מחר אסור. ואם חושש להפסד מותר
לקלוט בענין הנזכר על ידי אינו יהודי.

ג. תבלין מותר לדוכן ביום טוב על ידי שינוי, כגון שיטה את
המכתשת לצדדין או שידוך על השלחן וכיוצא בו. וכן תמכא שגוררין
אותו על המורג לא יגרור לתוך קערה כדרכו בחול אלא על מפה. וקאפעע
אין לטחון בריחים אלא ידוכו במדוכה ועל ידי שינוי, אבל טוב יותר
לעשות הכל מערב יום טוב. ודברים שאינן מפגים טעם ודאי צריכין
ליזהר לדוכן מערב יום טוב. אך אם שכח, יש להתיר גם כן על ידי
שינוי. וכל הנזכר אינו מותר אלא מה שהוא צריך לאותו היום ולא למחר.
ויש להחמיר שלא לעשות אלא מה שצריך לו עתה לאותה סעודה. וגם
בדיכת מצה יש ליזהר בזה.

ד. אסור לבקע עצים, או אפילו לשברן ביד. ואסור ללקט עצים
ממקום שהן מפוזרין.

ה. מותר לברור קטניות מה שהוא צריך לאותו היום, אבל לא
בנפה ולא בכברה, וגם לא יתנם לתוך המים כדי שיצוף הפסולת או
האוכל אלא יברור ביד וילקט מה שהוא נוח לו יותר, אם נוח לו ללקט
הפסולת ילקט הפסולת, ואם נוח לו ללקט האוכל, ילקט האוכל.

ו. קמח שכבר היה מרוקד, אלא שרוצה לרקדו שנית, יש לרקדו
על ידי אינו יהודי או על ידי שינוי, דהיינו שירקד באחורי הנפה. וכן
יעשה במצות דוכות. וקמח שעדיין לא היה מרוקד אסור לרקדו אלא
על ידי אינו יהודי ובשינוי. אסור לברור פסולת מתוך הקמח, כגון שנפל
לתוכו צרורות וכדומה. ואפילו לברור מתוך מצות כתותות את הפירורים
הגדולים אסור.

ז. לישה, מותר ביום טוב. ומכל מקום לא ימדוד את הקמה. ואם
אינו מצמצם את המדה אלא פוחת או מוסיף מותר.

שלד

that day, but it is forbidden thus to separate it for the following day. If, however, he apprehends that he will sustain a loss he may have a non-Jew separate it in the manner aforementioned.

3. On a Festival it is allowable to pound spices if done in an unusual manner, e.g., to lay the mortar on its side, or to pound them on the table and the like, likewise when rubbing horse-radish on a grater, one should not rub it in a plate in the manner usual on a week-day, but on a cloth. Coffee, too, should not be ground in a mill but crushed in a mortar and done in an unusual manner, it is, however, better to prepare all these on the eve of the Festival. Articles of food whose flavour does not spoil should surely be ground on the eve of the Festival, but if one had forgotten, they also may be prepared in an unusual manner. All of the foregoing is permitted only as much as is required for the day, but not for the morrow. One should even be scrupulous and not prepare any more than is necessary for the immediate use of the meal. In pounding "Matzah" one should also observe the foregoing rules.

4. It is forbidden to split wood or even to break it by hand. It is also forbidden to collect wood that is scattered about.

5. It is permitted to separate peas, all that one needs for that day, but not with a sieve, nor should they be placed in water in order that the worthless matter or the edibles should float on top, but he should separate them by hand and gather up what is most convenient for him. If it is easier for him to gather the worthless matter, he may gather it, and if it is easier for him to gather the edibles, he may gather that.

6. If one desires to bolt for a second time flour that had already been bolted, he should bolt it through a non-Jew or in an unusual manner, e.g., by bolting it through the back of the sieve. The same should be done with ground Matzah. Flour that was not bolted, it is forbidden to bolt excepting through a non-Jew and in an unusual manner.. It is forbidden to separate worthless matter from flour, as for instance, if some foreign substance fell therein. It is even forbidden to separate the large pieces from the broken Matzah.

7. Kneading is permitted on a Festival, nevertheless one should not measure the flour, if, however he does not measure it exactly but diminishes or increases the quantity, it is permissible.

ח. בצק מחותך שמבשלין לאכלו עם רוטב יש ללוש בערב יום
טוב, כי הישנים יותר טובים. ואם לא לש מערב יום טוב ילוש ביום טוב
על ידי שינוי, דהיינו שאם דרכו ללוש על דף ילוש על מפה על מפה וכדומה.
וגם תבשיל שאינו מתקלקל כגון פירות יבשים וכדומה, יש לבשלם
בערב יום טוב.

ט. הלש עיסה ביום טוב, מותר להפריש ממנה חלה אבל אסור
לשורפה, וגם אסור לאפותה, משום דאינה ראויה לאכילה, ואסורה גם
בטלטול, רק בעודה בידו יניחנה במקום המשתמר עד מוצאי יום טוב
וישרפנה. ועיסה שלש בערב יום טוב אסור להפריש ממנו חלה ביום טוב,
אלא אופה ואוכל ומניח קצת פת שיפריש ממנו במוצאי יום טוב. וצריך
שניח פת כדי שיפריש ממנו וישאר עוד קצת.

י. עופות שהם בביתו או בחצר העומדים לאכילה והם כבר הורגלו
בבית שאפילו יוצאין לחוץ באים לערב לביתו, מותר לצודן אפילו חוץ
לחצר לצורך יום טוב לשוחטן, אבל שלא לצורך אכילה אסור לצודן. ואם
הם חדשים שלא הורגלו, אסור לצודן אפילו לצורך אכילה, אפילו כשהן
בביתו. אך בלילה כשהן יושבין מותר לקחתן. ובכל ענין יש ליזהר
שיבררו מערב יום טוב איזה שהוא רוצה לשחוט ביום טוב. ועופות שאינן
עומדין לאכילה אלא לביצים הן מוקצה, יוני שובך ויוני עליה, אף על פי
שכבר הורגלו לבא לקניהן אסור לצודן, אפילו הזמינן מערב יום טוב.

יא. האגוד שעל רגלי העופות, לאחר שחיטה מותר לחתכן או
לשרפן. ומותר לתפור עופות שממלאין אותם. ויש להכניס את החוט בתוך
המחט בערב יום טוב. ואם לא הכניסו מערב יום טוב, אסור להכניסו
ביום טוב. ולאחר שתפרו מותר לשרוף את החוט הנשאר.

יב. דגים שבביבר, אם אי אפשר לתפסן בידים אלא בכלי, אסור
לתפסן. אבל אם אפשר לתפסן בידים מותר לתפסן אפילו בכלי. ואם יש
שם דגים הרבה צריך שיזמין בערב יום טוב זה שהוא רוצה לקחת ביום

שלה

8. The dough that is cut up in order to cook it with soup should be kneaded on the eve of the Festival, as it is improved by standing, but if one did not knead it on the eve of the Festival he may do so on the Festival in an unusual manner, thus if he usually kneaded upon a board, he should knead it on a cloth and the like, likewise victuals that do not become stale, such as dried fruits and the like should be cooked on the eve of the Festival.

9. One who kneads dough on a Festival is permitted to separate the dough-cake therefrom, but is forbidden to burn it, he is also forbidden to bake it, inasmuch as it is not right to use it as food, the handling thereof is also forbidden, but directly following the separation he should lay it down in a safe place until the conclusion of the Festival when he should burn it. It is forbidden to separate the dough-cake on the Festival, but he may bake it and partake thereof, and leave some bread from which to separate the dough-cake on the conclusion of the Festival. He should leave sufficient bread for separating therefrom and still have some left.

10. Poultry which is in one's house or yard which is to be used for food and which have been domesticated for some time, that though they go away from the house they come back in the evening, it is permissible to catch them, even if they are outside of the yard, for the requirements of the Festival in order to kill them, but if not for the requirements of food it is forbidden to catch them. If they are new and unused to the house it is forbidden to snare them even for the requirements of food, and even while they are within the house, but at night as they are sitting it is permitted to take them; but care should be taken on the eve of the Festival to select those which it is intended to kill on the Festival. Poultry which is not kept for food but for laying purposes are "set apart" (and not to be handled). It is forbidden to snare even those domesticated doves who are accustomed to come to their nests, although he had them in readiness from the eve of the Festival.

11. It is permitted to cut or burn the cord from the feet of poultry after they were killed. It is also permitted to sew stuffed poultry providing the needle is threaded on the eve of the Festival. If it was not threaded on the eve of the Festival it is forbidden to thread it on the Festival. After it was sewn it is permissible to burn the remaining thread.

12. It is forbidden to catch fish from a fish pond if it is impossible to catch them with one's hands, if, however, one is able to catch them with one's hands he is permitted to catch them even with a vessel. If there are many fishes there he should prepare on the

מוב שיעשה בו איזה סימן. ואם צריך לכולם יזמין את כולם, דהיינו שיאמר בערב יום טוב כל אלו הדגים אני מזמין ליום טוב.

יג. ספק צידה וספק מוכן אסור, ולצורך גדול יש להקל ביום טוב שני, אך לא בראש השנה.

יד. כל בעלי חיים מוקצין אסור להשקותן או ליתן להם מזונות בסמוך להם אלא ברחוק קצת.

טו. שחט עוף ונמצא טריפה, אסור לטלטלו כמו שאר מוקצה, אבל אם שחט בהמה ונמצאת טריפה מותר להצניעה במקום שלא תתקלקל, ואם אי אפשר להצניעה שלא תתקלקל מותר למוכרה לאינו יהודי, באופן שלא יקצוץ דמים ולא ישקול.

טז. אין לשחוט בהמה ביום טוב אלא לצורך גדול. ואסור למכור את הבשר במשקל, ולא בקציצת דמים, אלא נותן לו איזה חלק סתם, ולאחר יום טוב ישלם לו.

יז. השוחט בהמה, טוב שלא לבדוק את הריאה עד לאחר שיפשיט את העור. ומותר לטלטל את העור מבהמה ששחטה היום כדי להצניעה, אבל לא לשטחה ליבשה. ושאר עורות אסורין בטלטול. וכן הנוצות מעוף ששחט היום מותר לטלטלן להצניען, אבל שאר נוצות אסור לטלטלן.

יח. מותר למלוח בשר להכשירו מדמו, אפילו היה אפשר למלחו מאתמול. ודוקא אם יש בו לצורך היום. ואם יש לו בשר יותר והוא מתירא שלא יתקלקל, מותר למלוח הכל ביחד, אפילו הרבה גם מה שאינו לצורך היום, דהכל חדא טרחא. אבל בשר שכבר נמלח מדמו, וכן דגים שהיה אפשר למלחן בערב יום טוב אסור למלחן ביום טוב.

יט. כשעושה מעשה אופה ביום טוב אסור לעשות בו ציורים על ידי דפוס או ביד.

כ. אסור לחמם נר של שעוה או של חלב לדבקו במנורה או בכותל שמא ימחה. ואם השפופרת ממולא בחלב מותר לנקותו.

שלו

Festival-eve, that which he desires to take on the Festival by making a certain sign thereon, and if he needs all, he should prepare all, that is, he should say on the Festival-eve, "I prepare all these fishes for the Festival."

13. It is forbidden to use that of which there is a doubt as to its being snared or prepared, but if very necessary this law may be relaxed on the second day of the Festival, but not on Rosh-Hashana.

14. It is forbidden to give to drink or feed any living creature that is "set apart" when close to it, it should be done at a slight distance.

15. If one had killed poultry and then found it unfit for use, מרפה, he is forbidden to handle it as it is like any other thing that is "set apart," if, however, he slaughtered an animal and it was found unfit for use, he is permitted to hide it where it will not get spoiled but if he cannot hide it where it will not get spoiled, he is permitted to sell it to a non-Jew, providing he does not mention the price and does not weigh it.

16. An animal should not be slaughtered on a Festival unless it is very necessary. It is forbidden to sell the meat by weight and at a fixed price, but one can give another any quantity on payment after the Festival.

17. It is proper for one who slaughters an animal not to examine the lung until after he strips the skin, and he is permitted to handle the skin of an animal that he had slaughtered that day in order to put it away, but not to spread it out to dry, but it is forbidden to handle other skins. It is also permitted to handle the feathers of a fowl which was killed on that day in order to put them away but it is forbidden to handle other feathers.

18. It is permitted to salt meat to purify it of its blood even if it was possible to salt it on the previous day, providing it is needed on that day, and if he has more meat which he fears might be spoiled, he is permitted to salt it all together, even if it is a large quantity and it is not required for that day as it is all the same labour. Meat, however, that was salted and cleansed of its blood and fish that it were possible to salt on the eve of the Festival it is forbidden to salt on the Festival.

19. When baking pastry on a Festival it is forbidden to make figures thereon through a mould or by hand.

20. It is forbidden to warm a wax or tallow candle in order to make it stick to the candlestick lest he plasters it. If the socket of the candle-stick is filled with tallow he is permitted to clean it.

כא. אסור לכבות אש ביום טוב, ואפילו גרם כיבוי אסור. ולכן אסור להעמיד נר דולק במקום שיכול לנשב הרוח ולכבותו, ואף על פי שעתה אין הרוח מנשב. וכן אסור לפתוח דלת או חלון כנגד הנר הדולק.

כב. מותר לכסות את האש בכלי או באפר מוכן, ואף על פי שאפשר שיכבה קצת על ידי הכיסוי. ודוקא לצורך אותו היום.

כג. אין מגעילין ואין מלבנין כלים שנאסרו. ודין הרחת כלים ביום טוב כמו בשבת. ואסור להדיחן מים טוב ראשון ליום טוב שני.

כד. מותר לחמם מים לרחוץ ידיו אבל לא כל גופו. ולצורך תינוק יכולין להרבות בשבילו, דהיינו כשצריכין קצת מים לבישול מותר לחמם אפילו יורה גדולה, רק שיתן כל המים קודם שהעמידו על האש ולא יוסיף אחר כך. ואם התינוק חולה קצת מותר לחמם בשבילו עד ידי אינו יהודי.

כה. אסור להוציא אש בין מאבן, בין מזכוכית, בין מעצים הנעשים בגפרית (מעטש), ואפילו להגיע עם (מעטש) לברזל חם אסור. רק בגחלת בעור מותר להבעיר המעטש.

כו. לפזר מיני בשמים על הגחלים, בין להריח בין לגמר את הבית או כלים, אסור.

כז. דברים שאסור לעשותן בשבת משום רפואה לחולה שאין בו סכנה, גם ביום ראשון של יום טוב וכן בשני יו"ט של ראש השנה אסור לעשותן כי אם על ידי אינו יהודי, אבל ביום טוב שני מותר לעשותן גם על ידי ישראל. אבל מלאכה גמורה אסור לעשות לחולה שאין בו סכנה אפילו ביום טוב שני, כי אם על ידי אינו יהודי.

דיני מוקצה ביום טוב.

א. כל מוקצה האסורה בטלטול בשבת אסורה גם ביום טוב. וביצה שנולדה ביום טוב אסורה אפילו בטלטול, אבל מותר לכסות עליה כלי

שלז

21. It is forbidden to quench a fire on a Festival, it is even forbidden to cause it to be quenched, consequently it is forbidden to place a lighted candle where the wind may blow it out even if there is no wind blowing at the time; it is likewise forbidden to open a door or window opposite a lighted candle.

22. It is permitted to cover the fire with a vessel or with ashes that were prepared previously, although it is likely that it may be slightly quenched by being covered, providing it is necessary for that day.

23. Vessels which are forbidden to be used should be neither purged nor glowed on a Festival. The law concerning the washing of dishes on a Festival is the same as on the Sabbath. It is forbidden to wash them on the first day of the Festival for the use of the second day of the Festival.

24. It is permitted to heat water wherewith to wash one's hands, but not for the entire body, but when required for an infant, a larger quantity may be heated for his own use, thus although only a little water is needed for cooking, it is permitted to heat even a large boiler, but all the water should be poured in before placing it upon the fire, and nothing added thereafter. If the child is ailing it is permitted to heat the water for his sake through a non Jew.

25. It is forbidden to draw fire either from a flint, a piece of glass, or a match, it is forbidden even to ignite the match by putting it near a hot iron, but it is permitted to ignite the match upon a live coal.

26. It is forbidden to scatter spices upon the coals either for inhaling the odour or for perfuming the house or vessels.

27. All things which one is forbidden to do on the Sabbath as a remedy for one who is sick but not in danger, are also forbidden to do on the first day of a Festival, also on the two days of Rosh-Hashana, except through a non-Jew, but on the second day of the Festival one is permitted to do it through an Israelite as well, but a complete work one is forbidden to do for a sick person who is not in danger even on the second day of a Festival except through a non-Jew.

LAWS CONCERNING THINGS "SET APART" מוקצה ON A FESTIVAL.

1. Everything that is "set apart" and forbidden to be handled on the Sabbath is forbidden also on a Festival. An egg which was laid on a Festival is forbidden even to be handled, but it is permitted

שלא תשבר. ואם נולדה ביום ראשון מותרת ביום שני, ואם יום טוב שני הוא שבת אסורה גם בשבת. וכן אם יום ראשון הוא שבת ונולדה בו, אסורה גם למחר שהוא יום טוב שני. וכן שבת הסמוך ליום טוב, בין לפניו בין לאחריו, נולדה בזה אסורה בזה, ובראש השנה גם אם נולדה ביום ראשון אסורה גם בשני. ואם חל ראש השנה ביום חמישי וביום ששי, אפילו נולדה גם ביום ראשון של יום טוב, אסורה גם בשבת. שחט תרנגולת ומצא בה ביצים אפילו הן גמורות מותרות אפילו בו ביום.

ב. עצים לא התרו בטלטול אלא לצורך הסקה, אבל שלא לצורך הסקה אסורים בטלטול. ולכן אין סומכין את הקדרה ולא את הדלת בבקעת.

ג. אפר שנשרפו מערב יום טוב מותר לטלטלו ביום טוב, ואם הוסק ביום טוב אם הוא עדיין חם מותר לטלטלו. אבל אם נצטנן אסור בטלטול.

דיני ברכת כהנים.

א. מצוה מן התורה על הכהנים שיברכו את העם, וכל כהן שהוא כשר לכהונה וקוראין אותו לעלות ולברך ואינו עולה, עובר בעשה. ונהגו בכל מדינות חוץ לארץ (לבד בארץ ישראל ובמצרים שנושאין הכהנים שם כפיהם בכל יום) שאין נושאין כפיהם אלא בחזרת הש"ץ של מוסף ביום טוב, וכן בראש השנה ויום הכפורים. וביום טוב שחל בשבת ישנם מנהגים שינים, וישאלו לחכם.

ב. אין נשיאת כפים אלא בעשרה, והכהנים מן המנין. וקודם נשיאת כפים לא ישתה הכהן לא יין ולא שאר משקה ממשקאות המשכרין. ואם לבו חלוש ורוצה לאכול פת כיסנין קודם מוסף, ישמע קידוש מאחר.

ג. קודם ברכת כהנים יחלוץ הכהן מנעליו ואח"כ יטול ידיו עד הפרק, שהוא חבור היד והזרוע, והלוי יוצק את המים על ידי הכהנים,

to cover it with a vessel to keep it from breaking. If it was laid on the first day of the Festival its use is permitted on the second day, but if the second day is on the Sabbath its use is prohibited on that day. Likewise if the first day on which it was laid is Sabbath its use is prohibited also on the following day (the second day of the Festival) also whenever the Sabbath is next to the Festival, whether preceding or following it, if laid on one day its use is prohibited on the other day. On Rosh Hashana, if laid on the first day its use is prohibited also on the second day. If Rosh-Hashana occurs on Thursday and Friday, even if it was laid on the first day, its use is prohibited also on the Sabbath. If one had killed poultry and found eggs within, even if they are perfect, their use is permitted even on the same day.

2. The handling of wood is permitted only when required for kindling a fire, but when not required for burning it is forbidden to handle it, therefore one should not support a pot or a door with a wooden wedge.

3. It is permitted to handle on a Festival the ashes of wood that was burned on the eve of the Festival, and if it was from a fire made on the Festival, if the ashes are still hot it is permitted to handle it, but if it became cold it is forbidden to handle it.

LAWS CONCERNING THE BENEDICTION OF THE PRIESTS (כהנים).

1. It is mandatory upon the Priests, according to the Torah, to bless the people, thus if a Priest who can validly perform the functions of Priesthood (כהונה) is called to go up and bless the people and he does not go he transgresses a positive precept. It is customary in all countries except Palestine and Egypt (where the Priests daily raise their hands in benediction) not to raise their hands in benediction excepting on a Festival during the Reader's repetition of the Additional Service, likewise on Rosh-Hashana and the day of Atonement. Regarding a Festival that falls on the Sabbath there are various customs, therefore the ecclesiastical authorities should be consulted.

2. The Priests should not raise their hands in benediction excepting in a congregation of ten, themselves included. Previous to raising his hands in benediction the Priest should not drink wine nor any other intoxicating beverage, and if he feels weak and desires to partake of some cakes previous to saying the Additional Services he should hear another say the Kiddush.

3. Before the Priests pronounce the benediction, they should divest themselves of their boots, then lave their hands until the wrist. A Levite should pour water upon the hands of the Priests, the water being poured at the junction of hand and arm. If no Levite be present a first-born son, the first-born of his mother should pour the water, and

אם אין שם לוי יצוק בכור פטר רחם. ואם גם בכור אין שם מ‫ט‫ב‫
שהבהן בעצמו יצוק ולא יצוק ישראל. הלוי או הבכור אשר יצוק מים
על ידי הכהנים אם אין ידיו נקיות יש לו לרחוץ ידיו תחלה.

ד. כשהש״ץ מתחיל „רצה״ צריכין כל הכהנים לעקור ממקומותיהם
לעלות לדוכן עם ידים ראויות לברכה, לכן יטלו ידיהן קודם רצה,
ובדיעבד גם אם נטלו ידיהם אחר כך שפיר דמי.

ה. כשעלו לדוכן עומדים ופניהם כנגד הארון הקודש שבמזרח
ואומרים „מודים״ דרבנן עם הצבור, ואחר כך אומרים: „יהי רצון
מלפניך ה׳ אלהינו שתהא ברכה זו שצויתנו לברך את עמך ישראל
ברכה שלימה ולא יהא בה שום מכשול ועון מעתה ועד עולם״, ומאריכין
בתפלה זו עד שיכלה הש״ץ „ולך נאה להודות״ כדי שיענו הצבור אמן
גם על תפלה זאת. הש״ץ אומר „או״א ברכנו בברכה״ וכו׳ בלחש
ותיבת „כהנים״ אומר בקול רם ובזה הוא קורא את הכהנים שיברכו
ושוב אומר בלחש „עם קדושיך כאמור״. ולאחר שקרא הש״ץ „כהנים״,
מתחילים כהנים, ומברכים כולם ביחד: „ברוך אתה ה׳ אלהינו מלך
העולם אשר קדשנו בקדושתו של אהרן״, והופכין פניהם כלפי העם
ומסיימים את הברכה: „וצונו לברך את עמו ישראל באהבה״, ועונין
הצבור „אמן״, אבל הש״ץ לא יענה אמן. מה שאומרים באהבה הוא
לאפוקי שאם הצבור שונאים את הכהן או הכהן שונא את הצבור, לא
ישא את כפיו, ועל כן יש לו לצאת מבהכ״נ. אם אין בבהכ״נ אלא
כהן אחד אינו אומר הש״ץ כהנים בקול רם אלא הוא מעצמו מחזיר
את פניו.

ו. מגביהים את ידיהם נגד כתפיהם, ופושטים אותם, וחולקין
אצבעותיהם שיהיו ביניהם ה׳ אוירים, דהיינו בין ב׳ אצבעות לב׳ אצבעות
אויר אחד, ובין ב׳ אצבעות לאגודל ג״כ אויר אחר, וכן ביד השניה הרי
ד׳ אוירים, ובין אגודל לאגודל ג״כ אויר א׳ הרי חמשה אוירים. וצריך

שלט

if there be no first-born, it is best for the Priest to do the laving himself, and not to have it done by an Israelite. If the hands of the Levite or first-born who is to pour water upon the hands of the Priests are unclean, he should previously wash his hands.

4. When the Reader begins the prayer רצה all the Priests should leave their seats in order to go up to pronounce the benediction, and their hands should then be proper to raise in benediction, they should therefore lave their hands before רצה, if, however, they laved their hands thereafter, it is also valid.

5. After going up to pronounce the benedictions, they stand facing the Holy Ark in the east and say מודים of the Rabbins with the congregation after which they say יהי רצון מלפניך ה' אלהינו שתהא ברכה זו שצויתנו לברך את עמך ישראל ברכה שלימה, ולא יהא בה שום מכשול ועון מעתה ועד עולם they prolong the chanting of this prayer until the Reader concludes with ולך נאה להודות in order that the congregation should respond אמן also to this prayer. The Reader says או"א ברכנו וכו' in an undertone, but the word כהנים he says aloud as that is a call to the Priests to pronounce the benedictions, then he resumes in an undertone עם קדושיך כאמיו. After the Reader has called כהנים the Priests begin the benedictions, all say in unison ברוך אתה ה' אלהינו מלך העולם אשר קדשנו בקדושתו של אהרן then, turning their faces toward the people, they conclude וצונו לברך את עמו ישראל באהבה to which the congregation responds אמן, but the Reader should not respond אמן. From the conclusion of the blessing with the word באהבה signifying " with love," it is inferred that if the congregation hate the Priest or *vice versa* he should not raise his hands in benediction, he should therefore leave the synagogue. If there is only one Priest in the synagogue the Reader should not say כהנים in a loud voice, but the Priest should himself turn his countenance.

6. They raise their hands toward their shoulders and spread them out, and separate their fingers so that there be five open spaces between them, thus, between each two fingers there is one open space, and between two fingers and the thumb there is another open space, the same with the other hand, making four open spaces, between the two thumbs there is also an open space, which makes five open spaces. It is requisite to raise the right hand slightly above the left, the right

להגביה יד הימנית קצת למעלה מהשמאלית, ויהא אגודל ימין על אגודל שמאל, אבל לא יגעו זה בזה, ופורשין כפיהם שיהיה תוך כפיהם כנגד הארץ ואחורי ידיהם כנגד השמים.

ז. בשעה שהכהנים מברכין את העם לא יביטו ולא יסיחו דעתם, אלא יהיו עיניהם כלפי מטה כמו בתפלה והעם יכוונו לברכה, ויהיה פניהם נגד פני הכהנים, אבל לא יסתכלו בהם, וגם הכהנים בעצמם לא יסתכלו בידיהם. ונהגו לשלשל את הטלית על פניהם ויריהם, וגם הצבור משלשלין את הטלתים על פניהם שלא יסתכלו.

ח. העם שאחורי הכהנים אינם בכלל הברכה אא"כ היו אנוסים, אבל העם שמן הצדדים ולפניהם המה בכלל הברכה, ובמקום שהארון הקודש בולט מן הכותל א"כ האנשים שעומדין אצל כותל מזרחית המה מן הצדדין שאחורי הכהנים צריכין ללכת משם ולעמוד במקום שיהיו לכל הפחות מן הצדדין שלפני הכהנים, ואם א"א הרי הן כמו אנוסים יהם בכלל הברכה.

ט. הש"ץ מקרא ברכת כהנים מלה במלה, והכהנים אומרים אחריו כל מלה עד שמסיימים פסוק ראשון ועונין הצבור אמן, וכן אחר הפסוק השני ואחר הפסוק השלישי. לא יקרא הש"ץ בע"פ אלא מתוך הסדור. אלו תיבות שהכהנים הופכים בהם לדרום ולצפון, "יברכך, וישמרך", "אליך, ויחנך", "אליך, לך, שלום". ובשעה שמאריכין בנגון של התיבות שבסוף הפסיקים דהיינו וישמרך, ויחנך, שלום, אומרים הצבור (ולא הש"ץ) רבש"ע וכו' יה"ר וכו'. ולא ינגנו הכהנים אלא ניגון המיוחד. בשעה שהכהנים אומרים את התיבות אין לצבור לומר שום פסוק רק ישמעו היטב בכוונה את התיבות מפי הכהנים.

י. אחר כך מתחיל הש"ץ "שים שלום", ואז הכהנים מחזירים את פניהם כלפי ארון הקודש ואומרים "רבון העולמים" וכו', ויאריכו בתפלה זו עד שיסיים הש"ץ "המברך את עמו ישראל בשלום", כדי שיענו הצבור

שמם

thumb being above the left thumb, they should, however, not touch each other and they should spread their hands so that the palms be turned toward the ground and their backs raised heavenwards.

7. When the Priests bless the people they should neither look around nor divert their thoughts, but their eyes should be directed downward as when praying, and the people should pay attention to the benedictions. They should face the Priests but they should not gaze at them, nor should the Priests themselves gaze at their hands, thus they have made it a custom to let the folds of their Talethim drop over their faces and hands and the congregation do likewise in order not to gaze (at the Priests).

8. The people standing behind the priests are not included in the benediction unless they are compelled to stand thus, but the people who stand on the sides and facing them are included in the benediction therefore where the Holy Ark projects from the wall, the people who stand near the eastern wall are at the sides which are behind the Priests and they should leave their places and stand where they can be at least at the sides which face the Priests, but if it is impossible, they are as those who are compelled to stand there and are included in the benediction.

9. The Reader recites the benedictions word for word, and the Priests repeat each word until they conclude the first verse and the congregation respond אמן, thus also after the second and third verses. The Reader should not recite from memory but from a prayer-book. At the following words the Priests turn towards the South and towards the North שלום, לך, אליך, ויחנך, אליך, וישמרך, יברכך, while the Priests prolong the chanting of the words ending the verses, that is וישמרך, ויחנך, שלום, the congregation (not the Reader) say רבש"ע, יהי רצון וכו'. The Priests should chant only in the appropriate air; when the Priests say the words the congregation should not say any verse, but should listen attentively to each word pronounced by the Priests.

10. The Reader then begins שים שלום and the the Priests turn their faces towards the holy Ark and say רבון העולמים and prolong the chanting of this prayer until the Reader concludes המברך את עמו ישראל בשלום in order that the congregation should respond אמן also to their prayer, if they cannot prolong it till then they should also say אדיר

אמן גם על תפלתם, ואם אינם יכולים להאריך כל כך יאמרו עוד „אדיר במרום". ובראש השנה ויום הכפורים שמנגנים „היום תאמצנו" וכו' לא יתחילו הכהנים רבון העולמים וכו' עד קרוב לסוף כדי שיסימו בשוה עם הש"ץ. הש"ץ והכהנים והעם לא יתחילו באמירתם טרם שיגמור הקודם לו כל האמור.

יא. כשמחזירים הכהנים את פניהם בין בתחלה בין בסוף לא יחזירו אלא דרך ימין. וכשהם יורדין מן הדוכן יהיה פניהם קצת לנגד הארון הקודש ויפסעו לאחוריהם. כשנועלין המנעלים אם נגעו בהם צריכין ליטול ידיהם.

יב. משתדלין שהש"ץ לא יהיה כהן. ואם אין להם ש"ץ עדיף ממנו ישאלו לחכם איך יתנהג בנשיאת כפים.

יג. כהן שנשא את כפיו ואחר כך הלך לבהכ"נ אחרת, אם רוצה יכול לעלות לדוכן גם כאן, ואם אינו רוצה אף ששומע קוראין כהנים אינו מחויב לעלות כיון שכבר עלה.

יד. מי שאינו יודע לחתוך האותיות היטב וקורא שין ימנית כמו שמאלית, לא ישא את כפיו, אם לא שכל הקהל קורין כן. וכל כהן שאינו נושא את כפיו יצא קודם רצה מבהכ"נ לחוץ עד שיגמרו נשיאת כפים.

טו. הרג את הנפש במזיד אפילו עשה תשובה לא ישא את כפיו, ואם הרג בשגגה ועשה תשובה נושא את כפיו. וכן מומר או מחלל שבת בפרהסיא אם עשה תשובה נושא את כפיו. נשא גרושה או חלוצה או שנטמא למת שאסור לו לטמא אליו, לא ישא את כפיו עד שיעשה תשובה על פי ת"ח. ושאר עבירות אין מונעין מנשיאת כפים. חלל אינו נושא את כפיו.

טז. אונן אינו נושא את כפיו. ואבל תוך י"ב חדש על אביו ואמו אי תוך שלשים על שאר קרובים אינו נושא את כפיו, וצריך לצאת

שמא

במרום. On Rosh Hashana and Atonement Day when היום תאמצנו is sung, the Priests should not begin רבון העולמים until that prayer is nearly concluded, in order that they conclude their prayer at the same time as the Reader. Neither the Reader nor the Priests nor the congregation should begin their respective prayers before those preceding had concluded theirs.

11. When the Priests turn their faces either at the beginning or at the end, they should turn only towards the right. When they descend on concluding the benediction, their faces should be towards the Holy Ark, they should therefore walk backwards. If they had touched their boots when putting them on they are required to wash their hands.

12. An effort should be made not to appoint a Priest as Reader but if there is none better than the Priest, the ecclesiastical authorities should be consulted as to how he should manage with raising his hands in benediction.

13. If a Priest who had raised his hands in benediction had later gone to another synagogue, he may, if he desires, go up to pronounce the benediction again, but if he is not so inclined he is not obliged to go up even if he hears the call of כהנים inasmuch as he had already gone up.

14. One who does not know how to say the letters distinctly and pronounces ש the same as ש should not raise his hands in benediction excepting where the entire congregation read the same way; a Priest who does not raise his hands in benediction should leave the Synagogue before רצה is said and remain outside until the Priests have concluded the benedictions.

15. One who had wilfully killed a human being, even if he had repented, should not raise his hands in benediction, but if he had slain unwillingly and had repented, he should raise his hands in benediction, likewise a renegade or one who had profaned the Sabbath in public, and had repented, should raise his hands in benediction. One who had married a woman put away from her husband, or a widow termed חלוצה (see Lev. xxv.) or one who became defiled by contact with the dead, for whom he is forbidden to defile himself, should not raise his hand in benediction until he will have repented as directed by a learned man. The transgressions of other precepts do not debar one from raising his hands in benediction. A son of a woman who has done any of the foregoing is also prohibited from raising his hands in benediction.

16. A mourner, before his dead was interred should not raise his hands in benediction, nor should a mourner during the twelve months of mourning for his parents, or during the thirty days for other relatives, raise his hands in benediction, but he should leave the synagogue

ודין דיני איסור הכנה מיו"ט ראשון לשני, או לחול **דת**

מבהכ"נ קודם רצה עד אחר נשיאת כפים. ואם אין בבהכ"נ שני כהנים
אחרים מותר לאבל לישא את כפיו תוך י"ב חדש על אביו ואמו ותוך
שלשים על שאר קרובים. אבל תוך שבעה כגון הקובר מתו ברגל, אפילו
אם אין שם שני כהנים אחרים, אינו נושא את כפיו.

דיני איסור הכנה מיום טוב ראשון לשני, או לחול.

א. כל המלאכות המותרות לעשותן ביום טוב, זהו דוקא לצורך
אותו היום, אבל להכין מיום ראשון ליום שני אפילו בראש השנה, ומכ"ש
ליום חול אסור, אך אם הוא צריך לבשל בשביל היום מותר לו לבשל
קדירה גדולה ויותיר גם ללילה או למחר. ודוקא בתבשיל מותר, ובלבד
שלא יאמר בפה שהמותר יהיה לצורך הלילה או לצורך מחר, אלא יבשל
סתם. אבל בשאר מאכלים שיש בהם קצת טרחא במה שהוא מוסיף,
אסור להוסיף.

ב. אפילו להביא מים, או אפילו יין לקידוש ולהבדלה, אסור
להכין. וכן אסור להעמיד את הנרות במנורה ביום טוב ראשון לצורך
הלילה, אלא אם הוא צריך להשתמש בהם גם קודם הלילה, או לכבוד
בית הכנסת.

ג. אינו יהודי שהביא ביום טוב הראשון דגים או פירות שיש לחוש
שמא נצודו או נתלשו היום, או הובאו מחוץ לתחום, אסורים היום
בטלטול, ולערב מותרים (אם האינו יהודי מכירו ונותנם לו בלא קציצת
דמים) חוץ מיום טוב של ראש השנה, שאפילו הובאו ביום ראשון. אסורים
גם ביום שני, במה דברים אמורים, אם הביאם האינו יהודי בשביל עצמי,
אבל אם הביאם בשביל ישראל, יש לאסור גם ביום טוב שני, ואך אם
חל יום טוב ביום חמישי וביום ששי, אם יש צורך גדול מותר לטלטלן
ביום ששי ולבשלן לכבוד שבת. וביום טוב של ראש השנה גם זאת אסור.

שטמב

before רצה is said until the benedictions are concluded, if, however there are not two other priests in the synagogue, the mourner is permitted to raise his hands in benediction during the twelve months' mourning for his parents, or during the thirty days for other relatives, but during the seven days, e.g, if he has interred his dead on a Festival, he should not raise his hands in benediction, even if two other Priests are not there.

LAWS CONCERNING THE PREPARATION OF FOOD ON A FESTIVAL.

1.   All work that is permitted to be performed on a Festival is permitted only if required for that day.   Preparing on the first day for the second day, even on Rosh-Hashana, especially for a week day is forbidden.   If, however, one needs to cook for that day he is permitted to cook in a large pot and leave some for the night or the morrow, this is only permitted with victuals, but it should not be said expressly that the remainder is for the night or the morrow, but cook without making mention thereof, where, however, the preparation of the victuals entails considerable labour, it is forbidden to prepare in excess of what is required for that day.

2.   It is forbidden to bring water or even wine, in order to prepare (for the following day).   It is likewise forbidden to put the candles in the candle-stick on the first day of the Festival for the requirements of the night-time unless they are needed for use before night, or in a synagogue for the honour thereof.

3.   If a non-Jew brought fish or fruit on the first day of a Festival and it is apprehended they were caught or plucked on that day or brought from beyond the Sabbath-boundary, they are forbidden to be handled on that day, but permitted in the evening (if the non-Jew knows him and gives it to him without mentioning a price) excepting on the first day of Rosh-Hashana, when if it was brought on the first day it is forbidden even on the second day.   This law applies only if the non-Jew brought it for himself, if, however he brought it for the Israelite, it should be prohibited also on the second day, and it is only when the Festival occurs on Thursday that it is permitted, if very urgent, to handle and cook it on Friday in honour of the Sabbath, but on Rosh Hashana this is also forbidden.

ד. חלב שחלבה אינו יהודי בראשון (וישראל רואהו) מותרת ביום
שני. ואם חלבה בשבת ויום ראשון הוא יום טוב אסירה ביום ראשון.
ובראש השנה אם חלבה ביום ראשון של יום טוב אסירה גם ביום שני
וגם בשבת הסמוך לו.

דיני עירובי תבשילין.

א. יום טוב (בין יום טוב ראשון, בין יום טוב שני) שחל להיות
בערב שבת, אסור לאפות או לבשל בקדירה מיוחדת מיום טוב לשבת
אלא אם עשה בערב יום טוב עירובי תבשילין, דהיינו שלוקח כזית
מתבשיל או צלי, כגון בשר, דגים, או ביצים וגם פת כביצה ומברך:
"אשר קדשנו במצותיו וצונו על מצות עירוב", ואומר: בהדין עירובא
יהא שרי לנא לאפויי ולבשולי ולאטמוני ולאדלוקי שרגא ולמיעבד כל
צרכנא מיומא טבא לשבתא. ואם אינו מבין בלשון הקודש יאמר בלשון
שהוא מבין. ויש להדר שהתבשיל יהיה מנה יפה לכבוד המצוה, וגם
הפת יהא שלום. ויניחו בשבת ללחם משנה ובסעודה שלישית יבצע עליו.

ב. יש לעשות כל צרכי שבת ביום טוב בעוד היום גדול. ולכן
נוהגין כשחל יום טוב בערב שבת מקדימין להתפלל ערבית של שבת
מבעוד יום, שיהיו זריזין למהר לגמור הכל קודם שאומרים מזמור שיר
ליום השבת. והתבשילין שמטמינין לשבת צריכין להטמינם שעוד יום גדול
שיתבשלו קודם בין השמשות לכל הפחות שליש בישולן. וצריך שיהא
העירוב קיים עד שהכין כל צרכי שבת. ואם נאבד או נאכל העירוב
ישאל לחכם.

ג. לא הותר לאפות ולבשל על ידי עירוב תבשילין אלא בע"ש.
אבל אם חל יום טוב ביום חמישי וביום ששי, אסור לבשל ולאפות ביום
ה' בשביל שבת.

4. Milk which a non-Jew milked on the first day of the Festival (in the presence of an Israelite) is permitted to be used on the second day, but if the milking was done on the Sabbath and the Festival occurs on Sunday, its use is forbidden on Sunday. The milk of the milking done on the first day of Rosh-Hashana is also forbidden to be used for the second day and also on the Sabbath if that is the next day.

LAWS CONCERNING THE MINGLING OF VICTUALS (עירובי תבשילין).

1. On a Festival (whether it be the first or second day of the Festival) that occurs on Sabbath-eve it is forbidden to bake or to cook in a separate pot for the Sabbath unless the ceremony of עירובי תבשילין was performed on the Festival-eve. It should be performed as follows : One should take the quantity of a כזית of food, cooked or roasted, such as meat, fish or eggs, also bread the quantity of an egg (ביצה) and pronounce the blessing אשר קדשנו במצותיו וצונו על מצות עירוב, then he should say בהדין עירובא יהא שרי לנא לאפויי ולבשולי ולאטמוני ולאדלוקי שרגא ולמיעבד כל צרכנא מיומא טבא לשבתא "By virtue of this Eirouv be it permitted us to bake, cook, keep the victuals warm, light the candles, and do all the work that is necessary on the Festival for the Sabbath." If one does not understand Hebrew one should say it in any language one understands. One should make an effort to let the victual be of the choicest food in honour of the precept, the bread also should be whole, it should be laid on the table on the Sabbath as two-fold bread, and at the third meal it should be divided and the blessing said thereon.

2. Everything that is necessary to be done for the Sabbath should be done on the Festival early in the day. It is therefore the custom when a Festival occurs on a Sabbath-eve to hasten and commence the Evening-service of Sabbath when it is still day so that due diligence may be observed, and that everything be promptly done before מזמור שיר ליום השבת is said. The victuals that are kept warm for the Sabbath should be done in broad daylight, that is at least one third before twilight. It is requisite that the Eirouv remain intact while all the necessaries have been prepared for the Sabbath, and if the Eirouv was lost or eaten up, the learned should be consulted.

3. Only on the Sabbath-eve is it permitted to bake or cook by means of "Eirouv-Tavshilin," if however, the Festival occurs on Thursday and Friday it is forbidden to cook and bake on Thursday for the Sabbath.

ד. כל בעל הבית צריך לעשות עירוב תבשילין בעצמו, ואפילו אשה שאין לה בעל מחויבת לעשות בעצמה. ומי שישכח מחמת אונס ולא עשה עירוב תבשילין, ישאל לחכם.

דיני כבוד וענג ושמחת יום טוב.

א. כשם שמצוה לכבד את השבת ולענגו, כך מצוה לכבד כל ימים טובים ולענגן.

ב. מצוה להסתפר בערב יום טוב, כדי שלא יכנום לרגל כשהוא מנוול. וכן מצוה לרחוץ בחמין, ולחוף ראשו, וליטול צפרניו בערב יום טוב כמו בערב שבת. וכן מצוה ללוש פת בביתו בערב יום טוב כמו בערב שבת. וכן אסור לאכול בערב יום טוב מן המנחה ולמעלה כמו בערב שבת. ואם חל ערב יום טוב בשבת, יאכל סעודה שלישית קודם מנחה קטנה. וכן הדין ביום טוב ראשון שהוא ערב יום טוב שני.

ג. חייב לאכול ביום טוב בכל יום ב' סעודות, אחת בלילה ואחת ביום, וחייב לקדש על היין קודם סעודה, ויבצע על שתי ככרות שלימות כמו בשבת, וירבה בבשר יין ומגדנות כפי יכולתו.

ד. בכל יום טוב בקידוש שבלילה אומרים לאחריו ברכת שהחיינו חוץ מליל שביעי וליל שמיני של פסח שאין מברכין שהחיינו.

ה. חייב לשמח את אשתו ובניו וכל הנלוים אליו, כל אחד כראוי לו. הקטנים נותן להם אגוזים ומגדנות, והנשים בבגדים ותכשיטים כפי יכלתו, והאנשים בבשר ויין. ויש להרבות במיני מאכלים ביום טוב יותר מבשבת, וגם בגדי יום טוב יהיו יקרים יותר משל שבת.

ו. ביום שני של פסח יש לעשות בסעודה איזה דבר לזכר סעודת אסתר שהיתה ביום זה. וביום ראשון של שבועות נוהגין לאכול מאכלי חלב, גם מאכלי דבש. וכיון שאוכלים מאכלי חלב וצריכין גם כן לאכול

4. Every master of a house is required to make "Eirouv Tavshillin" for himself. Even a woman who has not a husband is required to do so. One who forgot to make "Eirouv-Tavshilin" should consult a learned man.

LAWS CONCERNING HOW TO HONOUR, DELIGHT IN AND REJOICE
ON A FESTIVAL.

1. It is mandatory to honour all the Festivals and to take delight in them as it is mandatory to honour the Sabbath and to delight therein.

2. It is mandatory for one to cut his hair on the eve of the Festival, thus not inaugurating the Festival with an untidy appearance. It is also mandatory for one to wash oneself with warm water and to comb one's hair, also to pare one's nails on the eve of the Festival as on the Sabbath eve. It is mandatory too to knead bread in the house on the eve of the Festival as on the Sabbath-eve. It is likewise forbidden to eat on the eve of a Festival from the time of Afternoon Service and later, the same as on the Sabbath-eve. If the eve of the Festival occurred on the Sabbath, the third meal should be taken before the latest time for the Afternoon Service; this law also applies to the first day of a Festival, as that is the eve of the second day of the Festival.

3. It is obligatory to partake of two meals each day of the Festival, one at night and one in the day. It is likewise obligatory to pronounce the Kiddush upon wine before the meal and to divide the portions of two entire loaves, the same as on the Sabbath. One should be lavish with meat, wine and confectionery as far as means permit.

4. On every Festival when saying Kiddush at night, the blessing שהחיינו should be said thereafter, with the exception of the seventh and eighth nights of Passover when the blessing שהחיינו is not said.

5. It is obligatory upon one to gladden his wife and his children, also all who are dependent upon him, in the manner appropriate to each. Thus he should give the little children nuts and confectionery, and gladden the women-folk with new apparel and ornaments according to his means, and the men with meat and wine. One should fare more sumptuously on a Festival than on a Sabbath; the Festival garments should also be costlier than those of the Sabbath.

6. On the second day of Passover one should add something to the meal as a remembrance of the feast of Esther that took place upon that day. On the first day of Pentecost it is customary to partake of food prepared with milk, also with honey. Now, inasmuch as milk-food is partaken of and it is also necessary to partake of meat, it being

בשר, שהרי מצוה לאכול בשר בכל יום טוב, צריכין ליזהר שלא יבואו לידי איסור.

ז. אף על פי שהשתיה והאכילה במועדות היא מצות עשה, לא יהא אוכל ושותה כל היום כולו, אלא חציו לד' וחציו לכם.

ח. וכשהוא אוכל ושותה חייב להאכיל גם ליתום ולאלמנה עם שאר העניים האומללים. אבל מי שנועל דלתי חצירו ואוכל ושותה הוא ואשתו ובניו ואינו מאכיל ומשקה לעניים ולמרי נפש, אין זו שמחת מצוה אלא שמחת כריסו, ושמחה כזאת קלון הוא לו.

ט. כשאדם שמח ברגל לא ימשוך ביין ובשחוק ובקלות ראש, כי השכרות והשחוק וקלות הראש אינה שמחה אלא הוללות וסכלות, ולא נצטוינו על ההוללות והסכלות, אלא על השמחה שיש בה עבודת יוצר הכל.

י. כל אדם ישגיח על בני ביתו שלא יטיילו במקום שיבואו לידי קלות ראש בהתערבם עם קלי הדעת, רק יהיו קדושים כי קדוש היום.

יא. במוצאי יום טוב לחול או לחול המועד אומר בתפלה „אתה חוננתנו" ומבדיל על הכוס, אבל לא יברך לא על הנר ולא על הבשמים.

יב. יש להרבות קצת באכילה ושתיה ביום שלאחר החג בכל שלש רגלים, והוא אסרו חג. ואין מתענין בו אפילו חתן וכלה ביום חופתם, וגם יאהרציי"ט אינו מתענה באסרו חג.

דיני חול המועד.

א. חול המועד אסור בקצת מלאכות ומותר בקצתן, דהיינו כל מה שהוא לצורך אכילה בחוה"מ או ליום טוב. וכן מלאכה בדבר האבד, דהיינו שאם לא יעשנה יבוא לידי הפסד מותר לעשותה. וצריכין ליזהר מאד שלא לעשות בחול המועד מלאכה האסורה, כי החמירו רבותינו מאד

שמה

mandatory on every Festival, great care should be observed in order not to violate a prohibition.

7. Although by eating and drinking on a Festival one fulfils a commandment, yet one should not spend the entire day in eating and drinking, but should divide half to the service of God and half to his own use.

8. When one is eating and drinking, it is a duty to feed also the orphan and the widow as well as others who are in poverty, but he who locks the door of his house in order to eat and drink alone with his wife and children, and does not give food or drink to the poor, and to those whose souls are embittered, behold, this is not rejoicing in performing a precept, but gluttony, and such rejoicing is a disgrace.

9. When one rejoices on a Festival, one should not prolong in wine-drinking, jesting and levity, for drunkeness, jesting and levity is not rejoicing but mere foolishness, which is not according to the command. The rejoicing should be consistent with the worship of the Creator of the universe.

10. Every man should take care of his household lest they seek their pleasures in companionship with the thoughtless, which might lead them to levity ; they must be holy, for the day is holy.

11. At the conclusion of the Festival, when it will be followed by a week-day or by the Intermediate days of the Festival, one should say אתה חוננתנו in the silent prayer and say the Habdallah over a cup of wine, but should not say the blessing on the light nor on the spices.

12. On the day following each of the three Festivals, one should fare somewhat better than ordinarily ; that day is called אסרו חג, and there should be no fasting on that day, not even by a groom and bride on their wedding day, nor should one who observes Jahrzeit fast on אסרו חג.

Laws Concerning the Intermediate Days of a Festival.

1. On the Intermediate days of a Festival there is certain work that is forbidden and work that is permitted, thus all work necessary in the preparation of food for those days or for the Festival, as well as any work that can save one from loss, that is, if by not doing it a loss will be sustained, it is permitted to do it, but great care should be taken not to do any work that is forbidden on the Intermediate days of the Festival, for our Rabbis have taught us the severity of the sin of one profaning or despising the semi-Festivals.

בעזן המחלל או המבזה את המועדות. וחייב לכבד את ימי המועד באכילה
ובשתיה ובכסות כפי כחו.

ב. מלאכת דבר האבוד, אם לא היה אפשר לו לעשותו קודם יום
טוב מותר לעשותו בחול המועד, ויכול לעשות גם על ידי ישראל אחר
אפילו בשכר. אבל מה שאינו דבר האבוד אלא שהוא לצורך המועד אין
לעשות על ידי ישראל אחר בשכר אלא על ידי אינו יהודי. ואם אינו
מוצא אינו יהודי וגם בעצמו אינו יכול לעשות, מותר אפילו על ידי
ישראל בשכר.

ג. כל מלאכות האסורות לעשות בחול המועד, אם יש כאן ישראל
שאין לו מה לאכול, כראוי לחול המועד ויום טוב, מותר לעשותן על ידו
כדי שיהא לו מה לאכול. ומכל מקום יעשה בצנעה. ולצורך מצוה מותר
לעשותן אף על ידי אינו יהודי.

ד. אפילו מלאכות המותרות אין לעשותן בחול המועד רק בשביל
ישראל.

ה. אסור לזבל שדהו, ואפילו להכניס שם צאן בשביל שיעשו שם
זבל, אסור. וזריעה אסורה. ואם יש לו זרעים שאם לא ישקם במים יפסדו
לגמרי, מותר להשקותם.

ו. אסור לתלוש או לקצוץ שום דבר מן המחובר, אם לא יתקלקלו
(או הפסד אחר) הפירות עד לאחר יום טוב, כי אם מה שהוא צריך
לאכול במועד. ואינו צריך לצמצם, אלא תלוש בהרווחה, ואם יותיר, יותיר.
וכן עצים שהוא צריך להסקה במועד, מותר לקצצם ממחובר.

ז. אם יש לו פירות שיתקלקלו אם לא יעשה לצרכם איזה מלאכה,
מותר לעשות הכל, אפילו לדרוך ענבים לעשות יין וכדומה לזה, ובלבד
שלא יניח בכוונה מלאכתו לחול המועד.

ח. אסור להסתפר בחול המועד, אפילו הסתפר את עצמו גם בערב
שמו

It is one's duty to honour the semi-Festival by better food and by costlier attire than ordinarily, according to one's means.

2. Any work the non-performance of which would entail a loss, and it was impossible to have done it before the Festival, is permitted to do it on an Intermediate day of the Festival, it may also be done through another Israelite, even for pay. If, however, no loss be entailed, only that it is needed for the semi-Festival, it should not be done through another Israelite for pay but through a non-Jew, but if he cannot get a non-Jew and is himself unable to do it, he is permitted to have it done even through another Israelite for pay.

3. Work that it is forbidden to do in the Intermediate days of a Festival may be done through an Israelite who has not enough to eat for the Intermediate days and for the Festival, so that he might have what te eat, but it should be done privately. When the work is required for the performance of a precept it is permissible to have it done even through a non-Jew.

4. The work that is permissible should not be done in the Intermediate days of a Festival for any but an Israelite.

5. It is forbidden to manure one's field; even to let sheep therein in order that they furnish manure is forbidden. Sowing is forbidden, if, however, one has seeds which will be entirely spoiled unless one puts them in water, it is permitted to soak them.

6. It is forbidden to pull or cut off anything from whence it grows, if the fruit will not be spoiled or otherwise endangered, until after the Festival, excepting whatever he requires as food for the semi-Festival, and one need not confine himself to the exact amount, but may pull off a liberal quantity, and if there is some left it does not matter. Likewise if one needs wood to make fire on the same festival, he is permitted to chop it off from whence it grows.

7. If one has fruit which will be spoiled unless he does a certain work for it, he is permitted to do all that is necessary, even to press grapes and make wine, and what is similar thereto, providing he did not purposely leave that work for the Intermediate days of the Festival.

8. It is forbidden to have one's hair cut in the Intermediate days of a Festival, even if he had cut his hair on the eve of the

יום טוב. וליקוץ הצפרנים גם כן אסור בחול המועד, אך אם קצצן בערב יום טוב מותר לקצצן גם בחול המועד. וכן אשה לצורך טבילה, מותרת.

ט. אסור לכבס שום דבר אפילו לצורך המועד, אלא אם לא היה אפשר לו בשום אופן לכבס קודם יום טוב. וכן מטפחות שמלפפין בהם את התינוקות, מותר לכבסן. ויזהרו לכבסן בצנעא

י. דבר שהוא לצורך רפואה, בין לאדם בין לבהמה, מותר לעשות.

יא. חשבונות כיוצא בזה שאם לא יכתבם ישכחם, מותר לכתבם. **יב** מה שהוא לצורך המועד מותר לכתוב. אבל שאר דבר אסור לכתוב. ואגרת שלומים שכותב אדם לחבירו כותבים בשינוי קצת, דהיינו שכותבין שורה הראשונה עקומה. ולכל מה שמותר לכתוב מותר גם כן לתקן קולמוס ודיו.

יב. מי שצריך למעות אפילו שלא לצורך המועד אלא שהוא חושש פן לא ימצא ללות לאחר המועד, והמלוה אינו רוצה להלוות לו בלי שטר, מותר לכתוב את השטר.

יג. אין נושאין נשים בחול המועד, אבל מותר להחזיר גרושתו. ומותר לעשות משתה לברית מילה ולפדיון הבן. גם מותר לעשות משתה לכתיבת תנאים.

יד. מותר לשכור פועלים, ואפילו ישראלים, שיעשו מלאכתו לאחר המועד.

טו. מותר ללכת חוץ לתחום, בין ברגליו, בין בקרון, בין רכוב.

דיני דברים האסורים משום טרחא.

א. אסור להסיע ולישא מטלטליו וכלי ביתו בחול המועד מדירה שבחצר זו לדירה שבחצר אחרת, אפילו מדירה כעורה לדירה נאה, אבל
שמן

Festival. Paring the nails is also forbidden on the eve of the Festival, but if one had pared them on the Festival eve he is permitted to pare them also in the Intermediate days of the Festival. It is permissible for a woman to have מבילה.

9. It is forbidden to wash anything, even if required for the semi-Festival unless it was impossible for one to wash it before the Festival, it is likewise permitted to wash infant's diapers, but one should be careful to wash them privately.

10. What is required medicinally, either for man or beast is permitted to be done.

11. It is permitted to write accounts and the like, which if not written will be forgotten. It is likewise permitted to write what is requisite for the semi-Festival, but it is forbidden to write anything else. A letter of friendship may be written but in a slightly different manner, the first line, for instance, might be written unevenly. For such writing as permissible, it is also permitted to prepare pen and ink.

12. One who is in need of funds, even though it is not for the requirements of the semi-Festival, but he is apprehensive lest he will not obtain the loan after the Festival and he cannot obtain it without a note, is permitted to write such note.

13. One should not marry during the Intermediate days of a Festival, but he is permitted to be re-united in marriage to the woman he had divorced. It is permitted to make a feast for the celebration of a circumcision, the redemption of the first-born, also for an engagement.

14. One is permitted to hire labourers, even Israelites, to do work for him after the Festival.

15. It is permitted to go outside of the Sabbath-boundary, either on foot, in a vehicle, or on horse-back.

Laws Concerning Things that are Forbidden on Account of the Hard Work.

1. One is forbidden to remove and carry his chattels and furniture during the Intermediate days of a Festival, from a dwelling in one court to a dwelling in another court, even from a humble to a handsome dwelling, but from one house to another in the same court

347

מבית לבית בחצר אחת מותר. וכן אם שתי החצירות סמוכות, ויש פתח ביניהן מותר להוציא החפצים דרך שם. ובמקום פסידא מותר אפילו מעיר לעיר. וכן מדירה שאינה שלו לדירה שהיא שלו מותר משום שמחת יום טוב, ששמחה היא לו לדור בדירה שהיא שלו.

ב. אם נחוץ לו להכנים סחורתו מפני שהוא ירא מהפסד, אם אפשר יעשה בצנעא, ואם אי אפשר מותר לעשות אפילו בפרהסיא.

דיני מקח וממכר בחול המועד.

א. כל סחורה אסורה בחול המועד, בין לקנות, בין למכור, רק אם נזדמן לו ריווח מרובה יכול לקנות ולמכור בצנעא, ויוציא לכבוד יו"ט יותר ממה שהיה בדעתו להוציא.

ב. אם יש לו סחורה שיש לחוש שאם לא ימכרנה עתה יפסיד מן הקרן, מותר למכרה. אבל אם אין לחוש שיפסיד אלא שלא ירויח, אסור למכרה.

ג. אם חל בחול המועד יום השוק הבא לפרקים שמתאספים קונים הרבה, מותר למכור, דכיון שהוא דבר שאינו תדיר חשבינן גם מניעת הריווח כמו הפסד. כשבאים לפעמים סוחרים או ספינות שמוכרים בזול, או קונים ביוקר, מה שאינו שכיח תמיד ג"כ מותר לקנות מהם ולמכור להם.

ד. דברים הנצרכים למועד לאכילה ושתיה מוכרין כדרכן אפילו בפרהסיא. ולתבוע חובות מותר בחול המועד, משום דחוששין לפסידא.

ה. למכור סחורה למי שאינו רגיל אצלו אסור. אבל למי שרגיל אצלו מותר, משום דהוי דבר האבוד, שלא ירגיל עצמו אצל אחרים.

הלכות תענית צבור.

א. מצוה מדברי הנבאים להתענות בימים שאירעו צרות לאבותינו. ותכלית התענית הוא לעורר הלבבות לפקח על דרכי התשובה. ולכן חייב

שמח

it is permissible. Likewise if the two courts adjoin each other, and there is a door between them, it is permissible to carry the articles out through that way, where, however, a loss may be otherwise sustained, it is permissible, even from one city to another. One is likewise permitted to remove from a dwelling not his own, to a dwelling on his own property, in order to rejoice on the Festival, as it is one's joy to dwell on one's own property.

2. If it is necessary for one to take in his merchandise for fear of loss, it should if possible be done privately, although it is allowable to take it publicly.

LAWS CONCERNING BUYING AND SELLING
DURING THE INTERMEDIATE FESTIVAL DAYS.

1. During the Intermediate days of a Festival it is forbidden either to buy or to sell any merchandise unless there is a chance for one to profit greatly, then it might be done privately, but he should spend in honour of the Festival more than it was his intention to spend.

2. If one has merchandise of which he may be apprehensive that unless it is immediately sold its value will be reduced to less than its cost, he is permitted to sell it, if, however, there is no fear of loss only lack of profit, one is forbidden to sell it.

3. If the market-day occurs during the Intermediate days of the Festival and it is a rare occasion, and also results in the gathering of many purchasers it is permissible to sell it, for inasmuch as it is an unusual occasion the lack of profits is also considered as a loss, and when merchants or ships occasionally arrive, who sell cheaply or buy dearly (which is an unusual occurrence) it is likewise permitted to purchase from them and to sell to them.

4. Whatever is required for the semi-Festival as food and drink it is permitted to sell as usual, even publicly. During the Intermediate days of the Festival one is permitted to collect his debts for fear of loss.

5. It is forbidden to sell merchandise to one who is not a regular customer, but it is permitted to sell to a regular customer, as otherwise a loss may be entailed by the latter becoming accustomed to purchase elsewhere.

LAWS CONCERNING A PUBLIC FAST DAY.

1. It is mandatory to fast on the days commemorating sorrowful occurences to our ancestors, the purpose of this fast being to stir the hearts and to open the eyes to the ways of repentance, hence it is every man's duty to take this to heart in those days and to search out

כל איש לשום אל לבו באותן הימים ולפשפש במעשיו ולשוב מהן, כי אין העיקר בתענית אלא הכנה לתשובה.

ב. אלו הן הימים שכל ישראל מתענין בהם : צום הרביעי, היא שבעה עשר בתמוז, וצום החמישי, הוא תשעה באב, וצום השביעי הוא בשלשה בתשרי, הנקרא צום גדליה, וצום העשירי הוא עשרה בטבת. ואפילו חתן וכלה בתוך שבעה ימי המשתה שלהם חייבים להתענות באלו התעניתים.

ג. תעניתים אלו שחלו בשבת דוחין אותן לאחר השבת. ועשרה בטבת שחל בערב שבת מתענין ומשלימין.

ד. בשבעה עשר בתמוז, ובצום גדליה, ובעשרה בטבת אוכלים בלילה שלפניהם עד שיעלה עמוד השחר, והוא שלא ישן שנת קבע. אבל אם ישן שינת קבע אסור אחר כך לאכול או לשתות, אלא אם כן התנה קודם שישן. ואם הוא רגיל לשתות לאחר השינה אינו צריך להתנות על השתיה. אבל בתשעה באב צריכין להפסיק מבעוד יום שלפניו. עוד יש חילוק ביניהם שבג' תעניתים הראשונים מותרים ברחיצה, וסיכה, ובנעילת הסנדל, ותשמיש המטה, ובתשעה באב אסורין בכולן. עוד יש קולא בג' תעניות הראשונים דעוברות ומניקות המצטערות פטורין מלהתענית, וכן חולה אף על פי שאין בו סכנה לא יתענה. ומכל מקום אף מי שמותר לו לאכול לא יתענג את עצמו אלא יאכל מה שהוא צריך לבריאת גופו. וכן הקטנים אף על פי שאין חייבים להתענות, מכל מקום אם יש בהן דעת להתאבל, ראוי לחנכם, שלא להאכילם רק לחם ומים, להתאבל עם הצבור.

ה. בתענית צבור אסור לרחוץ פיו במים בשחרית. וכן לטעום המאכל אפילו יפלוט אסור בתענית צבור. אבל בתענית שהוא מקבל על עצמו מותר לרחוץ פיו, וכן לטעום ולהפליט.

ו. מצוה על כל עדת ישראל שעל כל צרה שלא תבא יתענו

שמט

the evil of his deeds and repent thereof, for the principal thing is not the fast, but the preparation for repentance.

2. These are the days on which all Israelites fast. The fast of the fourth month, that is the seventeenth of Tammuz; the fast of the fifth month, that is the ninth of Ab; the fast of the seventh month, that is the third of Tishri, which is called the Fast of Gedaliah, and the fast of the tenth month which is the tenth of Tebeth. Even a groom and bride during their seven days of feasting are obliged to fast on these fast days.

3. If these fasts fall on a Sabbath, they are postponed until after the Sabbath. When the tenth of Tebeth occurs on a Sabbath-eve the fast is observed the entire day.

4. On the seventeenth of Tammuz, the Fast of Gedaliah, and the tenth of Tebeth one may partake of food on the previous night until the break of day providing one does not sleep as usual, but one who has one's regular sleep is forbidden to eat or drink thereafter unless one so determines before going to sleep, but one who is accustomed to drink after sleeping need not previously have set the mind upon drinking. On the ninth of Ab, however, it is necessary to abstain from food on the preceding day while it is yet day. They differ also in this: on the three fast-days above-mentioned, washing, anointing, wearing boots, and cohabitation are permissible, but on the ninth of Ab they are all forbidden. The former three fast days are also less stringent as regards their observance by pregnant and nursing women, who, if they would suffer therefrom are exempt from fasting. Likewise a sick person, even if he is not in danger should not fast. Nevertheless, even the one for whom it is permissible to eat should not take pleasure therein but should eat only as much as is essential for the preservation of health. Children, also, although it does not devolve upon them to fast, nevertheless if they are of sufficient intelligence to mourn, it is proper to train them (not to give them other food than bread and water) to mourn with the community.

5. On a public fast-day one is forbidden to rinse his mouth in the morning, it is also forbidden to taste food even if one ejects it. On a fast day which one voluntarily undertakes, one is permitted to rinse one's mouth, also to taste food and eject it.

6. It is mandatory upon every Jewish community whenever they are in distress, Heaven forfend, to fast and to pray for relief

ויתפללו על צרתם לפני השי"ת, ואם אין העת מוכשרת לתענית, יקבלו עליהם להתענות כך וכך תעניות לכשינצלו, ונחשב להם כאלו התענו עתה.

דינים מן שבעה עשר בתמוז עד תשעה באב.

א. מן שבעה עשר בתמוז עד אחר תשעה באב אין נושאין נשים אפילו מי שלא קיים עדיין מצות פרו ורבו. אבל לעשות שידוכין אפילו בסעודה מותר עד ר"ח אב. ומראש חדש ואילך אף על גב דמותר גם כן לעשות שידוכין, מכל מקום אסור לעשות סעודה (אך יכולין לאכול מיני מרקחת וכדומה). ישראל שפרנסה שלו בכלי זמר, מותר לזמר בבית אינו יהודי בכדי פרנסתו עד ראש חדש. אבל מראש חדש עד אחר התענית אסור, ויום שבעה עשר בתענית עצמו אסור גם כן. וכן עשרה בטבת.

ב. אין מברכין שהחיינו בימים אלו. ולכן אין קונין ואין לובשין בגד חדש משום שהוא צריך לברך שהחיינו. ועל פדיון הבן מברכין שהחיינו, שלא להחמיץ את המצוה. ועל פרי חדש יש לברך שהחיינו בשבת, או אפילו בחול אם לא ימצא פרי זו לאחר תשעה באב.

ג. אין מסתפרין בימים אלו לא שערות הראש ולא שער הזקן ולא כל שער שבגופו. ואסור לגדולים לספר את הקטנים.

ד. קציצת הצפרנים אין לאסור רק בשבוע שחל בה תשעה באב. ואשה לצורך טבילתה מותרת גם אז. וכן המוהל יכול לתקן צפרניו לצורך הפריעה.

ה. בשלש שבתות שבין שבעה עשר בתמוז לתשעה באב מפטירין ג' דפורענותא שהן, "דברי ירמיהו", "שמעו דבר ד'", "חזון ישעיהו", ואם טעה וקרא בשבת הראשון ההפטרה של פרשה דיומא, מפטירין בשבת הבא דברי ירמיהו וגם שמעו מפני שהן סמוכות זו לזו. חל ר"ח אב להיות בשבת, מפטירין השמים כסאי.

from their distress to the Holy One, blessed be His name, but if it is not an appropriate time for fasting they should resolve to fast a certain number of fasts when they will be saved, and it is reckoned unto them as if they were now fasting.

LAWS CONCERNING THE INTERVAL BETWEEN THE SEVENTEENTH OF TAMMUZ AND THE NINTH OF AB.

1. From the Seventeenth of Tammuz until after the Ninth of Ab, one should not marry, but a betrothal is permitted, even accompanied by a feast until the new moon of Ab; but from Rosh Chodesh Ab although a betrothal is permitted, it is nevertheless forbidden to make a feast (but they are permitted to partake of preserves and the like). An Israelite whose vocation is that of a musician is permitted to play in the house of a non-Jew to make a living thereby until Rosh Chodesh, but he is forbidden to play from Rosh Chodesh until after the Fast of Ab. It is likewise forbidden to play on the Fast of the seventeenth of Tammuz, also on the tenth of Tebeth.

2. The blessing שהחיינו should not be said during these days, therefore one should neither purchase nor put on a new garment, as that would necessitate saying the blessing שהחיינו, but on celebrating the redemption of the first-born the blessing שהחיינו should be said in order not to "sour" the precept (delay its fulfilment). If a new fruit will not be obtainable after the ninth of Ab, one should say the blessing שהחיינו thereon either on a Sabbath or even a week-day.

3. One should not cut his hair during these days, neither the hair of the head, nor of the beard, nor any hair of the body. Adults are also forbidden to cut the hair of children.

4. The paring of nails is forbidden only during the week in which the ninth of Ab occurs, but a woman for the requirements of טבילה is permitted to pare them even then. A Mohel is likewise permitted to fix up his nails for the requirements of פריעה.

5. On the three Sabbaths between the seventeenth of Tammuz and the ninth of Ab the three chapters in the Prophets foretelling the chastisements, viz: דברי ירמיהו, שמעו דבר ד', חזון ישעיהו are read for the Haphtorah. If by error one had read on the first Sabbath the Haphtorah of the regular weekly section, on the Sabbath that follows both sections should be read שמעו and דברי ירמיהו, as they are near each other. If Rosh Chodesh Ab fell on the Sabbath, the Haphtorah השמים כסאי should be read.

ו. משנכנס אב ממעטין בשמחה. אין בונין בנין של שמחה או בנין שהוא רק לרווחה. ואם קצץ עם אינו יהודי לצייר לו את ביתו, אם יכול לפייסו בדבר מועט שימתין עד אחר תשעה באב, נכון הדבר, ואם לאו מותר.

ז. אין אוכלין בשר ואין שותין יין בתשעה ימים שמן ראש חדש עד לאחר תשעה באב. ואסור אפילו בתבשיל שנתבשל בו בשר או שיש בו שומן, ואפילו בשר עוף אסור. ולצורך חולה הכל מותר. ומכל מקום אם אינו קשה לו, יש לו להפסיק שלא לאכול מן ז' באב ולהלן. ובסעודת מצוה, כגון מילה, ופדיון הבן, וסיום מסכתא, גם כן מותרין בבשר ויין, וחוץ מאבותיו ואחיו ובניו, וחוץ מאלו שיש להם שייכות במצוה, יכול להזמין עוד ששה אנשים לריעות, אבל רק רק אותם שגם בפעם אחר היו בא אין אליו אל המשתה. וכל זאת מותר אפילו בערב תשעה באב קודם חצות היום, אבל לא אחרי כן.

ח. כוס של הבדלה במוצאי שבת אם יש תינוק שישתה רוב הכוס נותנין לו ואם לאו יכול המבדיל בעצמו לשתות.

ט. אין מכבסין בתשעה ימים אלו, ואפילו חלוק או בגד שאינו רוצה ללבשו עד אחר התענית, ואפילו לתתם לכובסת אינה יהודית אסור. וישראלית מותרת לכבס בגדי אינו יהודי. ומכל מקום בשבוע שחל בה תשעה באב יש לה ליזהר. וכן אסור בתשעה ימים אלו ללבוש או להציע אפילו המכובסין מקודם, רק לכבוד שבת מותר ללבוש בגדי פשתן ולהציע על השלחנות לבנים ולהחליף מטפחת הידים כדרך שעושין בשאר שבתות. אבל סדינים לבנים אסור להציע. ואשה שצריכה ללבוש לבנים לספור ז' נקיים מותר לכבס וללבוש. וכן המטפחות שמלפפין בהן את התינוקות שמלכלכין אותם תדיר מותר לכבסן.

י. אין עושין בתשעה ימים אלו בגדים חדשים או מנעלים חדשים אפילו על ידי אומן אינו יהודי. ולצורך גדול, כגון לנישואין שיהיו מיד

6. When the month of Ab has come there should be a decrease of mirthfulness. One should not build an edifice for pleasure, or even only for profit. If one had contracted with a non-Jew to decorate one's house, if one can induce the contractor through some slight emolument to wait until after the ninth of Ab, it is proper to do so, but if it is not possible it is permissible.

7. One should not eat meat nor drink wine in the nine days from Rosh Chodesh until after the ninth of Ab, it is forbidden even to partake of victuals wherein meat was cooked, or in which there is fat, even the flesh of poultry is forbidden, but for the requirements of a sick person all that is permissible, nevertheless if it is not hard for the invalid, abstention should be practised from the seventh of Ab. On a feast of a precept such as a circumcision, the repemption of the first-born, and the conclusion of a Talmudical treatise, it is also permissible to partake of meat and wine, and besides one's parents, brothers and children, as well as those who are concerned in the performance of the precept, one may invite six more men for friendship's sake, but only those who would have come to one's feast at another period; all of the foregoing is permissible even on the eve of the ninth of Ab before noon, but not after that time.

8. Concerning the goblet of wine for Habdallah on the conclusion of the Sabbath, if there be a child who is able to drink the greater part of the goblet, it should be given him, otherwise he who says the Habdallah may drink it himself.

9. One should not have any washing done during these nine days, even a garment which one does not wish to wear until after the fast is forbidden to be given to a non-Jew to be washed. A Jewess is permitted to wash garments for a non-Jew, nevertheless in the week that the ninth of Ab occurs she should take care not to do so. During the nine days it is likewise forbidden to put on or to spread even those garments or cloths that were washed previously, but for the honour of the Sabbath one is permitted to put on linen garments, and to cover the table with white cloths, and to change towels in the same manner as on other Sabbaths, but it is forbidden to lay white spreads. A woman who requires to put on white lingerie in order to count seven clean days is permitted to wash them and to put them on. It is also permitted to wash infants' diapers, as they are continually soiled.

10. During the nine days one should not have new garments or new boots made even by a non Jewish workman, but if very necessary, e.g., for a wedding that will take place immediately after the ninth of

אחר תשעה באב מותר על ידי אומן אינו יהודי, אבל לא על ידי
ישראל. וקודם ראש חדש מותר בכל ענין לתן אפילו לאומן ישראל
ומותר לו לעשותן אפילו אחר כך.

יא. אין רוחצין בתשעה ימים אלו אפילו בצונן, אך לרפואה,
כגון יולדת או מעוברת שקרובה ללדת, שטוב לה לרחוץ, וכן אדם חלוש
שצוה אותו הרופא לרחוץ לרחוץ אפילו בחמין, וכן נדה רוחצת
וטובלת כדרכה, ואם טיבלת בלילה שאחר תשעה באב ואי אפשר
לרחוץ אזי יכולה לרחוץ בערב תשעה באב. וכן כשלובשת לבנים יכולה
לרחוץ מעט כדרכה, כיון שאינה עושה זאת לתענוג.

יב. ראש חדש אב שחל בערב שבת מי שרגיל לרחוץ בחמין
בכל ערב שבת מותר גם עתה לרחוץ אפילו בחמין, אבל בערב שבת
חזון אסור לרחוץ בחמין אפילו למי שרגיל בכך, כי אם פניו ידיו
ורגליו. וכן מי שרגיל בחפיפת הראש כל ערב שבת מותר לו גם
עתה, אך לא בבורית. ומי שרגיל לטבול כל ערב שבת, מותר לו גם
עתה לטבול בצונן, אבל מי שמבטלה לפעמים אסור לו.

יג. אבל שחל יום שלשים שלו בשמונה עשר בתמוז או אחר
כך עד ערב חדש אב מותר לו לספר. אבל מראש חדש ואילך גם
בכהאי גונא אסור בכבוס ובתספורת.

יד. מילה שהיא בתשעה ימים אלו, נוהגין שהמוהל והסנדק
ואבי הבן ואמו לובשין בגדי שבת. אבל המכנים את התינוק אסור,
אך האשה המכנסת את התינוק נוהגת ללבוש בגדי שבת, כיון שזהו
כל מצותה.

דיני ערב תשעה באב.

א. אם עושים ברית מילה או פדיון הבן בערב תשעה באב
עושין הסעידה קודם חצות היום.

Ab, it is permissible to have them made by a non-Jewish workman, but not by an Israelite ; before Rosh Chodesh it is in every wise permissible to give them to be made even by a Jewish workman, who is permitted to make them even after that time.

11. During the nine days one should not bathe even in cold water, excepting as a remedy, as for instance a woman who had given birth, or a pregnant woman nearing parturition, for whom bathing is beneficial ; likewise one who is feeble and was medically advised to bathe—these are permitted to bathe even in warm water. A woman who was menstrually unclean may bathe and immerse herself as usual. If she will perform the immersion on the night after the ninth of Ab, and it will be impossible for her to bathe then, she is permitted to bathe on the eve of the Ninth of Ab. Likewise when putting on lingérie, she may bathe somewhat, as usual, inasmuch as she does not do so for pleasure.

12. On Rosh Chodesh Ab occurring on a Sabbath-eve, one who is accustomed to bathe every Sabbath-eve is also permitted to bathe then, even in warm water, but on the eve of the Sabbath on which the Haftora חזון is read, bathing in warm water is forbidden even for one who is accustomed thereto, and he is permitted to bathe only his face, hands and feet. Likewise one who is accustomed to brush his hair every Sabbath-eve is also permitted then, but not with soap. One who is accustomed to immerse every Sabbath-eve is then also permitted to do so in cold water, but one who sometimes abstains therefrom is forbidden to do so.

13. A mourner whose thirtieth day occurs on the eighteenth of Tammuz or thereafter until the eve of Rosh Chodesh Ab, is permitted to have his hair cut. but from Rosh Chodesh he is forbidden, even in that circumstance, either to bathe or have his hair cut.

14. At a circumcision that occurs during the nine days, it is customary for the Mohel, the Sandek and the parents of the son to don Sabbath-attire, but the one who brings in the child is forbidden. The woman, however, who assists in that ceremony is accustomed to wear her Sabbath-apparel, as that is the only ceremony in that rite which is mandatory upon her.

Laws Concerning the Eve of the Ninth of Ab.

1. When the covenant of circumcision, or the redemption of the first-born is celebrated on the eve of the ninth of Ab, the feast should take place before noon.

ב. לא יטייל בערב תשעה באב, ואין נוהגין בו שום תענות של שמחה, ומטעם זה נוהגין שלא ללמוד אחר הצהרים כי אם בדברים של אבילות או צער.

ג. קודם מנחה אוכלין סעודת קבע ואחר כך מתפללין מנחה ואין אומרים תחנון, וסמוך לערב יושבין על הארץ ואין צריכין לחלוץ המנעלים, ולא ישבו שלשה יחד, ואוכלין רק פת עם ביצה מבושלת קשה וקרה, וטובלין קצת פת באפר ואוכלין. וצריך ליזהר להפסיק מבעוד יום.

ד. המתענה כל ימות השנה שני וחמישי ואירע בו ערב תשעה באב ישאל על נדרו. ומי שיש לו יאהרצייט בערב תשעה באב ירצה בפעם הראשון שלא להתענות רק עד חצות, ויתפלל מנחה גדולה (חצי שעה לאחר חצות היום) ויאכל סעודה ואחר כך סמוך לערב יאכל סעודה המפסקת.

ה. בין השמשות אסור בכל מה שאסור בתשעה באב, ולמן צריכין לחלוץ את המנעלים קודם בין השמשות.

דיני תשעה באב.

א. ערבית נכנסין לבית הכנסת וחולצין המנעלים. ויש להסי־ את הפרוכת מארון הקודש. ואין מדליקין רק נר אחד לפני השליח ציבור, ומתפללין ערבית בנחת ודרך בכי כאבלים, ואין אומרים „נחם" עד למחרת במנחה, ואחר תפלת שמונה עשרה אומרים קדיש שלם עם תתקבל ויושבין לארץ ומדליקין קצת נרות רק בכדי שיוכלו לומר איכה וקנות, ואומרים איכה וקנות גם כן בנחת ודרך בכי ומפסיק באיכה מעט בין כל פסוק ופסוק, ומעט יותר בין כל איכה ואיכה. ובכל איכה מגביה השליח ציבור קולו קצת יותר ופסוק האחרון שבכל איכה אומרים בקול רם, וכשמגיע לפסוק „השיבנו" אומרים אותו הקהל בקול

שנג

2. One should not go out for pleasure on the eve of the ninth of Ab, nor should any enjoyment or festivity mark that day, hence it is customary not to study in the afternoon other subjects than that of mourning and distress.

3. The regular meal is partaken of before the Afternoon Service, after that the afternoon prayers are said, but תחנון is omitted. At the approach of evening one should sit on the ground ; it is not necessary to remove the boots. Three should not sit down together, and only bread and a cold hard-boiled egg should be partaken of, a portion of bread should be dipped in ashes and eaten. Care should be taken to finish this meal while it is yet day.

4. One who fasts on Mondays and Thursdays during the entire year, and the eve of the Ninth of Ab occurs on one of those days, should consult a learned man regarding his vow. One who has Jahrzeit on the eve of the Ninth of Ab should make a resolve on the first occasion not to fast any longer than until noon, then he should say the afternoon prayers מנחה גדולה (half-an-hour after noon) and partake of a meal, afterwards, at the approach of evening he should eat the concluding meal.

5. All that is forbidden to be done on the Ninth of Ab is forbidden in the twilight, it is therefore necessary to remove the boots before twilight.

Laws Concerning the Ninth of Ab.

1. In the evening all enter the synagogue and take off their boots. The vail is removed from the Holy Ark and but one light is lit in front of the Reader, the evening prayers are then said in a low tone with a weeping intonation, mourning-like. נחם is not said until the morrow in the afternoon prayer. After the prayer of שמונה עשרה the entire Kaddish and תתקבל is said. All should be seated on the ground. A few lights are lit just sufficient to enable them to say איכה and the קינות which is said also in a low and weeping intonation ; when saying איכה a slight pause is made between one verse and the other, and a slightly longer pause between each איכה. At each succeeding איכה the Reader raises his voice slightly and the last verse of each איכה is read in a loud tone. When the verse השיבנו is reached, the

רם, ואח״כ מסיים השליח ציבור וחוזר הקהל ואומרים השיבנו בק״ל
רם, וכן השליח ציבור. ואחר גמר הקינות אומרים „ואתה קדוש" וקדיש
שלם בלא תתקבל. וכן למחרת בשחרית מדלגין תתקבל עד למנחה,
גם מי שהוא ביחידות שאין לו מנין אומר איכה וקנות.

ב. בשחרית אין מניחין תפילין, וגם אין לובשין טלית גדול
אלא טלית קטן בלא ברכה. ומשכימין קצת לבית הכנסת, ואין מדליקין
נר תפלה כלל, ומתפללין גם כן בנחת ודרך בכי ואומרים „מזמור
לתודה", והשליח ציבור בחזרת התפלה אומר „עננו" בין „גואל
לרופא" כמו בכל תענית צבור, ואינו אומר ברכת כהנים, ולאחר
התפלה אומר חצי קדיש, ואין אומרים לא תחנון ולא אל ארך אפים
ומוציאין ספר תורה וקורין „כי תוליד בנים" וכו' תלתא גברא. אחר
קריאת התורה אומרים חצי קדיש ומפטירין „אסוף אסיפם" בנגון איכה,
ומחזירין את הספר תורה ויושבין על הארץ ואומרים קנות. ויש להאריך
בהם עד סמוך לחצות. אחר כך אומרים „אשרי" ואין אומרים „למנצח"
אלא „ובא לציון" וגומר ומדלגין את הפסוק „ואני זאת" וגו', ואומרים
„ואתה קדוש" וגומר, ואומרים קדיש שלם בדילוג תתקבל, עלינו, קדיש
יתום, ואין אומרים לא שיר היחוד, ולא שיר של יום, ולא פטום
הקטורת. ונכון שבכל אחד יקרא אחר כך מגלת איכה.

ג. האבל בשבעת ימי האבילות שלו הולך לבית הכנסת בלילה,
וגם ביום עד שיגמרו הקנות. ומותר לו לעלות לתורה ולקרות
ההפטרה, שהרי כולם אבלים הם.

ד. אסור בתשעה באב ללמוד תורה כי אם בדברים שמעציבין
את הלב, כגון בספר ירמיהו בדברים הרעים שבו. וכן מותר ללמוד
בספר איוב ומדרש איכה וגמרא פרק אלו מגלחין דמיירי בדיני אבל
ומנודה ובאגדא דפרק הנזקין וירושלמי סוף מסכתא תענית דמיירי
מחורבן. ואף באלו שהוא מותר ללמוד אסיר לעיין בהם באיזה קושיא

שנר

congregation say it in a loud tone, then the Reader concludes and the congregation repeat השיבנו in a loud tone and the Reader follows suit. On conclusion of the קינות, אתה קדוש is said, then the entire Kaddish, but not תתקבל. On the morrow in the morning service תתקבל is also omitted and is only said in the afternoon service. One who prays privately having no assembly of ten to pray with also says איכה and קינות.

2. Neither the Talleth nor the Tephillin are put on in the morning but the Arba Kanfoth (טלית קטן) should be worn as usual, no blessing however being said thereon. All arrive at the synagogue a little earlier than usual. There is no " light of prayer " lit (in front of the Reader) and the prayers are said also in a low tone with a weeping intonation. מזמור לתודה is said. The Reader in the repetition of the שמונה עשרה says עננו between גואל and רופא as on every public fast day, but he does not say ברכת כהנים ; after the שמונה עשרה he says half Kaddish. Neither תחנון nor אל ארך אפים is said. A Scroll of the Law is taken out of the Holy Ark and the section כי תוליד בנים (Deut. iv. 24) is read for three persons. On conclusion of the reading of the Torah half-Kaddish is said, and the Haftorah אסוף אסיפם (Jeremiah viii. 13) is read in the tone of איכה ; the Scroll of the Law is then replaced in the Holy Ark the congregation being seated on the ground and קינות are said. The saying of קינות should be prolonged till close to noon. After that אשרי is said but not למנצח, only ובא לציון and the verse ואני ואת וגו' is omitted, אתה קדוש is said, then the entire Kaddish, but תתקבל is omitted, after which עלינו then the orphans' Kaddish is said. Neither the שיר היחוד, the שיר של יום nor פטום הקטרת is said.

3. A mourner during his seven days of mourning goes to the synagogue on the night of the Ninth of Ab, also in the daytime until the קינות are concluded, and it is permissible for him to go up to the Torah and to read the Haphtorah, since all are mourners.

4. On the Ninth of Ab it is forbidden to study excepting such subjects that sadden the heart, such as the prophecies of evil in Jeremiah ; it is likewise permitted to study the Book of Job, Midrash איכה, in the Talmud the chapter אלו מגלחין which treats of the laws of a mourner, and a מנודה (one who is disgraced by the Rabbis) and in the Hagada הנזקין 'פ, and in the Talmud of Jerusalem the last part of the Treatise תענית which treats of the destruction of the Temple, and even in these it is forbidden to study therein and solve the problems they

ותירוץ או דרוש, כי משמחים את הלב. וכל מה שמותר האדם ללמוד
בעצמו מותר ללמוד גם עם תינוקות. מותר לקרות כל סדר היום
אפילו "איזהו מקומן". וסדר מעמדות אין לומר אפילו מי שרגיל לאמרי
בכל יום.

ה. אפילו עוברות ומניקות שמצטערות הרבה צריכות להשלים
התענית אם לא במקום שיש לחוש חם וחלילה לסכנה. אבל חולה אף
על פי שאין בו סכנה לא ישלים התענית, רק יתענה איזה שעות,
ומכל שכן אם הוא חלוש בטבעו. ויולדת לאחר שבעה ימים עד שלשים
יום, אף שאינה חולה, דינה כחולה שאין בו סכנה. ואלו שצריכין
לאכול בתשעה באב לא יתענגו במאכלים אלא בכדי צורך בריאת
הגוף.

ו. רחיצה אסורה בין בחמין בין בצונן, ואפילו להושיט אצבעו
לתוך מים אסור. ואינו אסור רק רחיצה של תענוג, אבל שלא לתענוג
מותר, ולכן רוחץ ידיו בשחרית. ויזהר שלא ירחיץ רק אצבעותיו,
ולאחר שנגבם קצת ועדיין לחות קצת מעבירן על עיניו. ואם עיניו
מלוכלכות ודרכו לרחצם במים, רוחצם גם עתה כדרכו. וכן אם ידיו
מלוכלכות מותר לרחוץ במקום המלוכלך. וכן לתפלת מנחה ירחוץ
אצבעותיו.

ז. המבשל וצריך להדיח המאכלים מותר, דהא אין מתכוון
לרחיצות ידים.

ח. אף שאינו אסור כי אם רחיצה של תענוג, מכל מקום אשה
שחל טבילתה בליל תשעה באב לא תבטול, כיון דאסורין בתשמיש.

ט. סיכה גם כן אינה אסורה אלא של תענוג, אבל לצורך רפואה
מותר לסוך.

י. נעילת הסנדל אינו אסור אלא של עיר, אבל של בגד
וכדומה, אם אינו מחופה בשולים בעור מותר. וההולכים בין אינם יהודים

שנה

present, or find the inference they suggest, as these things cause satis-
faction ; all that one is himself permitted to learn, he is also permitted
to teach to children.   One is permitted to read the entire order of the
daily sacrifices, even איזהו מקומן, but the order of מעמדות one should not
say even if one is accustomed to say it daily.

5.   A pregnant woman or one nursing who suffers very much are
required to complete the fast, unless, God forbid, danger may be
apprehended, but one who is ill, even not dangerously, should not
complete the fast, but only fast for a few hours, this also applies more
especially to one who is naturally weak.   A woman who had given
birth, from seven days thereafter to the thirtieth day, even if she is
not ill is amenable to the law that governs one who is ill but not
dangerously, yet those who are obliged to eat on the Ninth of Ab
should not regale themselves with viands, but eat just enough to pre-
serve their bodily health.

6.   Bathing is forbidden, whether in hot or cold water, even to
put one's finger in water is forbidden, only to bathe for pleasure is for-
bidden, but if not for pleasure it is allowable, hence one washes his
hands in the morning, but should be careful not to wash more than
the fingers, and after having dried them slightly while they are still
moist one may pass them over the eyes, but if one's eyes are filmy
after sleep and one is accustomed to bathe them every morning, one
may then also bathe them as usual.   One whose hands are stained is
likewise permitted to wash them at the stained spot.   One should
also lave the fingers for the Afternoon Service.

7.   One who cooks and is obliged to rinse the edibles is permitted
to do so inasmuch as the purpose is not to wash the hands.

8.   Although only bathing for pleasure is forbidden, nevertheless,
a woman whose time for טבילה occurred on the night of the Ninth of
Ab should not perform the "immersion," inasmuch as cohabitation is
forbidden.

9.   Anointing also is only forbidden if done for pleasure, but if
necessary as a remedy, anointing is permitted.

10.   Wearing boots is forbidden only if they are made of leather,
but if they are made of cloth or the like and they are not trimmed
with leather it is permissible to wear them.   One who goes amongst

מותר להם ללבוש מנעלים. אבל היושבים בחנויות אסורים ללבוש מנעלים. המהלך בדרך רחוק ברגליו מותר בנעילת הסנדל, אך כשמגיע לעיר חולץ ואם יושב בעגלה אסור בנעילת הסנדל.

יא. תשמיש המטה אסור. ויש להחמיר אפילו בנגיעת אשתו.

יב. אסור לשאול בשלום חבירו בתשעה באב, ואפילו לומר צפרא טבא ויוצא בו אסור. ואם עם הארץ או אינו יהודי שואלין בשלומו, משיב בשפה רפה שלא יקפידו עליו. וכן אסור לשלוח דורון כחבירו בתשעה באב. עישון טאבאק יש להתיר לאחר חצות היום בצנעא בתוך ביתו.

יג. כל מלאכה שיש בה שיהוי קצת אפילו אינו מעשה אומן אלא מעשה הדיוט אסורין בלילה וביום עד חצות. אבל דבר שאין בו שיהוי כגון הדלקת נרות וכיוצא בו מותר. ולאחר חצות היום עושין כל המלאכות. וכן משא ומתן אסור עד חצות היום ואחר כך מותר. ועל ידי אינו יהודי מותר לעשות כל מלאכה. ודבר האביד מותר לעשות גם בעצמו. לחלוב הפרות טוב לעשות על ידי אינו יהודי, ואם אי אפשר, מותר בעצמו.

יד. אין יושבין על ספסל לא בלילה ולא ביום עד לאחר חצות כי אם על הארץ, ולאחר חצות מותרין. אבל שאר דברים האסורים, אסורים עד צאת הכוכבים.

טו. לא יכין צרכי סעודה עד חצות היום, אבל לצורך מצוה מותר.

טז. מילה בתשעה באב עושים אותה אחר שגמרו הקינות, ואבי הבן ואמו והסנדק והמוהל מותרין ללבוש בגדי שבת לכבוד המילה, ואחר כך פושטין אותן, ומדליקין נרות לכבוד המילה. והכוס נותנין לתינוק לשתות.

שנו

non-Jews is permitted to wear boots, but those who stay in shops are forbidden to do so. One who walks for a considerable distance is permitted to wear boots, but on nearing a city they should be removed; one who rides in a vehicle is forbidden to wear boots.

11. Cohabitation is forbidden and it is proper to be scrupulous as not even to embrace one's wife.

12. One is forbidden to greet his neighbour on the Ninth of Ab, even to say Good Morning and the like is forbidden, and if greeted by an ignoramus or a non-Jew he should respond in a low tone in order to avoid offence. It is likewise forbidden to send a present to one's neighbour on the Ninth of Ab. Smoking in the privacy of one's house is permitted in the afternoon.

13. All work which takes some time to do, even if it is not the work of a skilled artisan, but the work of an ordinary person, is forbidden to be done in the night-time and in the daytime until noon, but a thing that it does not take long to do, such as lighting candles and the like is permitted to be done. In the afternoon all work is permissible. The transaction of business is also forbidden until noon, after that time it is permitted. All manner of work is permitted to be done through a non-Jew, and if it is of a nature which if not done at once might occasion a loss, one is permitted to do it himself. The milking of cows ought to be done by a non-Jew, but when that is impossible, one may milk them himself.

14. One should not sit on a chair, neither at night nor in the daytime until noon, but only on the floor; after noon it is permissible. Of the other things that are forbidden to be done one is forbidden to do them until the appearance of the stars.

15. One should not prepare the requirements for a meal until the afternoon, but for the requirements of a precept it is permissible.

16. A circumcision may be celebrated on the Ninth of Ab after the קינות are concluded, and the parents of the son, also the Sandek and the Mohel are permitted to don their Sabbath attire in honour of the circumcision; after the circumcision they divest themselves of those garments. Candles are lit in honour of the circumcision, and the goblet of wine is given to a child to drink.

יז. במנחה מניחין טלית ותפילין בברכות ואומרים שיר של יום
ושאר הדברים שחסרו בשחרית. ואומרים אשרי, חצי קדיש, וקורין
בתורה, ומפטירין כמו בשאר תענית צבור, ומכניסין את הספר תורה
ואומר השליח ציבור חצי ק״ש ומתפללין שמונה עשרה, ואומר נחם
בברכת ולירושלים. ואם שכחו שם אמרו אחר ענינו, ולא יסיים ברוך
מנחם וכו', אלא כי אתה שומע וכו'. ואם גם שם לא נזכר עד לאחר
שאמר ברוך אתה ד', גומר הברכה שומע תפלה ומתפללין כסדר ואינו
צריך לחזור. הש״ץ בחזרת התפלה אומר ברכת כהנים, ואחר התפלה
קדיש שלם תתקבל, וחולצין התפילין ומתפללין מעריב.

יח. יש להחמיר שלא לאבול בשר ושלא לשתות יין בליל
עשירי, ולא ביום עשירי עד חצות היום, כי אם בסעודת מצוה. וכן
אין לברך שהחיינו. וגם אין לרחוץ ולא להסתפר ולכבס עד חצות יום
עשירי. אם יום העשירי חל בערב שבת מותר לרחוץ ולהסתפר ולכבס
מיד בשחרית מפני כבוד שבת.

דיני תשעה באב שחל בשבת או באחד בשבת.

א. תשעה באב שחל באחד בשבת או שחל בשבת ונדחתה לאחד
בשבת, אוכלין בשבת בשר ושותין יין ואפילו בסעודה שלישית שלאחר
מנחה מותר בבל. אך לא ישב אז בסעודת חבירים (אם חל ברית מילה
יעשו הסעודה קודם מנחה) אבל מותר לאבול עם בני ביתו ויכול לברך
בזמונן וצריך להפסיק מבעוד יום, כי בבין השמשות אסור באבילה
ושתיה ורחיצה, אך המנעלים לא יחלוץ עד לאחר ברכו . והשליח ציבור
חולץ קודם שמתחיל „והוא רחום". ויאמר מתחלה ברכת המבדיל בין
קודש לחול בלא שם ומלכות.

ב. ליל שבת שחל בו תשעה באב אסור בתשמיש המטה, אם
לא כשחל אז ליל טבילתה.

17. In the Afternoon Service the Talleth and Tephilin are put on and the blessings said thereon, the שיר של יום and other portions that were omitted in the Morning Service are said. אשרי is said and the Half Kaddish thereafter, then the Torah is read and the same Haphtorah is read as on any other public fast-day, the Torah is then replaced in the Holy Ark, the Reader says the Half Kaddish, the prayer of שמונה עשרה is said, and in the blessing נחם—ולירושלים is said, if it was then omitted, it should be said after עננו but it should not be concluded with ברוך מנחם but with כי אתה שומע, but if he did not become aware of the omission even then until after he had said ברוך אתה ה' he should conclude the blessing שומע תפלה and he need not repeat the שמונה עשרה. The Reader when repeating the שמונה עשרה says the ברכת כהנים and after the שמונה עשרה the entire Kaddish also תתקבל, the Tephillin are then removed and the evening prayers are said.

18. One should scrupulously abstain from eating meat or drinking wine on the night of the tenth of Ab, also on the tenth until noon, excepting at a feast of a precept, also the blessing שהחינו should not be said. Neither should one bathe, cut his hair, or wash anything until noon of the tenth. If the tenth occurs on the Sabbath-eve one is permitted to bathe, cut the hair, and wash immediately in the morning in honour of the Sabbath.

LAWS CONCERNING THE NINTH OF AB THAT OCCURS
ON THE SABBATH OR ON SUNDAY.

1. If the Ninth of Ab occurs on Sunday or on the Sabbath and it was postponed to Sunday, meat and wine is partaken of even at the third meal; after the Afternoon Service eveything is permitted, but one should not at that time feast with a company (if a circumcision was celebrated the feast should take place before the Afternoon Service) but one is permitted to partake of a meal with one's household, and he may say Grace by appointment with three; the meal should be finished while it is yet day, as eating, drinking and bathing are forbidden in the twilight, the boots, however, should not be taken off until after ברכו is said, but the Reader takes them off before he begins והוא רחום, first saying the blessing המבדיל בין קדש לחול without pronouncing the Divine name and Royal attribute.

2. Cohabitation is forbidden on the Sabbath-night מ which the Ninth of Ab occurs unless it is her time to go טבילה.

357

ג. אומרים אב הרחמן ומזכירין נשמות בשחרית. אבל במנחה אין אומרים צדקתך צדק ולא פרקי אבות.

ד׳ קודם ערבית אין אומרים למנצח בנגינות, ואין אומרים ויהי נועם קודם ואתה קדוש. גם אין אומרים ויתן לך. משתחשך כשהוא רואה את הנר מברך בורא מאורי האש, ובשמונה עשרה אומרים „אתה חוננתנו״ אבל אין מבדילין על הכום עד מוצאי תשעה באב ואז הוא מבדיל על הכום. אבל אינו מברך לא על הבשמים ולא על הנר אפילו לא בירך עליו במוצאי שבת, ויזהיר לבני ביתו שלא יעשו מלאכה עד שיאמרו המבדיל בין קודש לחול, בלא שם ומלכות. ואם שכח לומר אתה חוננתנו אינו צריך לחזור, אלא גומר תפלתו, שהרי יבדיל במוצאי תשעה באב על הכום, ולא יטעום קודם, ואם צריך לעשות מלאכה יאמר תחלה המבדיל בין קודש וכו׳ בלא שם ומלכות.

ה. תשעה באב שחל בשבת ונדחה ליום ראשון, בלילה שלאחר התענית אסירין בבשר ויין, אבל למחר מותרין מיד בכל.

ו. מילה בתשעה באב שנדחה מותר לאבי הבן ואמו והמוהל והסנדק (להתפלל מנחה גדולה ואז מותר) להבדיל על הכום ולאכול ולרחוץ, אבל סעודה לא יעשו עד הלילה. וכן בפדיון הבן בזמנו האב והכהן לא ישלימו.

מצוה לעשות זכר לחורבן.

א. משחרב בית המקדש תקנו חכמינו ז״ל שבכל שמחה יהא בה זכר לחורבן כמו שכתוב „אם אשכחך ירושלים״ וכו׳, אם לא אעלה את ירושלים על ראש שמחתי, וכאשר יסייד או יצבע את ביתו יניח אמה על אמה כנגד הפתח בלא סיד כדי לזכור ההורבן. והחתן קודם חופתו נותנים אפר על ראשו במקום הנחת תפילין, והמכסה שמכסין בו את

שנה

3. אב הרחמים is said and the Memorial Service is held in the morning, but in the Afternoon Service neither צדקתך צדק nor פרקי אבות is said.

4. למנצח בנגינות is not said before the evening prayers, nor is ויהי נועם said before ואתה קדוש nor is ויתן לך said. At dark when one sees the candle lit, he should say the blessing בורא מאורי האש, and in the שמונה עשרה he should say אתה חוננתנו, but the Habdallah on a goblet of wine should not be said until the conclusion of the Ninth of Ab, at which time he should say the blessing of Habdallah on a goblet of wine, but he should not say the blessing on spices nor on a candle, even if he did not say it on the conclusion of Sabbath, he should warn his house not to do any work before they say המבדיל קדש לחול omitting the Divine name and Royal attribute.

5. When the Ninth of Ab occurs on the Sabbath and is postponed to Sunday, it is forbidden to partake of meat and wine on the night after the fast, but on the morrow everything is permitted very early.

6. When a postponed circumcision is celebrated on the Ninth of Ab, the parents of the son, the Mohel and the Sandek are permitted to say the afternoon prayers about half-past-twelve, and then they are allowed to say the Habdallah over a goblet of wine and eat as well as to bathe, but a feast should not be held until the night. Likewise at the celebration of the redemption of the first-born, the father and the Priest need not complete the fast.

The Commandment to Commemorate the Destruction of the Holy Temple.

1. After the destruction of the Holy Temple our sages of blessed memory established that on every occasion of rejoicing, this desruction of the Holy Temple should be commemorated, as it is said, "If I forgot thee, O Jerusalem, etc. If I prefer not Jerusalem above my chief joy." Thus, when one's house is decorated or painted, a square cubit near the entrance should be left unfinished commemorative of the destruction of the Holy Temple, also before a bridegroom stands under the nuptial canopy, ashes are placed upon his head at the place the Tephillin are worn, nor should any silver or gold thread be

358

הכלה לא יהיה עם חוטי כסף או זהב. גם נוהגין שבשעת כתיבת
התנאים אחר קריאתן שוברין כלי חרס שבורים לעשות זכר לחורבן,
ותחת החופה שובר החתן כלי זכוכית.

דיני תענית יחיד.

א. אם בא על האדם איזה צרה כגון שהיה לו חולה בתוך
ביתו, או שהוא תועה בדרך, או חבוש בבית האסורים על ידי עלילה,
מצוה עליו שיתענה ויתפלל אל ה' ויבקש רחמים מאתו יתברך שמו
שיושיע לו.

ב. יחיד שהוא רוצה להתענות צריך לקבלו עליו ביום שלפניו
בתפלת המנחה, דהיינו בברכת „שמע קולנו" יהרהר בלבו שהוא מקבל
עליו להתענות, וקודם „יהיו לרצון" יאמר רבון העולמים הרי אני לפניך
בתענית יכו' ואף על פי שאוכל ושותה אחר כך עד שיעלה עמוד השחר
אין בכך כלום. וכן אם רוצה להתענות איזה ימים רצופים אף שיאכל
וישתה בלילות שביניהם, סגי בקבלה אחת. אבל אם מקבל עליו איזה
ימים שאינם רצופין, כגון שני וחמישי ושני יש לקבל עליו כל יום
במנחה שלפניו.

ג. הרגיל להתענות בעשרת ימי תשובה או ביום א' דסליחות
וערב ראש השנה, אינו צריך לקבלם. וכן תענית חלום אינו צריך קבלה.
וכן תענית שני וחמישי ושני שלאחר פסח וסוכות, אם ענה אמן אחר
ה„מי שברך" והיה דעתו להתענות אין צריך קבלה אחרת, ומכל מקום
אם מתחרט ואינו רוצה להתענות רשאי, כיון שלא הוציא בפיו שהוא
רוצה להתענות,

ד. אף אם לא קיבל עליו את התענית בפיו אלא בהרהור
קבל עליו להתענות למחר, ואפילו שלא בשעת תפלת מנחה, אלא

שנמ

interwoven in the veil with which the bride is covered. It is also customary at the writing of a marriage-contract (after it has been read) to shatter a broken earthen vessel, commemorative of the destruction of the Holy Temple, a glass vessel is also broken under the nuptial canopy by the bridegroom.

LAWS CONCERNING A PRIVATE FAST-DAY.

1. If one is in distress, as for instance, if one of his family is ill, or if he goes astray in his travels, or if he is confined in prison on a false charge, it is mandatory upon him to fast and to pray to God and to beg for mercy from Him, blessed be His name, that He should help him.

2. If an individual desires to fast, he should make that resolve on the previous day in the שמונה עשרה of the afternoon prayers, thus in the blessing שמע קולנו he should think in his heart that he takes it upon himself to fast, and before saying יהיו לרצון he should say רבון העולמים הרי אני לפניך בתענית וכו', if he eats and drinks thereafter until break of day it does not matter. Likewise if one desires to fast several days consecutively, although he will eat and drink in the intervening nights, still the one resolve is sufficient, but if one takes it upon himself to fast certain days which are not consecutive such as Monday, Thursday and Monday, he should make that resolve for each day respectively in the Afternoon Service of the preceding day.

3. One who is accustomed to fast during the ten days of penitence, or on the first day of סליחות and on the eve of Rosh-Hashana, need not make a resolution to do so. Likewise a fast on account of an evil dream does not require to be preceded by a resolution, nor do the fasts of the Monday, Thursday and Monday which follow Passover and Tabernacles require any other resolution than the responding of אמן and the mental resolve after the מי שברך announcing these fasts. Nevertheless if he regrets that thought, and does not desire to fast, he is released inasmuch as he did not verbally undertake to fast.

4. Although one did not verbally undertake to fast, but merely thought of fasting on the morrow, and that even if not in the after-

359

קודם תפלת מנחה, או אחר כך בעוד שהוא יום, הוי קבלה וחייב להתענות.

ה. אם קבל עליו סתם להתענות חייב להשלים עד צאת הכוכבים אפילו בערב שבת.

ו. המתענה אל יפרסם תעניתו, אבל אם מפצירין בו לאכול מותר לגלות שהוא מתענה.

ז. המתענה אפילו תענית יחיד בין תענית נדבה בין תענית חלום, אומר בתפלת המנחה בשמע קולנו „עננו" כמו בתענית צבור, וקודם „יהיו לרצון" אומר רבון העולמים.

ח. מי שנדר להתענות יום אחד או כמה ימים ולא פרט איזה יום או ימים, אלא שאמר סתם, אף על פי שקבל עליו בשעת מנחה להתענות למחר, אם אירע לו צורך גדול לאכול, הרי זה לוה תעניתו ויכול לאכול היום, אף על פי שכבר התחיל להתענות ומתענה תחת יום זה יום אחר. ודוקא בענין זה דמה שקיבל עליו התענית היה רק בשביל לקיים את הנדר, אבל אם לא נדר מתחלה רק שקיבל עליו בשעת מנחה להתענות למחר אפילו מצטער אחר כך הרבה אינו רשאי ללוות תעניתו לפרעו ביום אחר. וכן אם בשעת נדרו פרט ימים ידועים וגם קבל עליו בשעת מנחה, שוב אינו יכול ללות תעניתו.

ט. מי שקבל עליו להתענות ומצטער הרבה בתעניתו יכול לפדותו בממון כפי עשרו, ונותן את הדמים לעניים, אבל בתענית שמחמת נדר לא מהני פדיון. וכן בתענית שגזרו הצבור לא מהני פדיון אלא אם כן התנו כן הצבור.

י. מי שנדר להתענות שני וחמישי ושני מותר לו להחליף ולהתענות חמישי שני וחמישי, אבל לא ימים אחרים.

יא. תענית שני וחמישי ושני שלאחר פסח ולאחר סוכות, וכן

noon-prayer, but previous thereto or afterwards, while it was yet day it is a resolution, and he is obliged to fast.

5. If one had undertaken to fast without specifying until when, he is required to complete it until the stars appear, even if it is Sabbath-eve.

6. One who fasts should not make known that he is fasting. If, however, he is urged to eat, he is permitted to reveal that he is fasting.

7. One who fasts even a private fast, whether it is a voluntary fast, or a fast on account of a dream, should say עניני in the שמונה עשרה of the afternoon prayer, in the blessing שמע קולנו, the same as on a public fast day and before יהיו לרצון he should say רבון העולמים.

8. One who had vowed to fast one day or several days, and did not specify on which day or days, even if he had resolved in the afternoon prayers to fast on the morrow and it became urgently necessary for him to eat, he may substitute the fast day, that is, he may eat on that day even if he had already begun to fast, and in lieu thereof fast on another day, this is permissible only providing that he had undertaken to fast on that day only in order to fulfil his vow, if, however, he did not originally make a vow, but merely took it upon himself in the Afternoon Service to fast on the morrow, then, even if it causes him great distress thereafter, he is not allowed to substitute his "fast day" and repay it by another day. Likewise, if, while making the vow, he had specified certain days, and also took them upon himself in the Afternoon Service, he can no longer substitute the fast-day.

9. One who resolved to fast but the fasting caused him great distress, may redeem it with money according to his means, but the money should be distributed to the poor; if the fast is undertaken because of a vow he had made, redemption is of no avail, nor does redemption avail on a fast day decreed by the congregation unless the congregation made that a condition thereof.

10. One who had vowed to fast Monday, Thursday and Monday may change it and fast Thursday, Monday and Thursday, but not on other days.

11. The fasts of the Monday, Thursday and Monday after the Passover and after the Tabernacles, likewise of the ten days of peni-

בעשרת ימי תשובה שלא קבלו בשעת מנחה, אם אירע ברית מילה או פדיון הבן או שאר סעודת מצוה, מצוה לאכול (ואינו צריך התרה) ונפסק התענית לגמרי ומותר לאכול אחר כך גם בביתו, אבל קודם הסעודה אסור לאכול, רק אבי הבן ביום המילה והסנדק יכולין לאכול גם לפני הסעודה כיון שהוא כמו יום טוב להם.

יב. אם אכל שלא בהיתר ביום התענית בין בשוגג בין במזיד חייב להשלים את התענית גם לאחר האכילה, ויש לו להתענות אח"כ שני וחמישי ושני לכפרה על מה שאכל ביום התענית, ומכל שכן אם היה יום התענית מחמת נדר שצריך להשלים נדרו אחר כך.

יג. יחיד המתענה על צרתו ועברה, או שמתענה בשביל חולה ונתרפא או מת, צריך להשלים כל התענית שקבל עליו, אבל אם נודע לו שקודם שקבל עליו להתענות כבר עברה הסיבה, אינו צריך להשלים.

יד. יפה תענית עם התשובה לבטל חלום רע, ודוקא בו ביום, ומכל מקום אינו מחויב להתענות, אבל מחויב לעשות תשובה, ויעסוק כל היום בתורה ובתפלה.

דיני חדש אלול.

א. הימים מראש חדש אלול עד אחר יום הכפורים המה ימי רצון, ואף שכל השנה הקדוש ברוך הוא מקבל תשובה מן השבים אליו בלב שלם, מכל מקום ימים אלו מובחרים יותר ומזומנים לתשובה להיותם ימי רחמים. ונכון להתענית בערב ראש חדש אלול ולאמר סדר יום כפור קטן. ואם חל ראש חדש בשבת מקדימין ליום חמישי שלפניו.

ב. מתחילין ביום ב' דר"ח אלול לתקוע בשופר בכל יום לאחר תפלת שחרית „תקיעה, שברים, תרועה תקיעה", חוץ מערב ראש השנה שמפסיקין בו כדי להפסיק בין תקיעת רשות לתקיעת מצוה. וטעם

tence, which one did not resolve upon in the afternoon prayers, if a circumcision or the redemption of the first-born, or another feast of the precepts occurred then, it is mandatory for him to eat (and he does not require absolution) and the fast ceases entirely, and he is permitted to eat thereafter at his own house also, but before the feast he is forbidden to eat. The father of the son on the day of the circumcision, also the Sandek may eat also before the feast, inasmuch as to them it is similar to a Festival.

12. If one ate on a fast day without having been absolved, whether unwillingly or presumptuously, he is also obliged to complete the fast after the eating, and he must fast thereafter on Monday, Thursday and Monday as an atonement for having eaten on the fast day; especially if the fast was undertaken because of a vow is it requisite to complete it thereafter.

13. If an individual fasted because of his distress and it passed by, or if he fasted for one who was ill, and he became well or died, he is required to complete the entire fast that he had taken upon himself, but if he became aware that the reason for fasting had passed by before he undertook to fast he is not required to complete it.

14. Fasting and repentance are efficacious in nullifying the prognostication of an evil dream, and particularly on that very day, nevertheless one is not obliged to fast, it devolves, however, upon him to repent and to spend that entire day in the study of the Torah and in prayer.

LAWS CONCERNING THE MONTH OF ELLUL.

1. The forty days from the New Moon of Ellul until after Atonement Day are days of acceptance, for although in the entire year does the Holy One, blessed be He, accept the repentance of those who turn unto him with a perfect heart, nevertheless these days are more choice and appropriate for repentance, inasmuch as they are days of mercy. It is proper to fast on the Eve of the New Moon of Ellul and to say the prayers of יום כפור קטן and if the New Moon occurs on the Sabbath, the fast is held on the preceding Thursday.

2. On the second day of Rosh Chodesh Ellul the blowing of the Shofar is begun and is continued daily after the morning service שחרית excepting on the eve of Rosh Hashana, when it is interrupted in order to make a distinction between the voluntary blowing and the blowing that is mandatory. The reason for blowing the Shofar in

התקיעות בחודש זה לעורר את העם לתשובה. ומיום ב' דר״ח אלול עד
שמיני עצרת אומרים בבוקר ובערב לאחר התפלה את המזמור „לדוד
ד' אורי וישעי".

ג. מיום א' שקודם ראש השנה ואילך משכימין לסליחות, ואם חל
ראש השנה ביום שני או ביום שלישי מתחילין מיום א' בשביע הקודמת,
וכשמשכימין צריכין ליטול ידיהם ולברך על נטילת ידים וברכת התורה,
ואחר הס־יחות יטול ידיו שנית בלא ברכה.

ד. השליח צבור שאומר סליחות ישאל לו טלית מאחר ויתעַטֵף
בו קודם אשרי ולא יברך עליו. ואם אין בנמצא טלית יכולין לומר
סליחות ושלש עשרה מדות גם בלא טלית. ונכון שהמתפלל סליחות
מתפלל גם שחרית ומנחה וגם מעריב שלפניו והוא קודם לאבל ולמוהל
וליאהרציי״ט.

ה. טוב לעמוד באמירת הסליחות, ומי שקשה לו יעמוד לכל
הפחות באמירת „אל מלך יושב וגו' ושלש עשרה מדות.

ו. ידקדק לבחור שליח צבור להתפלל סליחות ובימים נוראים
שיהיה הגון וגדול בתורה ובמעשים טיבים כפי מה שאפשר למצוא, וגם
שיהיה בן שלשים שנה, וגם יהא נשוי ויהא לו בנים. וכן התוקע שופר
בראש השנה והמקרא לפני התוקע ראוי שיהיו בעלי תורה ויראה, מיהו
כל ישראל כשרים לבל, רק שיהא מרוצה לקהל, ואם רואה שיש
מחלוקת בדבר ימנע עצמו, אף על פי שיהיה מי שאינו הגון.

ז. אבל כל י״ב חדש אחר אביו ואמו לא יהא שליח צבור בראש
השנה ויום הכפורים ולא תוקע בראש השנה, אלא אם אין אחר הגון
כמוהו. וכל ימי הסליחות אפילו בערב ראש השנה מותר לאבל להיות
שליח צבור אך לא בתוך שבעה.

ח. יחיד האומר סליחות אינו רשאי לומר „שלש עשרה מדות"

this month is to stir up the people to repent. From the second day of Rosh Chodesh Ellul until שמיני עצרת Ps. xxvii. (לדוד ה' אורי וישעי) is said every morning and evening after the respective prayers.

3. From the Sunday preceding New Year and onwards daily all rise early and attend to Propitiatory Prayers (סליחות); if, however, the New Year occurs on Monday or Tuesday, they are begun from the Sunday of the preceding week. When rising early the hands should be washed and the blessings על נטילת ידים and ברכת התורה should be said. After the סליחות the hands should be washed again without a blessing being pronounced.

4. The Reader intoning the סליחות should borrow a Tallith from another and wrap himself therein before saying אשרי. He should not pronounce the blessing upon the Tallith. If a Tallith cannot be obtained, the סליחות and the עשרה מדות שלש may be said without wearing a Tallith. It is proper that the one who intones the סליחות should also read the morning and afternoon prayers as well as the evening prayers of the preceding night, wherein he takes precedence over a mourner, a mohel and a Yahrzeit.

5. It is well to stand whilst saying the סליחות, and one who finds it difficult should stand at least whilst saying אל מלך יושב וגו' and שלש עשרה מדות.

6. It is proper that the Reader who recites the סליחות, and who conducts the services on the awe-inspiring days (Rosh Hashana and the Day of Atonement) should be a man of eminent respectability, greatly learned in the Torah and excelling in goodness, as good a man as can be found, he should be at least thirty years old, married and having children, likewise he who blows the Shofar on Rosh Hashana, and he who prompts him should be men of learning in the Torah and in the fear of God. Howbeit, every Israelite is eligible for every sacred office, if he but suits the congregation. If, however, one sees that his election will cause dissension, he should withdraw his candidature, even if an improper person will be chosen.

7. One who is in the twelve months of mourning for his parents should not officiate as Reader on Rosh Hashona and Atonement Day, nor should he blow the Shofar on Rosh Hashana unless there be none else so suitable for the office as he, during the entire period in which סליחות are said, even on Rosh Hashana eve, a mourner is permitted to act as Reader, but not during his seven days of mourning.

8. One who says the סליחות is not allowed to say שלש עשרה מדות as a prayer, and supplication, but as one who reads it in the Torah

דרך תפלה ובקשה אלא דרך קריאה בתורה בנינון ובטעמים. וכן במקום
שנזכר שלש עשרה מדות, כגון „זכור לנו היום ברית שלש עשרד"
וכדומה יש לו לדלג. וכן הבקשות שהן בלשון ארמי, כגון „מחי ומכי"
וכו' „מרן דיא בשמיא" וכו', לא יאמרם אלא בעשרה.

ט. אבל תוך שבעה אסור לצאת מביתו ללכת לבית הכנסת לומר
סליחות מלבד בערב ראש השנה דשנה שמרבים בסליחות.

י. הרבה נוהגין להתענות בעשרת ימי תשובה, ולפי שחסרים
ארבעה ימים שאינם מתענים דהיינו שני ימים של ראש השנה, שבת,
וערב יום הכפור, על כן מתענין תמורתם ד' ימים בימי הסליחות שקודם
ראש השנה דהיינו יום א' דסליחות, וערב ראש השנה, ועוד שני ימים
בינתים, ובוחרים ביום שני וחמישי, ואם אירע להן סעודת מצוה יכולין
לאכול ויתענה יום אחר תמורתו, או אם יודע שיהיה לו סעודת מצוה
יתענה מקודם יום אחר תמורתו.

יא. בערב ראש השנה נהגו כולם להתענות עד אחר מנחה, שאז
טועמין איזה דבר שלא ליכנום ליום טוב כשהוא מעונה.

יב. מכבסין ומסתפרין בערב ראש השנה לכבוד יום טוב. ויש
ליזהר להסתפר קודם חצות היום, וטובלים ולובשים בגדי שבת בראש
השנה.

יג. אומרים התרת נדרים בערב ראש השנה, ומי שאינו מבין מה
שהוא אומר בלשון הקודש יאמר בלשון שהוא מבין.

דיני ראש השנה.

א. בכל הקדישים שאומרים מראש השנה עד יום הכפורים כופלין
תיבת לעילא, דהיינו שאומרים לעילא לעילא (ולא בוא"ו ולעילא).

שסג

in the same air and with the same intonations, he should also omit the passage wherein the שלש עשרה מדות are mentioned, such as זכור לנו היום ברית שלש עשרה and the like, as well as the entreaties in the Aramean language such as מחי ומסי should be said only amongst an assembly of ten.

9. A mourner, during the seven days of mourning, is forbidden to go from his house to the synagogue to say סליחות excepting on the eve of New Year, when many סליחות are said.

10. Many are accustomed to fast on the ten penitential days; but inasmuch as they lack four days on which there is no fasting, that is the two days of New Year, Sabbath and the eve of Atonement Day, there are therefore four other fast-days in the days of סליחות before New Year to take their place, viz., the first day of סליחות, the eve of New Year and yet two intervening days, preferably Monday and Thursday. If a feast of the precepts occurred therein, one may partake thereof, and he can fast on another day in its stead.

11. On the eve of New Year it is a general custom to fast until after Afternoon Service, at which time some food is partaken of in order not to inaugurate the Festival whilst fasting.

12. One should wash himself and cut his hair on the eve of New Year in honour of the Festival, care, however, should be taken to cut the hair before noon, the ceremony of immersion is also performed and Sabbath garments are put on, on New Year.

13. On the Eve of New Year התרת נדרים " the abolution of vows " is said. One who does not understand it in the Holy Language should say it in the vernacular.

LAWS CONCERNING NEW YEAR.

1. In each Kaddish that is said from New Year unto the Day of Atonement, the word לעילא is repeated, thus, לעילא לעילא.

ב. כל השנה אומרים בתפלה „האל הקדוש" „מלך אוהב צדקה ומשפט", חוץ מן ראש השנה עד אחר יום הכפורים שצריכין לומר „המלך הקדוש", „המלך המשפט". אם טעה ואמר האל הקדוש, או שהוא מסופק אם אמר האל הקדוש או המלך הקדוש, אם נזכר תוך כדי דיבור אומר „המלך הקדוש" ואינו צריך לחזור לראש, וכן הדין „כהמלך המשפט". אבל אם לא נזכר עד לאחר כדי דיבור, אזי בהמלך הקדוש צריך לחזור לראש התפלה, ואפילו הש"ץ בחזרת התפלה צריך לחזור לראש וצריכין לומר קדושה שנית, אבל בהמלך המשפט אפילו יחיד אין צריך לחזור אפילו לאיתה ברכה. בכל השנה אם טעה ואמר המלך הקדוש, המלך המשפט, אין צריך לחזור.

ג. בשבת ערבית בברכת מגן אבות אומרים גם כן במקום „האל הקדוש" „המלך הקדוש", ואם טעה השליח צבור ואמר האל הקדוש, אם נזכר מיד תוך כדי דיבור חוזר ואומר המלך הקדוש, אבל לאחר כן אינו חוזר.

ד. אם שכח „זכרנו" או „מי כמוך", וכתוב, בספר חיים", ולא נזכר עד שאמר ברוך אתה ה', כיון שאמר את השם גומר את הברכה ומתפלל כסדר ואינו צריך לחזור. וכן אם שכח לומר „ובכן תן פחדך" „וחתם" „המלך הקדוש", ואפילו לא אמר רק ברוך אתה ה', חותם המלך הקדוש ואומר אתה בחרתנו וכו'.

ה. בסיום השמונה עשרה יש מסיימים עושה השלום, ויש שאינן משנין אלא אומרים המברך את עמו ישראל בשלום, ואך בקדישים אומרים עושה השלום במרומיו וכו'.

ו. לאחר תפלת מעריב בליל ראשון נהגין לומר כל אחד לחבירו לשנה טובה תכתב ותחתם, ולנקבה אומרים: תכתבי ותחתמי, אבל ביום אין אומרים.

ז. בסעודת הלילה נוהגין לעשות סימנים לשנה טובה, טובלין

שסד

2. In the entire year in the מלך אוהב and האל הקדוש—שמונה עשרה צדקה ומשפט is said, with the exception of that interval from New Year until after the day of Atonement when it is requisite to say המלך הקדוש—המלך המשפט. If one erred and said האל הקדוש, or if one is in doubt whether he said האל הקדוש or המלך הקדוש, if in the time that it would take to say it he became aware of his error, he should say המלך הקדוש and is not required to repeat from the beginning ; this law applies also to המלך המשפט. If, however, he was not reminded thereof until after the time that it would take to say it, then at המלך הקדוש he is required to turn to the beginning of the שמונה עשרה. Even a Reader during the repitition of the שמונה עשרה is required to turn to the beginning and it is necessary to say the קדושה again ; at המלך המשפט, however, even an individual need not turn back to repeat even that blessing. If during the year one had erred and said המלך הקדוש—המלך המשפט it is not necessary to repeat the שמונה עשרה.

3. In the Evening Service of Sabbath, in the blessing מגן אבות— המלך הקדוש is said also in place of האל הקדוש, and if the Reader erred and said האל הקדוש, if he became aware of it immediately, in the time that it would take to say it, he should turn to say המלך הקדוש, but, he need not turn back thereafter.

4. If one forgot to say זכרנו or מי כמוך—וכתוב and בספר חיים, and was not reminded thereof until he had mentioned the Divine name, he concludes the blessing and continues the prayers. Likewise if he forgot to say ובכן תן פחדך and concluded המלך הקדוש, even if he had only said ברוך אתה ה' he concludes המלך הקדוש and says אתה בחרתנו and so on.

5. At the conclusion of the שמונה עשרה some conclude עושה שלום and some do not change, but say המברך את עמו ישראל בשלום and only in Kaddish do they say עושה שלום במרומיו וכו'.

6. After the Evening Service on the first night of New Year, it is customary for one to say to a friend לשנה טובה תכתב ותחתם and to a female תכתבי ותחתמי, but this is not said in the day.

7. In the feast made at night, it is customary to make the auguries of a good year, thus, a portion of the bread on which the

פרוסת המוציא בדבש ואחר שאכל כזית אומר: יהי רצון שתתחדש עלינו
שנה טובה ומתוקה, ואחר כך טובל קצת תפוח מתוק בדבש ומברך
עליו בורא פרי העץ ואוכלו, ואחר כך אומר גם כן יהי רצון. ונוהגין
לאכול ראש כבש זכר לאילו של יצחק, ויש להדר גם כן לאכול דגים,
ואין לבשל אותם בחומץ, כי אין אוכלין דברים חמוצים או מרורים בראש
השנה, ואוכלים בשר שמן וכל מיני מתיקה. גם נוהגים שלא לאכול
אגוזים ולוזים. ויש ללמוד תורה על השלחן. ונוהגין קצת ללמוד משניות
מסכתא ראש השנה.

ח. בראש השנה כשאומר „אבינו מלכנו חמאנו לפניך" אין לדפוק
בידו על החזה כמו בחול וביום הכפורים, כי אין אומרים וידוי בראש
השנה שהוא יום טוב.

ט. בשעת הוצאות ספרי תורה אומרים „שלש עשרה מדות"
ורבונו של עולם, וביום טוב שחל בשבת אין אומרים שלש עשרה מדות
ולא רבונו של עולם.

י. שיעור התקיעות לכתחלה צריכין להיות כך: התרועה היא
תשעה כחות קצרות, ושברים יעשה שלשה שברים זה אחר זה, כל
שבר יהא ארוך כמו שלשה כחות קצרות מן התרועה, ונמצא שגם
השברים היא כמו תשעה כחות. ויזהר מאד שלא להאריך בשברים עד
שיהא כל שבר כמו תשעה כחות, כי בזה אפילו בדיעבד אינו יוצא.
והתקיעות המה הברות פשוטות ובסדר תקיעה שברים תרועה תקיעה
תהא כל תקיעה ארוכה כמו השברים עם התרועה דהיינו כמו שמונה
עשר כחות, ובסדר תקיעה, שברים, תקיעה, תהא כל תקיעה ארוכה כמו
השברים, דהיינו תשעה כחות. וכן בסדר תקיעה, תרועה, תקיעה,
בתקיעות שקודם תפלת מוסף יש לעשות השברים עם התרועה בנשימה
אחת, ובתקיעות שבתוך החזרת התפלה יש לעשותן בשתי נשימות.
ומכל מקום לא יפסיק ביניהן אלא יהיו תכופות זו לזו.

שסה

blessing המוציא has been said is dipped in honey, and after a כזית thereof is eaten, יהי רצון שתחדש עלינו שנה טובה is said : after this, a piece of sweet apple is dipped in honey, the blessing בורא פרי העץ is said thereon, after eating, the יהי רצון is also said. It is also customary to partake of the head of a sheep in commemoration of the ram of Isaac. One should also endeavour to partake of fish, but it should not be cooked in vinegar, as sour or bitter food is not partaken of on New Year. Rich meats and all kinds of confectionary are partaken of. It is also customary not to partake of nuts and almonds. It is proper to study the Torah whilst at the table, some make it a practice to study the Mishna, the treatise relating to the New Year.

8. On the New Year, when saying אבינו מלכנו חטאנו לפניך one should not beat one's breast as on a week-day or as on the Day of Atonement, as one does not confess the sins on New Year it being a Festival.

9. When the Scrolls of the Law are taken out of the Holy Ark, the שלש עשרה מדות and רבונו של עולם is said, but on a Festival which occurred on the Sabbath neither of the foregoing are said.

10. The sounds of the Shofar should be, primarily as follows : the תרועה is the blowing of nine short sounds, the שברים should be blown thrice in succession, the sound of each שבר should be as long as three short sounds of תרועה, thus the שברים also is equal to nine sounds ; one should be careful not to prolong the blowing of the שברים until each שבר equals nine sounds, for otherwise the obligation is not fulfilled even when already accomplished. The תקיעות are simple sounds and in the order of תשר"ת the sound of each תקיעות should be as long as the שברים and a תרועה, that is, as eighteen sounds, the same in the order of תר"ת. In the תקיעות preceding the Additional Service, the שברים and the תרועה should be sounded in one breath, but in the תקיעות during the repetition of the תפלה they should be sounded as in two breaths, nevertheless, one should not pause between them, but they should sound in immediate succession.

365

יא. כשהתוקע אומר את הברכות אל יאמרו הקהל „ברוך הוא וברוך שמו", אך ישמעו היטב את הברכות, ואחר כל ברכה יאמרו בכונה „אמן". ואסור להפסיק מכאן עד לאחר כל התקיעות שבהחזרת התפלה.

יב. בחזרת התפלה כשאומר השליח צבור „ואנחנו כורעים" אז גם הצבור אומרים עמו וגם כורעים ומשתחוים, וגם השליח׳ צבור כורע ומשתחוה, אבל אסור לעקור ממקומו בשעת התפלה, ולכן נוהגין שיעמוד קצת רחוק מן העמוד כדי שיוכל לכרוע ולהשתחות בלי עקירה ממקומו, והעומדים אצלו מסייעים אותו לעמוד שלא יצטרך לעקור רגליו. התקיעות שבתוך החזרת התפלה אין להשליח צבור לתקוע אלא אם הוא בטוח שלא תתבלבל דעתו על ידי כך.

יד. בחזרת התפלה תוקעין אחר ברכת „מלכיות" תקיעה, שברים תרועה, תקיעה, תש"ת, תר"ת, וכן אחר ברכת „זכרונות", וכן אחר ברכת „שופרות". ולאחר התפלה משלימין עוד תשר"ת שלשה פעמים, תש"ת שלשה פעמים, תר"ת שלשה פעמים, ואחר כך עוד תשר"ת, תש"ת תר"ת, סך הכל, שלשים קולות קודם מוסף ושלשים קולות בחזרת הש"ץ, וארבעים קולות אחר התפלה, סך הכל מאה קולות. ולאחר שנגמרו כל התקיעות יש להצניע השופר, ואפילו מי שרוצה להיות תוקע ביום שני, אין לו לתקוע ביום ראשון להתלמד.

טו. מילה בבית הכנסת מלין לאחר ההפטרה קודם תקיעת שופר, ובשבת מלין אחר אשרי. ואם צריכין למול אצל היולדת מלין אחר היציאה מבית הכנסת.

טז. מי שיצא בתקיעת שופר ורוצה לתקוע בשביל אחרים, יכול גם כן לברך את הברכות. ומכל מקום יותר נכון שזה שהוא צריך לצאת הוא יברך את הברכות. והתוקע בשביל נשים יתקע קודם שישמע את התקיעות בבית הכנסת, ויברך על התקיעות ויכוין שיצא שיצא בהן, ובלבד

שסו

11.   When the one who blows Shofar pronounces the blessings, the congregation should not respond ברוך הוא וברוך שמו, but they should listen attentively and after each blessing devoutly respond אמן, and from thence it is forbidden to permit any interruption until after all the תקיעות during the repetition of the תפלה.

12.   At the repetition of the תפלה when the Reader says ואנחנו כורעים the congregation say it also with him, as well as to bow and to postrate themselves; the Reader also bows and postrates himself, but he is forbidden to leave his place during the תפלה, it is therefore customary for the Reader to stand at a slight distance from the desk in order that he may be able to bow and postrate himself without leaving his place, and those who stand near him should assist him to rise, that he be not compelled to move his feet.   The תקיעות during the repetition of תפלה should not be sounded by the Reader, unless he is confident that he will not become confused (in his prayers) thereby.

14.   At the repetition of the תפלה the Shofar is blown after the blessings of מלכיות in the following order, תשר"ת—תש"ת—תר"ת, the same order being observed after the blessings זכרונות, likewise after the blessings שופרות, and after the תפלה, the above order תשר"ת—תש"ת—תר"ת is thrice repeated repectively, and on conclusion thereof תשר"ת—תש"ת—תר"ת— is sounded, making thirty sounds before the Additional Service, and thirty sounds at the Reader's repetition of the תפלה and forty sounds after the תפלה making one hundred sounds in all.   On conclusion of all the תקיעות the Shofar should be hidden, and even one who desires to act as תוקע on the second day should not blow on the first day to practice.

15.   If a circumcision is to take place at the synagogue, it should be performed after the Haphtora, before the blowing of the Shofar, and if it be a Sabbath, the circumcision should take place after אשרי : if necessary that the circumcision should be performed at the house of the mother, it should take place after leaving the synagogue.

16.   One who had fulfilled his obligation as regards the blowing of Shofar, and desires to blow for the sake of others, may also say the blessing, nevertheless it is more proper that one requiring to fulfil this obligation should pronounce the blessings.   One who blows the Shofar for the sake of women, should blow it before hearing the תקיעות in the synagogue, and he should pronounce the blessings thereon with

שלא יהיה בשלש שעות הראשונות על היום, כי אז אין לתקוע ביחידות. או שיתקע להן בשעה שתוקעין בבית הכנסת, או לאחר התקיעות בבית הכנסת, אלא שיכוין שלא לצאת בתקיעות אלו, אלא בתקיעות שהוא יתקע לפני האשה ויברך עליהן, ואף על גב שהולך אחר כך בבית הכנסת להתפלל מוסף ולשמוע התקיעות שבתפלה, אין ההפסק מצריכו לברך שנית, דכולא תקיעות חדא מצוה נינהו. ואם האשה חלושה וצריכה לאכול קודם התקיעות יכולה היא לאכול.

יז. כשיוצאין מבית הכנסת יש לילך בישיבה ונחת, שמח וטוב לב בכטחון כי שמע ד' בקול תפלתנו ותקיעותינו ברחמים, ואוכלים ושותים כיד ה' הטובה. ומכל מקום יוהר שלא לאכול אכילה גסה, ותהא יראת ד' על פניו, ויש ללמוד תורה על השלחן. לאחר ברכת המזון אין לישן אלא הולכין לבית הכנסת ואומרים תהלים בצבור עד תפלת מנחה, ואך מי שראשו כבד עליו יכול לישן מעט קודם שהולך לבית הכנסת.

יח. לאחר תפלת מנחה הולכין אל הנהר, וטוב שיהיה מחוץ לעיר, ושיהיה דגים בו. ואם אין שם נהר שיש בו דגים, הולכין לנהר אחר או לבאר, ואומרים הפסוקים מי אל כמוך וכו', ככתוב בסדורים סדר תשליך. אם חל יום ראשון של ראש השנה בשבת הולכין ביום שני.

יט. בקידוש ליל שני יש ספק אם יברך שהחיינו, לכן יניח על השלחן פרי חדשה שתהא ברכת שהחיינו שבקידוש גם על הפרי או שלובש בגד הדש. ואם אין לו, אין מעכב ואומר שהחיינו בקידוש. וכן האשה בהדלקת הנרות לליל שני, אם אפשר תלבוש בגד חדש, או תניח פרי חדשה, שתהא ברכת שהחיינו גם על זה, ואם אין לה, אינו מעכב. וכן התוקע ביום שני, אם אפשר יש לו ללבוש בגד חדש. ואם חל יום ראשון של ראש השנה בשבת אינו צריך, דהא עדיין לא ברכו שהחיינו על השופר.

the intention of fulfilling his obligation thereby, this, however, should not be done in the first three hours of the day, as one should not, then, blow the Shofar privately, or else he should either blow the Shofar for them at the time it is blown in the synagogue, or after the תקיעות in the synagogue, but he should bear in mind not to be exempted by these תקיעות, but only by those תקיעות which he will blow for the women, and he should say a blessing thereon, and although he afterwards goes to the synagogue to say the prayers of the Additional Service, and to hear the תקיעות in the תפלה, the interruption does not oblige him to repeat the blessing, as all the תקיעות constitute one precept. A weak woman who cannot abstain from food until after the תקיעות may eat before.

17. When leaving the synagogue it is proper to go with quiet decorum and with a heart full of happy confidence that the Lord had mercifully heard the voice of their prayers and the sounds of the Shofar, and they should eat and drink according to the bounty of the Lord which he had bestowed upon them, yet it is proper for one to guard oneself against eating to excess, and the fear of the Lord should be upon his countenance. It is also proper to study the Torah at the table. After Grace has been said, one should not go to sleep but should go to the synagogue and say תהלים with the congregation until the Afternoon Service, and only one who has headache may sleep a little before going to the synagogue.

18. After the Afternoon Service it is customary to go to a stream, preferably to one which is outside the city, and in which fish abound, if, however, a stream containing fish is not there, one goes to one without or to a well, and says מי אל כמוך וכו' in the סדר תשליך as it is set out in prayer books. If the first day of New Year falls on the Sabbath, one goes to the water on the second day.

19. Authorities differ as to whether שהחינו should be said at the Kiddush of the second night, therefore a new fruit is laid on the table in order that the blessing שהחינו said in the Kiddush should also apply to the fruit, or one should put on a new garment, yet if he have done none of these, it does not bar the fulfilment of his obligation, and the blessing שהחינו is said in Kiddush. A woman likewise when lighting the candles on the second night, should, if possible, put on a new garment, or lay a new fruit on the table in order that the blessing שהחינו should apply also to these, yet if she have none of these, it does not bar the fulfilment of her obligation. Likewise the one who blows the Shofar on the second day, should, if possible, put on a new garment; if, however, the first day falls on Sabbath, this is not necessary, inasmuch as he did not, as yet, say the blessing שהחינו on the Shofar.

דיני עשרת ימי תשובה.

א. עשרת ימי תשובה שמם מורה עליהם שהם מיוחדים לתשובה, לכן צריך האדם בימים אלו לפשפש במעשיו ולשוב ממעשיו הרעים, וספק עבירה צריכה תשובה יותר מעבירה ודאית, כי יותר מתחרט האדם כשהוא יודע שעשה עבירה מאם אינו יודע, וירבה בתורה ובמצות ובצדקה. וביותר צריך האדם לתקן דברים שבינו לבין חבירו, אשר עליהם אין כפרה עד שיחזיר את הגזל ואת העשק ויפייסו שימחול לו.

ב. ראוי לאדם שיתנהג בימים אלו גם בחומרות שאינו נוהג בהם כל השנה כי גם אנו מבקשים מאת ה' יתברך שמו, שיתנהג עמנו בחסידות.

ג. נוהגין שלא לעשות נישואין בימים אלו.

ד. בשבת תשובה יש לקרות למפטיר אדם חשוב.

דיני ערב יום כפור

א. בערב יום הכפורים לוקחין תרנגול לזכר ותרנגולת לנקבה, ולאשה מעוברת תרנגול ותרנגולת, ואומר הפסוקים בני אדם וכו', ומסבב כביב ראשו ואומר זה חליפתי וכו' שלשה פעמים. אם מסבב לאחרים אימר זה חליפתך, ויש לו לסבב חלה לעצמו ואחר כך לאחרים. ואל יחשוב האדם שזהו כפרתו ממש, אלא יחשוב כי כל מה שעושין בעוף הזה היה ראוי לבוא עליו בעונותיו ויתאונן על חטאיו, והקב"ה ברחמיו יקבל תשובתו. אם אין תרנגולים מצויים יכול ליקח אווז או שאר בעל חי, אך לא תורין ובני יונה. יש נוהגין ליתן את הכפרות לעניים, אבל יותר טוב לפדותן בממון וליתן את הממון לעניים.

ב. אין א'מרים מזמור לתודה ולא תחנון, ולא למנצח, גם אבינו
שבח

LAWS AND CUSTOMS OF ISRAEL

LAWS CONCERNING THE TEN DAYS OF PENITENCE.

1. The purpose of the Ten Days of Penitence is demonstrated by its name which indicates that they are devoted to repentance, hence it devolves upon a man during these days to search into his deeds, and to turn from all evil actions. For the transgressions of which one is in doubt, more penitence is necessary than for that deed which one knows positively that it is a transgression, as one feels more regret if he knows that he had committed a transgression, than if he does not know it. One should exceed in the study of the Torah, in the performance of the precepts, and in the distribution of charity, but more than all, a man should make amends for all the wrongs that he had committed against his neighbour, for which there is no atonement unless he makes restitution of the thing stolen, or obtained by oppression, and he conciliates him until he forgives him.

2. It is proper for a man during these days to be more scrupulous than the entire year, by rigidly adhering to the precepts, for we also pray to God, blessed be his name, that He deal with us with lovingkindness.

3. It is customary not to marry in these days.

4. On the Sabbath whereon the section שובה is read for the Haftora, an eminent man should be called up as Maftir.

LAWS CONCERNING THE EVE OF ATONEMENT DAY.

1. On the Eve of Atonement-day, a cock is taken by a male, and a hen by a female, and for a pregnant woman both a cock and a hen, and the verses 'בני אדם וכו is said, and the fowl is turned around his (or her) head while saying 'זה חליפתי וכו and if saying for another זה חליפתך should be said. One should perform the ritual for oneself before doing it for another. One should not imagine that the fowl atones for oneself, but should think that everything that is done to that fowl should properly be done to oneself because of one's iniquities, and one should lament because of his sins, and the Holy One, blessed be He, in His mercy, will accept his repentance. If chickens cannot be obtained a goose may be taken, or another live thing, but neither turtle doves nor pigeons. Some are accustomed to give the redemption fowls to the poor, but it is more proper to redeem them with money and to give the money to the poor.

2. Neither מזמור לתודה, nor תחנון, nor למנצח is said, nor is אבינו מלכנו said, excepting when Atonement Day falls on the Sabbath, then

מלכנו אין אומרים, רק כשחל יום הכפורים בשבת אז אומרים ערב יום
הכפורים בשחרית אבינו מלכנו.

ג. מצוה להרבות בסעודה לאכול ולשתות, וכל האוכל ושותה
בערב יום הכפורים לשם מצוה נחשב לו כאלו התענה גם היום. ומצוה
לאכול דגים בסעודה הראשונה.

ד. עבירות שבין אדם לחבירו אין יום הכפורים מכפר עד שירצה
את חבירו. לכן צריך כל אדם לדקדק אם יש בידו ממון של אחרים שלא
כדין יחזיר לו ויפיים אותו. ואם יש בידו ממון שהוא מסופק בו אם הוא
שלו על פי דין אי לא, יודיע לחבירו שהוא רוצה לעמוד עמו מיד לאחר
יום הכפורים לדין תורתנו הקדושה ויקבל עליו באמת לקיים כאשר יצא
מפי הבית דין. וגם אם לא חטא כנגד חבירו אלא בדברים צריך לפייס,
ומחויב ללכת בעצמו לפייסו, אך אם קשה עליו, או שהוא מבין כי יותר
קרוב שיתפייס על ידי אמצעי, יעשה על ידי אמצעי. והאיש אשר מבקשין
ממנו מחילה ימחול בלב שלם ולא יהא אכזרי. ואפילו הצר לו הרבה לא
יקום ולא יטור. ואדרבא אם החוטא אינו מתעורר לבא אליו לבקש
מחילה, יש לו להאיש העלוב להמציא את עצמו לאותו שחטא כדי
שיבקש ממנו מחילה. ומי שאינו מעביר שנאה ביום הכפורים אין תפלתו
נשמעת ח"ו, וכל המעביר על מדותיו מעבירין לו על כל פשעיו.

ה. אם מת זה האיש אשר חטא כנגדו, מביא עשרה אנשים
ומעמידן על קברו ואומר: חטאתי לאלהי ישראל ולזה האיש (פלוני בן
פלוני) שחטאתי לו, והם ישיבו לו: מחול לך, מחול לך, מחול לך. ויש
לו לילך יחף, גם יש לו לפרט את החטא אם אינו בזיון להמת. אם
קבר המת הוא חוץ לשלשה פרסאות ממקום שדר בו החוטא אינו צריך
לילך בעצמו לשם אלא ישלח שלוחו, והשליח יקח שם עשרה אנשים
וילך על קברו, ויאמר הנני שליח של פלוני מודה ברבים ששלחני פלוני
לבקש מחילה על מה שחטא וכו'. אם חרף אדם לאחר מותו, אינו צריך

אבינו מלכנו is said in the Morning Service on the day previous to Atonement Day.

3. It is mandatory to feast sumptuously and to fare generously as it is accounted a virtue to him who eats and drinks on the Eve of Atonement Day, just as if he had fasted on that day. It is mandatory to partake of fish in the first meal.

4. The Day of Atonement does not atone for transgressions one commits against one's neighbour unless he conciliates his neighbour, one should therefore be very particular to return to others that which he may unlawfully have belonging to them and conciliate them. If one has money, his right to which is in doubt, he should notify his neighbour that immediately after Atonement Day he desires to appear with him before a Jewish tribunal, and he should in all sincerity be resolved to be guided by the verdict in accordance with the edicts of the holy Torah. Likewise if one sinned against his neighbour only with words, he is obliged to conciliate him, and it is his duty to go personally and conciliate him, if, however, that is a difficult thing for him to do or if he understands that he will more easily be reconciled through another, he should conciliate through another, and the one whose forgiveness is sought should forgive with a perfect heart and not be cruel, and even if he has been grieviously wronged, he should not seek vengeance, nor bear a grudge against the other. On the contrary, if the offender does not arouse himself to come unto him to sue for forgiveness, the offended one should present himself to the offender in order that the latter may beg his pardon. If one does not let his enmity pass away, his prayers are not heard on Atonement Day, Heaven forfend, and one who is magnanimous and forgives, has all his own sins forgiven.

5. If the one whom he had offended had died, he should bring ten men and assemble round his grave, and say, " I have sinned unto the God of Israel and to this man (name) have I sinned," to which they should respond, " Thou art forgiven," three times ; he should walk barefoot and also detail the offence if it is not a shame for the dead. If the grave is beyond three leagues from the place where the offender resides, he does not need to go there himself, but he may send another who should take ten men with him to assemble round the grave and say, " I am the agent of this one (name), who publicly confesses, and who sent me to beg for forgiveness for his sin, etc." If one had vilified another after his death he is not required to go

לילך על קברו, אלא יבקש ממנו מחילה במקום שחרפו. ואם הוציא עליו
שם רע צריך לקבל על עצמו תשובה על שעבר על תקנת הקדמונים
שלא להוציא שם רע על מתים.

ו. מצוה על כל אדם לטבול עצמו בערב יום הכפורים. ויש
לדקדק שלא יהא עליו חציצה. ועיקר זמן הטבילה היא לאחר חצות
היום. ומי שהוא אבל, אפילו בתוך שבעה, יכול לרחוץ ולטבול עצמו כמו
שעה או שתי שעות קודם הלילה אפילו קודם מנחה, אבל שאר דיני
אבלות, כגון ישיבה על גבי קרקע ובלא מנעלים, נוהג עד הלילה.

ז. נוהגין שכל בעל הבית עושה נר לביתו, ועוד נר אחד בשביל
נשמות אביו ואמו שמתו, לכפר עליהם. ונוהגין שמדליקין אחת בביתו
שידלוק עד שעת הבדלה, ויבדיל עליו, ואחת מדליקין בבית הכנסת.

ח. בתפלת המנחה של ערב יום כפור אומרים לאחר שמונה
עשרה של חול את הוידוי, דהיינו קודם אלהי נצור אומרים את הפסוק
יהיו לרצון וגו' ומתחילין אלהינו ואלהי אבותינו תבא לפניך, כמו בתפלת
יום כפור. אם בעוד שהוא אומר את הוידוי חוזר השליח צבור את
התפלה, כיון שכבר אמר יהיו לרצון יכול לענות אמן ולומר קדושה
ומודים.

ט. הוידוי יאמר מעומד וישהה כמו במודים. וכשמזכיר את החטא
ידפוק בידו על החזה, סדר הוידוי ככתוב בסדורים אומרים כולם בשוה.
ומי שהוא יודע בעצמו חטא שלא נזכר בוידוי, כיון שהוא אומר את
הוידוי בלחש נכון שיפרט את החטא ההוא ויתודה עליו במרירות הלב
ובדמעות שליש. וכן אם החטא הוא אחד מהמפורשים בוידוי, אז כשמגיע
אליו יתמרמר עליו ביותר. עונות שהודה עליהם ביום הכפורים שעבר,
אף על פי שהוא יודע שלא עשה אותם יותר, מכל מקום יחזור ויתודה
עליהם.

on his grave, but he should beg his forgiveness in the place where he vilified him, if, however, he libelled him, he is required to take upon himself to do penance for having transgressed the ordinance of the Ancients—not to utter a libel against the dead.

6. It is mandatory for one to immerse himself on the Eve of Atonement Day, he should then be particular to see that nothing intervenes between any part of his body and the water. The afternoon is the time essential for the performance of the immersion. A mourner, even during the seven days, may bathe and immerse himself about an hour or two before night, even before the Afternoon Service, but the other laws of mourning, such as sitting on the ground and not wearing boots, he should observe until the night.

7. It is customary for the master of the house to have one candle made for his house and another for the synagogue, for the sake of the souls of his deceased parents, to atone for them. It is customary to light one in the house and to let it burn until the time to say the Habdallah has arrived, when it should be used as the Habdallah light, and the other candle is lit in the Synagogue.

8. In the Afternoon Service of the Eve of Atonement Day after the week-day שמונה עשרה has been said, the וידוי (confession) is read, that is before 'אלהי נצור וגו, the verse 'יהיו לרצון וגו is said, and the words אלהינו ואלהי אבותינו תבוא לפניך are begun, as in the prayers of Atonement Day ; if, whilst saying the וידוי the Reader repeats the תפלה, inasmuch as he has already said יהיו לרצון, he may respond אמן and say קדושה and מודים.

9. The וידוי should be said standing and in a bowed attitude as when saying מודים. When he mentions the sin he should beat his breast. The confession should be said by all alike according to the version printed in the prayer books ; one, however, who is conscious of a sin he had committed which is not mentioned in the וידוי, inasmuch as he says the וידוי inaudibly, should properly mention that sin, and acknowledge his guilt thereof with bitterness of heart, and with abundant tears. Likewise if that sin is one that is mentioned in the וידוי, he should, when coming to it, groan deeply over it. The sins that one had acknowledged in the foregoing Atonement Day, although he is conscious that since then he was not guilty of them, nevertheless, he should repeat his acknowledgment thereof.

י. לאחר תפלת מנחה אין אומרים אבינו מלכנו, בין כשחל יום הכפורים בחול, בין כשחל בשבת.

יא. לעת הערב אוכלין סעודה המפסקת. ונוהגין למבול פרוסת המוציא בדבש כמו בראש השנה. ואין לאכול אלא דברים שהם קלים להתעכל, כגון בשר עוף, ואין אוכלין דגים בסעודה זו ולא יאכל ולא ישתה דברים המחממים, כגון מאכלים המתובלים בבשמים וכרכום. וצריך ליזהר מאד להוסיף מחול על הקודש, דהיינו שיפסיק לאכול מבעוד יום קצת קודם בין השמשות. וזריזין מקדימין להפסיק כמו שעה קודם הלילה. ואם מפסיק מלאכול בעוד יום גדול ודעתו לאכול או לשתות אחר כך צריך שיתנה קודם ברכת המזון, ויאמר בפירוש, או לכל הפחות יהרהר בלבו, שאינו מקבל עליו עדיין את התענית.

יב. מצוה לכבד את היום הקדוש בכסות נקיה ובנרות, לכן מציעין גם בבית הכנסת מצעות נאות ומרבין בנרות. קודם בין השמשות פורסין מפות על השלחנות ומדליקין נרות בבית כמו בערב שבת. ויש להדליק נרות גם בבית המטות. ומברכין על הנרות: „להדליק נר של יום הכפורים", ואם חל בשבת מברכין: „להדליק נר של שבת ושל יום הכפורים".

יג. נוהגין ללבוש את הקיטל שהוא בגד מתים, ועל ידי זה לב האדם נכנע ונשבר, וגם האבל יכול ללבשו. וכיון שהוא בגד מיוחד לתפלה לא ילך בו לבית הכסא. גם הנשים לובשות בגדים לבנים ונקיים לכבוד היום, רק לא יקשטו את עצמם בתכשיטין, מפני אימת הדין.

יד. המנהג שהאב והאם מברכים את הבנים ואת הבנות קודם שנכנסין לבית הכנסת, ומתפללין בברכה זו שיחתמו לחיים טובים ושיהא לבם נכון ביראת ד.

טו. נוהגין ללבוש את הטלית, ויש ליזהר ללבשו מבעוד יום ויברך עליו. ואם נתאחר עד בין השמשות לא יברך עליו.

שעא

10. On conclusion of the Afternoon Service אבינו מלכנו is not said, and it matters not whether the Atonement Day occurs on a week-day or whether it falls on a Sabbath.

11. Towards evening the final meal is partaken of, and it is customary to dip the piece of bread on which the blessing המוציא had been pronounced in honey as on New Year. One should eat no food but that which it is easy to digest, such as the flesh of fowls. Fish should not be partaken of at this meal. One should neither eat nor drink any food or drink that warms, such as victuals in which spices and saffron are mingled. It is requisite for one to be exceedingly careful to add from the profane to the sacred, that is, he should conclude the meal while it is yet day, a short time before twilight, the zealous hasten to end their meal at about an hour before nightfall. One who had finished his repast while the day is yet long and he intends to eat and drink thereafter is required to make that provision before Grace after the meal, and he should say explicitly, or at least bear it in mind that he does not as yet inaugurate the fast.

12. It is mandatory to honour the Holy Day with clean apparel and with lights; hence, in the synagogue also beautiful covers are spread and many lamps are lit. Before twilight the table-cloths are spread upon the tables and the lamps are lit as on a Sabbath-eve. It is proper also to light candles in the bed-room, and the blessing להדליק נר של יום הכפורים is said upon these lights. If it occurred on Sabbath one says the blessing להדליק נר של שבת ושל יום הכפורים.

13. It is customary to wear a Kittel, which is the garment of the dead, as through that the heart of man is humbled and broken. A mourner may also wear it. Inasmuch as it is a garment made for the special purpose of praying therein, one should remove it before entering a lavatory. Women also wear white clean dresses in honour of the day, but they should not adorn themselves with ornaments, because of awe for the judgment.

14. It is customary for parents to bless their children before entering the synagogue and to pray in that blessing that they may be sealed for a happy life, and that their hearts may be steadfast in the fear of God.

15. It is customary to put on the Tallith, one should be careful to put it on while it is yet day, and say a blessing thereon, if, however, he delayed in putting it on until twilight he should not say a blessing thereon.

דיני ליל יום הכפורים.

א. קודם כל נדרי מוציא הגדול שבקהל ספר תורה ומסבב
הבימה, האנשים מחבקים ומנשקים את הספר תורה ומבקשים מחילה
וסליחה על מה שפגמו בכבוד התורה, ומקבלים עליהם מהיום ואילך
ללכת בדרכה, ואומרים כמה פעמים הפסוק „אור זרוע" וגו'. ושנים
חשובים מן הקהל עומדים אצל הש"ץ מימינו ומשמאלו ואומרים שלשתן :
בישיבה של מעלה וכו', והש"ץ אומר „כל נדרי" ג' פעמים. ויש לכל
אדם לומר עם הש"ץ בלחש. ויש להתחיל כל נדרי בעוד יום ולהמשיך
בו עד הלילה.

ב. כשהש"ץ אומר ברכת „שהחיינו" יכוין להוציא את הצבור
ומכל מקום נכון שהשומע יכוין שלא יצא בברכת הש"ץ אלא יברך
בעצמו בלחש, וימהר לסיים קודם הש"ץ כדי שיענה אמן. והנשים שבירכו
בהדלקת הנרות „שהחיינו", וכן איש אם הדליק ובירך אז שהחיינו, לא
יברכו עתה שהחיינו.

ג. בליל יום הכפורים ויומו אומרים „ברוך שם כבוד מלכות
לעולם ועד" בקול רם.

דיני יום הכפורים.

א. יום הכפורים אסור באכילה ובשתיה, ברחיצה, בסיכה, בנעילת
הסנדל, ובתשמיש המטה, ואסור בכל מלאכה וטלטול כמו בשבת. וכיון
שצריכין להוסיף מחול על הקודש, לכן אסורים בכל אלו מבעוד יום
איזה זמן קודם בין השמשות וכן במוצאי יום הכפורים זמן מעט לאחר
צאת הכוכבים.

שעב

LAWS AND CUSTOMS OF ISRAEL

Laws Concerning Atonement Eve (כל נדרי).

1. Previous to כל נדרי the most venerable of the congregation take the Scrolls of the Law from the Holy Ark and walk therewith round the Reader's platform (בימה), whilst the people bow and press their lips reverently to the Sacred Scroll and plead for pardon and forgiveness for having been lax in honouring the Torah, and they should resolve that henceforth they will be guided by it, and the verse אור זרוע וגו' is repeated many times; then two respected men of the congregation stand near the Reader, at his right and at his left, and the three say בישיבה של מעלה וכו', then the Reader says כל נדרי thrice, and all should say it in an undertone together with the Reader. It is proper to begin saying כל נדרי while it is yet day, and continue it until night.

2. When the Reader says the blessing שהחינו it should be his object to exempt the congregation from saying it, nevertheless, it is proper for the listener to bear in mind that he is not exempted by the Reader's blessing, but he should himself say the blessing in an undertone, and should hasten to conclude it before the Reader, so that he may respond אמן, but the women who have already said the blessing שהחינו when lighting the candles or likewise if a man lit the candles and said שהחינו then, they should not repeat same.

3. On the Atonement Eve and day ברוך שם כבוד מלכותו לעולם ועד should be said in a loud voice.

Laws Concerning the Day of Atonement.

1. On the Day of Atonement, eating, drinking, bathing, anointing, wearing boots and cohabitation is forbidden. It is likewise forbidden to do any work, or to carry from place to place, as on a Sabbath. Inasmuch as it is necessary to add from the profane to the sacred, all of the foregoing are forbidden while it is yet day, a short time before twilight, likewise on the conclusion of the Day of Atonement until a short time after the appearance of the stars.

372

ב. הכהנים שעולים לדוכן מותרים וצריכים נטילת ידים עד הזרוע. והחולה אפילו אין בו סכנה רוחץ כדרכו.

ג. סיכה אסורה ואפילו על מקצת גופו, אך חולה אפילו אין בו סכנה סך כדרכו.

ד. נעילת הסנדל אסור אם הוא של עור, אבל של בגד מותר. ואם הוא מצטער הרבה לילך במקום רפש וטיט וגשמים ואי אפשר לו לילך בלא מנעל, ינעול מנעלים או סנדלים, ולפני פתח בית הכנסת יחלוץ אותם ויצניעם. ויזהר שלא ליגע בהם לא בנעילה ולא בחליצה שלא יצטרך ליטול ידיו.

ה. מותר לעמוד על מרבדים או מצעות, אפילו הן של עור. וכל חולה אף על פי שאין בו סכנה, או מי שיש לו מכה ברגלו, וכן היולדת כל שלשים יום מותרין בנעילת הסנדל.

ו. אסור ליגע באשתו אפילו ביום, ויהזיקנה כל יום הכפורים כמו נדה.

ז. מעוברת ומניקות מתענות ומשלימות ככל אדם. ומניקה שילדה חולה ומסוכן ואינו רוצה לינק כי אם ממנה, ואם תתענה תהא סכנה לילד, לא תתענה.

ח. מעוברת שהריחה איזה מאכל ונתאיה לה, וידוע שאם אין נותנין לה ממה שהיא מתאוה, היא וילדה מסוכנים, לכן אם אמרה צריכה אני לאכול אף על פי שאין פניה משתנה, או שרואים שפניה משתנה אף על פי שאינה אומרת כלום לוחשין לה באזניה שהיום הוא יום הכפורים, כי לפעמים מתיישבת דעתה בכך, ואם לא נתיישבה דעתה מאכילין אותה בענין זה, מתחלה נותנים לה דבר מועט שטובלין אצבע ברוטב וכדומה ונותנין לתוך פיה, כי לפעמים בטיפה אחת מתיישבת דעתה, ואם לאו נותנים לה פחות מכשיעור, ואם עדיין לא נתיישבה דעתה נותנין לה די צרכה. וכן כל אדם שהריח מאכל ונשתנה

שעג

2. The Priests who go up to say the benediction are permitted, nay, required to wash their hands up to the arm. One who is ill, even not dangerously, may wash in the usual manner.

3. Anointing is forbidden, even on part of the body, but one who is ill, even not dangerously may anoint in the usual manner.

4. The wearing of boots made of leather is forbidden, but it is permissible to wear them if they are made of cloth ; if, however, it is very distressing for one to go in a muddy, clayey or wet place and it is impossible for one to go there unshod, boots or slippers may be worn, but they must be removed at the door of the synagogue, care being taken that the hands do not touch them either when putting them on or taking them off, so that one be not required to wash the hands.

5. It is permitted to stand on coverings or spreads, even if they are made of leather. One who is in any wise indisposed, although not in danger, or one who has a bruise upon the foot, or a woman within thirty days after her confinement may wear boots.

6. One is forbidden to caress his wife, even in the daytime, but he should consider her as though menstrually unclean the entire Atonement-Day.

7. Pregnant and suckling women fast until the conclusion like other people. A suckling woman whose infant is dangerously ill, and will not suckle from anyone but her, and if she should fast, it will jeopardize the child's life, she should not fast.

8. If a pregnant woman was affected by the odour of a certain edible and desired it, and it is certain that unless she partakes thereof she and the child may be in danger, therefore, if she said, "I must eat," even though her face did not undergo a change, or if it is noticeable that her face had undergone a change, although she did not say anything, she is quietly told that it is Atonement Day, which has often the effect of allaying her desire, if, however, her mind is not soothed thereby, she is fed in the following manner. At first she is given just a taste, thus—the finger is dipped in the soup or the like, and applied to her mouth, for one drop will often tend to allay her desire, if, however this is ineffectual, she is given less than the required quantity, but if her mind is not yet calmed thereby, she is given as much as she requires. This applies as well to any man who

פניו מסוכן הוא ונוהגין בו כמו שכתבנו, אבל כל זמן שלא נשתנה פניו אין מאכילין אותו, אף על פי שאומר צריך אני.

ט. יולדת וכן חולה שיש בו סכנה, לענין אכילה ושתיה וחילול יום הכפורים דינם כמו בחילול שבת, אלא דלענין אכילה ושתיה אפילו כמה רופאים אומרים שאינו צריך, ואפילו אומרים שהאכילה או השתיה תזיק לו, והחולה אומר שהוא צריך, ואפילו הוא אומר שעדיין אינו מסוכן אלא שאם לא יאכל תכבד עליו החולי ויסתכן, שומעין לו ומאכילין אותו, כי לענין אכילה ושתיה הוא יותר מבין על עצמו ולב יודע מרת נפשו.

י. כשמאכילין את המעוברת, או את היולדת, או את החולה, מניחין לפניהם המאכל ואומרים להם אם אתה יודע שאפשר שתסתכן אם לא תאכל די מחסורך תאכל כסדר עד שתבין שדי לך, אבל אם אפשר לך שלא תאכל בפעם אחת כשיעור, עשה כך: תאכל בפעם אחת כשיעור שני שלישי ביצה ותשהה קצת ושוב תאכל כך, ותשהה בין אכילה לאכילה עד שתהא מסוף אכילה ראשונה עד תחילת אכילה שניה לכל הפחות שיעור תשעה מינוטען, ובשתיה ישתה בפעם אחת קצת פחות ממלא לוגמיו וישהה ערך שבעה מינוטען ויחזור וישתה.

יא. מי שאחזו בולמוס והוא חולה מחמת רעבון וסימניו שעיניו כהות ואינו יכול לראות, מאכילין אותו עד שיאירו עיניו.

יב. בכל אלו שמאכילין אותם משום סכנה, אם אין שם מאכל היתר מאכילין אותן מאכל איסור. ואם מאכילין אותו דבר איסור יש להאכילו פחות מכזית.

יג. אם דעתו מיושבת מברך לפניהם ולאחריהם, אבל קידוש לא יעשה, ובברכת המזון אומר „יעלה ויבא", ואם חל בשבת אומר גם „רצה". ואם שכח אינו צריך לחזור ולברך.

יד. קטן וקטנה פחותים מתשעה שנים אין מניחים אותם

שער

was affected by the smell of food and his face had undergone a change, he is in danger and is treated as described above, but as long as his face had not undergone a change he is not fed, although he says, "I must eat."

9. A woman in confinement, likewise one who is dangerously ill, are governed, concerning the profanation of Atonement Day by eating and drinking, by the same laws that govern Sabbath-profanation, but in the matter of eating and drinking, even if many doctors say he or she does not require it, nay more, even if they say that the eating or drinking will prove injurious to him, whilst the sick person say she does require it, and even if he says that he is not in danger as yet, but if he will not eat he will become worse and be in danger, he should be heeded and food should be given him, for in the matter of eating and drinking his judgment concerning himself is more reliable, as the sufferer is the best judge of his position.

10. When food is given to a woman in pregnancy or in confinement, or to a sick person, it is placed before them, and they are told as follows : "If you are sure that you may possibly be in danger unless you eat as much as you require, you may eat ordinarily until you feel satisfied, if, however, it is possible for you to eat less than the required quantity at one time, then act as follows : Eat at one time no more than the quantity of two-thirds of an egg, and rest somewhat, then eat the same quantity again, rest at least nine minutes between each time of eating." When drinking one should take less than a mouthful at one time and rest for about seven minutes before drinking again.

11. One who was overcome by hunger in such a manner that his eyes grew dim so that he could not see, is fed until his eyes regain their lustre.

12. One who is fed on account of being in danger may in the lack of permitted food, be given forbidden food, but in that case, he should be given less than a כזית at any time.

13. If his mind is composed, he should say a blessing both before and after eating but he should not say the Kiddush. In the Grace after the meal he should say יעלה ויבוא, and if it occurs on the Sabbath he should also say רצה, if he omitted it, he is not required to repeat the Grace.

14. A child less than nine years old should not be permitted to fast, in order that they should not risk their health, but as soon as

374

להתענות, שלא יבואו לידי סכנה. אבל משׁיׂש להם תשעה שנים שלימות
והם בריאים מחנכין אותן שיׂתענו קצת, ולא יאכלו עד לאחר איזה
שעות ממה שהם רגילים לאכול. ובנעילת הסנדל ורחיצה וסיכה יש לחנכם
גם קודם תשעה שנים.

טו. מזכירין נשמות ביום הכפורים ונודרים צדקה בעבור נשמת
המתים. גם ביום אחרון של פסח וביום שני דשבועות ובשמיני עצרת
מזכירין נשמות. ונוהגין שמי שיש לו אב ואם יוצא מבית הכנסת בשעת
הזכרה נשמות, גם נוהגין שבתוך שנה ראשונה למיתת האב או האם
יוצא גם כן מבית הכנסת.

טז. אם יש תינוק למול מוהלין קודם ,,אשרי" ומברכין על הכוס,
ונותנין ממנו מעט להתינוק הנימול מלבד מה שנותנים לו כשאומרים
בדמיך חיי. אבל לתינוק אחר אין ליתן לטעום מן הכוס. הנוהג למצוץ
בין לא יזלף בפה רק ביד, ומוצץ בפה כדרכו.

יז. מקום שהקרקע מרוצף באבנים אסור להשׁתחוות עליו, לכן
יש לפרוש איזה דבר להפסיק בינו ובין הקרקע

יח. זמן תפלת נעילה היא כשהחמה בראש האילנות, כדי
שׁישׁלים אותה עם צאת הכוכבים, ולפעמים נמשכה קצת בתוך הלילה,
ואפילו הכי אומרים ,,חתמנו". אם יצאו הכוכבים לא יאמר היום יפנה
וכו' אלא יאמר: היום פנה, השמש בא ופנה, הש״ץ אומר ברכת כהנים
ושים שלום אף על פי שהוא לילה.

יט. לאחר תפילת נעילה אפילו חל בשבת וגמרו ביום, מכל
מקום אומרים ,,אבינו מלכנו" ואומרים ,,שמע ישראל" פעם אחד ,,ברוך
שם כבוד מלכותו לעולם ועד" שלשה פעמים ,,ד' הוא האלהים" שבעה
פעמים, ויאמר השליה צבור קדיש שלם בניגון של שמחה, ואחר כך
תוקעין תקיעה, ויכולין לתקוע אף על פי שעדיין לא יצאו כוכבים אלא

שעה

they are fully nine years old and in good health, they are trained to fast a little, thus, they should not eat until several hours later than they are accustomed to eat. In abstaining from wearing boots, bathing and anointing they should be trained even before the age of nine years.

15. On Atonement-Day memorial prayers for the dead are read, and offerings of charity are made for the sake of the souls of the departed. These prayers are also said on the last day of Passover, on the second day of Pentecost, and on the eighth Day of Tabernacles. It is customary for those whose parents are living to leave the synagogue whilst the memorial prayers for the dead are being said, it is also customary for one whose father or mother had died within that year to likewise leave the synagogue.

16. If there is an infant to be circumcised, it should be performed before אשרי is said, a blessing is said upon the cup of wine and some of it given to the circumcised infant, besides what is given him when בדמיך חיי is said, but none of it should be given to another child. One who was used to sprinkle wine when extracting the blood should not sprinkle it with his mouth but with his hand, he then extracts the blood with his mouth as usual.

17. One is forbidden to prostrate himself on ground that is tesselated with stones, and should therefore spread something thereon to intervene between himself and the ground.

18. The time for the נעילה (Conclusion Service) is when the sun is seen above the tree-tops, in order that it may be concluded at the appearance of stars ; at times it is prolonged even into the night, even then חתמנו should be said. If the stars appeared the Reader should not say היום יפנה, but he should say היום פנה, השמש בא ופנה, the Reader says the ברכת כהנים and שים שלום even if it is night.

19. After the נעילה prayer is over, אבינו מלכנו is said, even if is a Sabbath Day and still day when נעילה is concluded, then שמע ישראל is said once, ברוך שם כבוד מלכותו לעולם ועד three times, ה' הוא האלהים seven times, the Reader then says the entire Kaddish in a joyful tone, after which the Shofar is sounded once. It may be sounded even though the stars have not yet made their appearance and it is but

שהוא בין השמשות, ואפילו הוא שבת, אבל בעוד יום אין לתקוע.
לאחר התקיעה אומרים כולם שלשה פעמים "לשנה הבאה בירושלים".

כ. לאחר צאת הכוכבים מתפללין מעריב ואומרים בתפלת שמונה
עשרה "אתה חוננתנו". אם חל בשבת אומרים "ויתן לך", אבל אין
אומרים "ויהי נועם ואתה קדוש". ופוקדין איש את רעהו בשמחה וטוב
לב כמו ביום טוב.

כא. בהבדלה של מוצאי יום הכפורים צריכין לברך דוקא על אור
ששבת ולא על אור שהוציאו עתה מעצי גפרית וכדומה, ולא בזה
שהודלק ממנו. והמובחר הוא להדליק נר אחד מן הנר שהדליק אתמול
בביתו ולברך על שניהם, ואם אין לו נר בביתו יביא את הנר הדולק
מנר של אינו יהודי, או מהאור שהוציאו מעצי גפרית וכדומה. ואין
מתחילין "הנה אל ישועתי" אלא מברכין על הכוס, ועל הנר, ו"המבדיל",
ואין מברכין על הבשמים. ואם היה שבת מברכין גם על הבשמים,
ומתחילין "הנה אל ישועתי" כמו בשאר מוצאי שבת.

כב. אוכלים ושותים ושמחים במוצאי יום הכפורים, ומתחילין מיד
במוצאי יום הכפורים בעשיית הסוכה. וביום שלאחר יום הכפורים נוהגין
להשכים לבית הכנסת. ובימים שבין יום הכפורים לסוכות אין מתענין
אפילו תענית יאהרצייט ואין אומרים בהם תחנון.

הלכות סוכה.

א. מצוה לבנות הסוכה מיד לאחר יום הכפורים, ואפילו הוא
ערב שבת. יבחור מקום נקי להעמידה שם. ומצוה על כל אדם שיעסוק
בעצמו בעשיית הסוכה ובהנחת הסכך, ואף שהוא אדם נכבד, זהו כבודו
שיעסק בעצמו במצוה. ויהדר ליפות את הסוכה ולנאותה בכלים נאים
ומצעות נאות כפי כוחו.

שער

twilight, even if it is a Sabbath Day, but it should not be sounded in the daytime. After it is sounded, all say, thrice לשנה הבאה בירושלים.

20. After the appearance of the stars, the Evening Service is held, and אתה חוננתנו is said in the שמונה עשרה. If it had occurred on a Sabbath ויתן לך is said, but ויהי נועם and ואתה קדוש are not said. Friendly greetings are then exchanged with rejoicing and a merry heart as on a Festival.

21. When saying the Habdallah on the conclusion of Atonement Day it is requisite to say the blessing only on a light that was kindled before Atonement Day, and not upon a light that is now produced by means of a match, and the like, nor with what was lit by them; the best way is to light a candle by the light of a candle that had been lit in the house the day before, and say a blessing upon both, and if there is no light in the house one should bring a burning candle lit by the candle of a non-Jew, or by the light of a match and the like. The Habdallah is not begun with the words הנה אל ישועתי, but the blessings are said upon the goblet (of wine), and upon the candle, and המבדיל is said, no blessing is pronounced upon the spices, if, however, it was Sabbath, then a blessing on the spices should be said, and Habdallah is also begun with הנה אל ישועתי, as on the conclusion of an ordinary Sabbath.

22. On the conclusion of Atonement Day, there is eating, drinking and rejoicing. On the conclusion of Atonement Day, the erection of a Succah is immediately begun. On the day after Atonement Day it is customary to rise early and to go to the synagogue, and on the days between the Day of Atonement and Tabernacles none should fast, not even the fast of a Jahrzeit, nor is תחנון said therein.

LAWS CONCERNING THE SUCCAH.

1. It is mandatory to erect the Succah immediately upon the close of Atonement Day, even if it is a Sabbath-eve. A clean place should be chosen for its site. Each one is commanded to personally attend to the making of the Succah and the laying of the covering, even if one is an eminent man it is an honour to him to personally attend to the fulfilment of a precept. One should do his best to embellish the Succah and to adorn it by placing therein fine furniture and beautiful coverings according to his means.

ב. דפנות הסוכה צריכין לעשות שלמות וחזקות שלא יהא הרוח מניע אותם, וגם שלא יכבה הרוח את הנרות. ומי שאין לו די צרכו לדפנות, מוטב שיעשה שלשה שלימות משיעשה ארבעה שאינן שלימות.

ג. בסכך יש לזהר שלא לסכך כי אם בענפי אילנות או בקנים שיהיה בהם ארבעה תנאים אלו: גידולי קרקע, ותלושים, ואינם מקבלים טומאה, אינם קשורים יחד. ולכתחלה ראוי להחמיר שלא להניח על הסוכה דבר המקבל טומאה שיניח עליו את הסכך, כגון סולמות שיש בהן בית קיבול השליבות, וכל שכן שאר כלים כגון מרה ומגריפה אפילו ליתן אותם על הסכך להחזיקו להחמיר יש להחמיר. ובדיעבד, או שאין לו שאר דברים, מותר להעמיד את הסכך בדבר המקבל טומאה.

ד. צריך להניח סכך עד שתהא צלתה מרובה מחמתה, שאם היתה המתה מרובה מצלתה, פסולה. ולכן צריכין ליזהר להניח כל כך שאפילו לאחר שיתייבש תהא צלתה מרובה. גם צריכין ליזהר שלא יהא במקום אחד אויר שלשה טפחים, ולכתחלה צריכה שיהא אויר קצת בין הסכך כדי שיראו הכוכבים, ומכל מקום אם היתה מעובה שאין הכוכבים נראים כשרה. אבל אם היתה מעובה כל כך שאפילו אם יורדים גשמים הרבה אינם יורדין לתוכה, אם כן הוי כעין בית, ופסולה.

ה. לפעמים בולטים דפים למעלה על הכותלים ועל דפים אלו מונחים הבלונסאות שעליהם הסכך, אם אין הדף רחב ארבע אמות אינו פוסל את הסוכה, וחשבינן ליה כאלו הדופן נתעקם שם למעלה אלא שאין יושבין ואין ישנים שם תחת הדף, כי שם אין לו דין סוכה ואפילו אינו רחב אלא ארבעה טפחים, אבל יתר הסוכה כשרה, אך אם מונחים אצל הדופן דפים ברוחב ארבעה אמות או יותר, פוסל כל הסוכה. ומכל מקום אם אינו כן אלא בצד אחד ויש כאן עוד שלש דפנות שמונח עליהם סכך כשר כשרה, ובלבד שיהא שם שיעור סוכה, דהיינו לכל הפחות שבעה טפחים על שבעה טפחים במרובע, ולא ישבו תחת התקרה.

2. It is essential that the walls of the Succah be entire and strong in order that they be not shaken by the wind, also that the wind should not extinguish the candles. One who has not enough boards for walls, had best make three complete walls, rather than four incomplete walls.

3. Anent the covering of the Succah, care should be taken not to cover it with anything but the branches of trees, or with reeds, in which are fulfilled the following four conditions : it should be a production of the soil, and severed therefrom, and not subject to defilement, and not tied together. It is primarily proper that one should be scrupulous not to lay upon the Succah anything that is subject to defilement as a support for the covering; e.g., ladders of which the rungs are subject to defilement, and especially other utensils, such as a hatchet and shovel. One should scrupulously abstain from even putting them upon the covering to secure it, if, however, it was put there, or if he have nothing else, it is permitted to keep the covering firm with something that is subject to defilement.

4. It is requisite to put enough of a covering to make the Succah more shady than sunny, for if it is more sunny than shady, it is not valid, it is therefore necessary to put on so much of the covering, that even if it will dry up, there will still be more shadow. It is also essential to be careful not to leave an open space of three cubits in one place, but it is primarily necessary to leave open spaces between the covering in order that the stars may be visible, nevertheless if it was so thickly covered that the stars were not visible, it is valid, If, however, it was so thickly covered that even if there would be a heavy rainfall it would not enter therein, it is thus like a house and not valid.

5. Sometimes the boards project above the walls, and upon them are laid the poles on which the covering is placed. If the board is not four cubits wide it does not invalidate the Succah, and it is considered as if the partition sloped upwards, but one neither sits nor sleeps under the board, as the law does not recognise it as a Succah, even if it is only four cubits wide, but the rest of the Succah is valid; if, however, boards that are four or more cubits wide lay near the partition, they invalidate the entire Succah, but if this is the case only on one side, and there yet remain three valid partitions upon which there is a valid covering, it is valid providing there is the requisite space for a Succah, which is at least seven hand breadths square, but they should not sit under the boards.

ו. העושה סוכתו תחת ענפי האילן, הרי היא פסולה, ואפילו אם מחמת הענפים בלבד היתה חמתה מרובה מצלתה, ואם כן בסכך שהניח עליה עשה את הסוכה, מכל מקום פסולה. ואפילו אם יקצוץ אחר כך ענפי האילן, מכל מקום הסוכה נשארה בפסולה, וצריך הוא להגביה כל ענף מן הסכך ויחזור ויניחנה לשם סוכה ואז כשרה. וכן אסור להניח את הסכך קודם שעשה את הדפנות, דבעינן שבהנחת הסכך תהא סוכה כשרה. וכן בסוכה העשוי בגגות הנפתחים צריך לפתוח את הגגות קודם שמניח את הסכך. עוד צריכין ליזהר באלו סכות שיהא הגג פתוח היטב עומד בשוה עם דופן הסוכה, שאם אינו עומד בשוה אלא נוטה קצת על הסכך אפילו אינו שיעור גדול שתתפסל הסוכה בכך, מכל מקום צריך ליזהר שלא ישב במקום הזה שהגג משופע, שנמצא יושב תחת הגג.

ז. סוכת החג בחג פטורה מן המזוזה, מכל מקום אלו סוכות הבנויות שמשתמשים בהם כל ימות השנה ונתחייבו במזוזה, גם בחג לא נפטרו. ואין צריכין אחר החג לקבוע את המזוזה מחדש.

ח. יוצאין בסוכה שאולה, אבל לא בסוכה גזולה, ולכן אסור לעשות סוכה ברשות הרבים. ובשעת הדחק שאין לו סוכה אחרת בשום אופן, יושב בה ומברך עליה.

ט. יש ליזהר שלא יקצוץ הישראל בעצמו סכך לסוכתו אלא יקנה מאחר, ובשעת הדחק יכול לקצוץ בעצמו אלא שיטול רשות מבעל הקרקע.

י. מותר לעשות סוכה בחול המועד.

יא. עצי סוכה בין מהדפנות בין מהסכך אסור בהנאה עד לאחר שמחת תורה, כיון שהוקצו למצוה, ואפילו ליטול מהם קיסם לשום תשמיש אסור, ולא מהני בהו תנאי, ואם חל שמחת תורה בערב שבת אסורין גם בשבת, וכן נוי סוכה אסורין בהנאה אפילו נפלו, וכיון שאסורין בהנאה לכן בשבת וביום טוב אסורין בטלטול משום מוקצה.

6. A Succah that is made under the branches of a tree is not valid, and even if the branches cause it to have more shadow than sunshine, thus making the Succah complete by means of the covering that he put on it, it is nevertheless invalid, and even if the branches of the tree are afterwards cut off, the Succah nevertheless continues to be invalid, and it is necessary to raise each branch of the covering and to lay it down again expressly for the sake of the Succah which is then valid. It is likewise forbidden to lay the covering before the walls are made, as it is essential that the laying of the covering make the Succah valid. When a Succah is made by raising the roof, it should be raised before the covering is laid. In such a Succah it is also necessary to take care that the roof should be wide open and stand in line with the wall of the Succah, for if it is not perpendicular, but inclines slightly on the covering, even in such a degree as not to invalidate the Succah, it is nevertheless necessary to be careful not to sit in that place where the roof slopes, as one thus sits under the roof.

7. The Succah made for the Festival is exempt from a Mezuzah during that period, but a Succah that is built and made use of during the entire year and must consequently have a Mezuzah, is not exempted therefrom during the Festival, and it is not necessary after the Festival to fasten the Mezuzah anew.

8. One may fulfil his obligation with a borrowed Succah, but not with a stolen one, hence, it is forbidden to make a Succah on the public domain; in an emergency, however, when one has no other Succah, he may sit therein and say a blessing thereon.

9. Care should be taken that the Israelite should not cut the covering for his Succah himself, but should purchase it from another, if unable to do so he may procure it himself.

10. It is permissible to make a Succah during the Intermediate days of the Festival.

11. It is forbidden to benefit by the wood of the Succah, either of the walls or of the covering until after שמחת תורה, inasmuch as they were set apart for the performance of a precept, it is forbidden to take even a splinter therefrom for any use whatever; even if they fell down they are unconditionally forbidden, and if שמחת תורה occurred on Sabbath Eve, it is forbidden also on the Sabbath. It is also forbidden to benefit by the ornaments of a Succah, even if they fell down, and inasmuch as it is forbidden to benefit by them, it is likewise forbidden to handle them on a Sabbath and Festival because they are set apart; it is nevertheless permitted to inhale the fragrance of a Citron that is hung up in a Succah as an ornament as it is not set

ומכל מקום אתרוג התלוי בסוכה לנוי מותר להריח בו דלא הוקצה
מריח, ובנוי התלוי בסכך נוהגין שאפילו בתנאי לא מהני, אבל בנוי
התלוי בדפנות מהני תנאי. והסדינים המצויירים שתלוין בסוכה לנוי
נוהגין לטלטלן שלא יתקלקלו מן הגשמים. ואפילו לא התנה בפירוש
כי מסתמא אדעתא דהכי תלאן.

יב. יזהר בנוי סוכה אשר ברעתו ליטלו בתוך יום טוב, שלא
לקשרו בקשר אלא בעניבה.

יג. לאחר החג כשסתר את הסוכה לא יפגע על העצים ולא
ישתמש בהם לדבר מגונה.

יד. אסור לחקוק או לכתוב שם פסוק על נוי סוכה, משום דיבא
א"כ לדי בזיון.

טו. ערב סוכות לאחר חצות היום לא יאכל פת כדי שיאכל
בסוכה לתיאבון. ויש להרבות בצדקה בערב סוכות.

דין ישיבת סוכה

א. כתיב "בסוכות תשבו שבעת ימים", אמרה תורה שידור
בסוכה שבעת ימים כמו שהוא דר בביתו כל השנה כן תהא עתה
עיקר דירתו בסוכה, שיכנים לתוכה כליו הנאים ומצעות הנאות, ואוכל
ושותה ולומד ומטייל וישן בסוכה, ואפילו אם מספר עם חבירו יספר
בסוכה. וכן אם מתפלל ביחידות יתפלל בתוך הסוכה. וצריך לכוין
בישיבת סוכה שצונו הקב"ה לישב בסוכה זכר ליציאת מצרים.

ב. צריך להחזיק הסוכה בכבוד, ולכן לא יכנים לתוכה כלים
שאינם מכובדים, וגם הקערות לאחר האכילה צריך להוציאן לחוץ (אבל
כלי שתיה יהיו בסוכה.) וכן לא יעשה בה שום תשמיש בזוי. ואם

שעט

apart as far as smelling is concerned. Even if a provision was made to benefit by the ornaments suspended from the covering it is the practice not to use them. Painted tapestries that are hung up in the Succah for ornament it is customary to remove them when it is feared they may be spoiled by rain, even if one did not make an express provision therefor, as it is presumed that it was hung up on that condition.

12. Those ornaments of a Succah which it is one's purpose to remove during the Festival, one should be careful not to tie with a knot, but merely with a slip-knot.

13. When taking the Succah apart after the Festival one should not tread upon the boards nor make a degrading use of them.

14. It is forbidden to engrave or write any verse of the Torah upon an ornament of the Succah because it might subsequently be degraded.

15. On the Succoth-eve in the afternoon one should not partake of bread so that he should eat with relish in the Succah. It is proper to dispense much charity on the Succoth-Eve.

LAWS CONCERNING DWELLING IN A SUCCAH.

1. It is written בסכות תשבו and correctly translated, "In booths *shall ye dwell seven days,*" meaning thereby that one should dwell in the Succah seven days even as he dwells in his house the entire year, thus his principal abode should now be in the Succah, therein he should take his fine furniture and household linens, he should eat, drink, study, amuse himself and sleep in the Succah, even intercourse with a friend should be had in the Succah. Likewise when praying privately one should pray in the Succah, and the mind should be centred on the fact that he is abiding in the Succah because the Holy One, blessed be He, had commanded us to dwell in the Tabernacle as a memorial of the departure from Egypt.

2. One should maintain the Succah in honour, hence he should not bring therein vessels that are not for usage of honour. After the meals the plates should be removed from the Succah (but drinking vessels should remain in the Succah). One should not perform any menial service therein, if, however, one brought degrading vessels

379

הבנים לתוכה כלים בזוים אינה נפסלת בכך, אך בשעה שהם בה אין לברך „לישב בסוכה" עד שיוציאום.

ג. בלילה הראשונה חייב לאכול בסוכה פת לכל הפחות כזית, ואפילו מצטער חייב לאכול בסוכה. ואם יורדים גשמים, אם מדמה שיפסקו לאחר שעה או שתי שעות ימתין ואחר כך יקדש ויאכל בסוכה כראוי, ואם רואה שלא יפסיקו הגשמים או שהמתין ולא פסקו, מקדש בסוכה ומברך שהחינו, ומכוין בשהחינו גם על הסוכה, אבל אינו מברך לישב בסוכה, ונוטל ידיו ומברך המוציא ואוכל שם כזית פת בלי הפסק והולך לתוך הבית וגומר סעודתו, ויש לו לכוין בשעת נטילת ידים ובשעת ברכת המוציא שדעתו לאכול גם בבית. ואם פסקו הגשמים קודם שבירך ברכת המזון הולך שוב לתוך הסוכה ומברך לישב בסוכה ואוכל קצת יותר מכביצה פת ומברך ברכת המזון. ואם פסקו הגשמים לאחר שבירך ברכת המזון הולך גם כן לתוך הסוכה ונוטל ידיו שנית ואוכל קצת יותר מכביצה פת בברכת לישב בסוכה ומברך ברכת המזון.

ד. בלילה השניה גם כן חובה לאכול בסוכה, ואפילו הוא מצטער, ודינה כמו בלילה הראשונה וכמו שכתבנו, אלא חילוק אחד יש ביניהן, שאם ראה שלא יפסקו הגשמים, או המתין ולא פסקו מקדש בבית ואוכל שם, וקודם ברכת המזון הולך לתוך הסוכה ואוכל שם לכל הפחות כזית פת בלא ברכת לישב בסוכה וחוזר לביתו ומברך ברכת המזון.

ה. ערבית כשבא מבית הכנסת, נכנס לסוכה ומקדש מיד רק לא יקדש אלא כשהוא ודאי לילה, וכשהוא מברך בקידוש „לישב בסוכה" יכוין לפטור בברכה זו סעודה זו וגם השינה ושאר צרכיו שיעשה בסוכה עד הקידוש שביום המחר. ובברכת שהחינו יכוין שהוא מברך שהחינו על החג וגם על הסוכה, וכן בלילה ראשונה מברכין תחלה לישב בסוכה ואחר כך שהחינו, שתהא ברכת שהחינו גם על הסוכה, ובלילה שניה מברך תחלה שהחינו ואחרי כן יברך לישב בסוכה.

therein, it is not thereby invalidated, only that, while they are therein, one should not say the blessing ליישב בסוכה until they are removed.

3.   On the first night it is obligatory to eat in the Succah at least a כזית of bread, and even if one is distressed he is obliged to eat in the Succah, if, however, it rains, and it appears that it will stop in a short time, he should wait, and then say the Kiddush and eat in the Succah in a proper manner, but if it seems that it will not stop so soon, or if he had waited and it did not stop, he should say the Kiddush in the Succah, also say the blessing שהחינו and bear in mind that שהחינו also applies to the Succah, but the blessing ליישב בסוכה should not be said ; hands should be washed and the blessing המוציא said, then a כזית of bread is eaten without interruption and one may then proceed to the house to complete the meal ; when washing the hands and saying the blessing המוציא one should bear in mind that one intends to eat in the house ; if the rain stops before Grace after the meal is said one should return to the Succah and say the blessing ליישב בסוכה and eat slightly more than a כביצה of bread, and then say the Grace after the meal.   If it stopped raining after he said Grace, he should also go to the Succah and wash his hands again and eat a little more than a כביצה of bread, saying the blessing ליישב בסוכה thereon, after which he should say Grace.

4.   On the second night it is also obligatory to eat in the Succah, even if it causes him distress, and it is governed by the same law that applies to the first night, as above described, with the difference that if it appears that the rain will not stop so soon, Kiddush should be said in the house, and the meal eaten there, but before saying Grace he should go to the Succah and eat there at least a כזית of bread without saying the blessing ליישב בסוכה, one then returns to the house and says the Grace after the meal.

5.   In the evening, on his return from the synagogue he should enter the Succah and immediately say the Kiddush, but he should not say the Kiddush unless it is positively night.   When saying the blessing ליישב בסוכה in the Kiddush, he should bear in mind that in that blessing is included the meal he is about to partake of, as well as his sleeping and other requirements that he will attend to in the Succah until he will again say Kiddush on the following morning.   When saying the blessing שהחינו he should bear in mind that it applies to the Festival and also to the Succah, therefore on the first night, he should first say the blessing ליישב בסוכה and שהחינו thereafter, so that the blessing שהחינו should also apply to the Succah, but on the second night he should first say the blessing שהחינו and then the blessing ליישב בסוכה.

ו. בשאר הלילות וכן בכל הימים אין חיוב לאכול בסוכה אלא
שאם הוא רוצה לאכול אכילת קבע או לישן צריך לאכול ולישן בסוכה,
ומהו אכילת קבע, פת יותר מכביצה, אפילו לא קבע עליו, ואפילו הוא
פת כיסנין. וכן תבשיל העשוי מחמשת מיני דגן יותר מכביצה וקבע
עליו חייב בסוכה ולברך עליו לישב בסוכה. אבל פירות אפילו אכל
הרבה וקבע עליו מותר לאכול חוץ לסוכה. וכן יין או שאר משקים או
בשר וגבינה מותר לאכול ולשתות חוץ לסוכה. ודוקא שלא קבע עליו,
אבל אם רוצה לשתות יין או שאר משקים בדרך קבע או שרוצה לאכול
בשר או גבינה דרך קבע צריך סוכה ולא יברך עליהם לישב בסוכה,
וטוב שיאכל קודם פת כדי שיברך. וכל זאת מדינא, אבל מי שמחמיר
על עצמו שאפילו מים אינו שותה חוץ לסוכה, הרי זה משובח.

ז. שינה אפילו עראי מדינא צריך סוכה, וכן עושין המדקדקין
במצות. ועתה נוהגים הרבה להקל בשינה. וכל ירא שמים ראוי לו
להחמיר ולעשות סוכה שיכול לדור שם עם אשתו כמו שהוא דר
כל השנה.

ח. ירדו גשמים פטור מן הסוכה. באיזה גשמים פטור, אם ירדו
כל כך שהוא משער שאם היו נופלים כך לתוך התבשיל היה מתקלקל
אפילו אין לפניו התבשיל, או שהוא משער שאם היו נופלים לתוך החדר
שהוא בו היה יוצא משם לחדר אחר, אז יוצא גם מן הסוכה לבית. ואם
התחיל לאכול בסוכה ואחרי כן ירדו גשמים ונכנס לתוך הבית והתחיל
לאכול גם בבית, או שמחמת הגשמים התחיל מתחלה לאכול בבית
ואחרי כן פסקו הגשמים, גומר סעודתו בבית ואינו מחויב ללכת באמצע
הסעודה מביתו לתוך הסוכה. וכן כשהעת קר והמאכלים נקרשים בתוך
הסוכה, פטור מן הסוכה ואוכל בבית.

ט. ולענין שינה בסוכה גם גשמים מועטין הוי צער לישן ויכול
לצאת. ואם יצא לביתו והשכיב את עצמו לישן ואחרי כן פסקו גשמים,

6. On the remaining nights and days, it is not obligatory to eat in the Succah, unless one desires to eat a regular meal, or to sleep in the Succah, then he may do so. By a regular meal is meant bread more than כביצה, even if he had made no appointed time for eating it, and even if it was baked in a pan, likewise made of the five species of grain, if more than a כביצה and if he pre-arranged a time for eating it, these it is obligatory upon one to eat in the Succah, and to say the blessing לישב בסוכה, but one is allowed to eat fruit outside the Succah, even if he eats much of it. It is likewise permitted to drink wine or other beverages, and to eat meat or cheese outside of the Succah, providing it was not pre-arranged. If, however, he desire to pre-arrange for drinking wine or other beverages, or for eating meat or cheese, he requires a Succah, but he should not say the blessing לישב בסוכה thereon. It is best that he previously partake of bread in order to say a blessing. All this is according to the law, but with the more praiseworthy, one is so scrupulous that he does not even drink water outside the Succah.

7. For sleeping, even for taking a nap, the Succah is the place required, and those who are scrupulous in the observance of the precepts make a practice thereof. Now, however, there are many who are lax in the observance of the law as regards sleeping, but every God-fearing man ought to be scrupulous and make a Succah fit for the habitation of himself and wife, just as he lives the entire year.

8. If it rains one is exempt from entering the Succah. To make one exempt from the Succah, it must rain so hard as to lead one to judge that if it rained thus into a victual it would spoil it, or if he judges that if it would thus rain into his room, he would leave it and go into another room, then one should also go from the Succah to the house. If after one began to eat in the Succah the rain descended and one went into the house and began to eat there, or if one had begun to eat in the house on account of the rain, which ceases thereafter, the meal is finished in the house and one is not obliged to leave the house in the midst of the repast in order to enter the Succah. When the weather is cold and the victuals freeze in the Succah, one is exempt from entering the Succah, but eats in the house.

9. Regarding sleeping in a Succah, even a little rain causes distress when one sleeps, and one may leave it on that account, and if

381

או שמתחלה שכב בביתו לישן מפני הגשמים, ואחר כך פסקו אין מטריחין אותו לילך לסוכה כל הלילה, אלא ישן בביתו עד הבוקר.

י. כשהוא פטור מן הסוכה ואינו יוצא משם, נקרא הדיוט ואינו מקבל שכר עליו, ואינו רשאי לברך, משום דהוי ברכה לבטלה, וכשהוא יוצא מן הסוכה בשביל הגשמים לא יבעט בסוכתו וייצא, אלא יוצא בהכנעה.

יא. כשבא לאכול אכילת קבע מברך תחלה „המוציא" ואחרי כן „לישב בסוכה" קודם שטועם. ושאר דברים שהוא אוכל בסוכה כל היום וכל מה שהוא יושב ועושה שם ואפילו אם ישן שם נפטר הכל בברכה זאת עד שיאכל שנית בקבע, ואם לא יצא מן הסוכה בין סעודה לסעודה כיון שבירך פעם אחת שוב אינו צריך לברך בסעודה שניה שאוכל, ואפילו כל שבעת ימי החג, אם לא יצא מן הסוכה אינו צריך לברך רק פעם אחת, כיון שלא הסיח דעתו מן הסוכה, ואפילו יצא יציאת עראי ודעתו לחזור מיד לא הוי היסח הדעת ואינו צריך לברך בסעודה שניה.

יב. מי שהולך אפילו באמצע סעודתו לסוכת חבירו ואכל שם שיעור שחייב בסוכה צריך לברך גם שם „לישב בסוכה".

יג. אם שכח לברך לישב בסוכה ונזכר באמצע סעודה, או אפילו לאחר שגמר אכילתו, צריך לברך.

יד. נשים פטורות מסוכה ואף על פי כן רשאין לברך. קטנים גם כן פטורים. ומכל מקום כל שהוא מבן חמש שנים ולמעלה חייב אביו לחנכו שיאכל בסוכה.

טו. חולה ומשמשיו פטורים מסוכה. אם הוא חולה שאין בו סכנה אין המשמשין פטורין אלא בשעה שהוא צריך להם, ואם הוא חולה שיש בו סכנה פטורין גם בשעה שאינו צריך להם כל כך.

טז. מצטער פטור מן הסוכה (חוץ מלילי יום טוב הראשון). וכן אם כבו לו הנרות בסוכתו בשבת ויש לו טורח גדול לילך לסוכת חבירו

one left and went to sleep in the house on account of the rain, and afterwards it ceased, one is not put to the trouble of going to the Succah the entire night, but he should slecp in the house till morning.

10. When one is exempt from the Succah and he does not leave it, he is called a common person, and obtains no reward therefore, and he is not permitted to say a blessing, as it is a blessing said in vain. When one leaves the Succah on account of the rain, he should not do so with disgust, but should go out meekly.

11. When entering the Succah to partake of a regular meal, one should first say the blessing המוציא then ליש‍ב בסוכה before he tastes anything, then everything that he will eat in the Succah the entire day, and whatever he will do while staying therein, even if he will sleep there, all that will be exempted by this blessing until he will eat another regular meal. If he does not leave the Succah between the meals, inasmuch as he had once said that blessing (ליש‍ב בסוכה) he need not repeat it in the meal that follows, nor even the entire seven days, for as he did not leave the Succah he does not need to say the blessing more than once, his attention not having been diverted from the Succah, and even if he went out temporarily with the intention of returning immediately, it is not considered as diverted attention, and is not required to say the blessing at the second meal.

12. One who goes to a friend's Succah in the midst of the meal and partakes there of an amount sufficient to make a Succah obligatory, is required to say there also the blessing ליש‍ב בסוכה.

13. If one had forgotten to say the blessing ליש‍ב בסוכה and was reminded thereof in the midst of the repast, or even after he had finished his meal he is required to say the blessing.

14. Women are exempt from dwelling in a Succah, yet they are permitted to say a blessing. Children are also exempt, nevertheless it is obligatory upon the father of a boy of five years of age and over, to train him to eat in the Succah.

15. A sick person and his attendants are exempt from dwelling in a Succah. If he is not dangerously ill, the attendants are not exempt excepting when he needs them, but if the invalid is dangerously ill, they are exempt even when he does not need them so urgently.

16. One whom it causes distress is exempted from dwelling in the Succah (with the exception of the first two nights of the Festival); likewise if the lights in the Succah were extinguished on a Sabbath and

יכול לילך לביתו במקום שיש לו נרות דולקות. ודוקא אם מתחלה עשה סוכתו כראוי, ואך במקרה בא לו העניז שהוא מצטער לישב או לישן בתוכה. אבל אם מתחלה עשה במקום ריח רע וכדומה, או במקום שמתירא לישן בה אינו יוצא בה אפילו באכילה ביום. אם בא הרוח לכבות הנרות דרך הדפנות מותר לפרום שם סדין או בגד.

יז. ההולכים בכפרים בחול המועד אם אין יכולין להשיג להם סוכה יחמירו על עצמם לחזור לבתיהם בכל לילה לקיים מצות סוכה.

יח. היושבים בחנות אף על פי שהם דרים חוץ לעיר והחנות הוא בעיר ורגילין כל השנה ברוב פעמים לאכול שם ביום, מכל מקום בסוכות חייבים לאכול בסוכה.

דיני לולב ושאר המינים.

א. הקונה אתרוג ולולב ואינו יודע הלכותיהן, נוהגין להראות אותן למורה הוראה אם הם כשרים או לא. ויש להדר לקנות לולב חדש, כי לולב היבש (כל שכלה הירקות שבו) אינו כשר אלא בשעת הדחק.

ב. שיעור הלולב שיהיה השדרה חוץ מן העלים העליונים ארבעה טפחים, ובשעת הדחק י"ג גודלין ושליש גודל סגי.

ג. ההדס צריך להיות משולש, דהיינו שיוצאין בו מכל קן וקן שלשה עלין בשורה אחת בשוה, שלא יהיה אחד גבוה או נמוך מחבריו, וצריכין שיהיו העלין חופין את עצו, דהיינו שראש כל עלה יניע למעלה מעיקרה של העלה שלמעלה. והירא דבר ד' יהדר לקנות הדסים לחים ירוקים משולשים ומהודרים, ויחקור עליהם אם אינם מורכבים ואם לא גדלו בעציץ שאינו נקוב. אם אינו בנמצא הדסים משולשים יטול שאינם משולשים ולא יברך.

it is very difficult for him to go to a friend's Succah, he may return to his house, where the candles are lit, providing he had originally made the Succah in a proper manner, and it is only an accident that caused him distress when sitting or sleeping therein, but if he had originally erected it in a place where there is an obnoxious effluvia and the like, or in a place where he fears to sleep therein, he does not fulfil his obligation therewith even when eating there in the daytime. If the wind penetrates the walls and is about to blow out the candles, it is permitted to spread there a sheet or a garment.

17. Those who go into the country during the Intermediate days of the Festival, if they are unable to get a Succah there, they should scrupulously return to their houses every night in order to perform the precept of Succah.

18. Those who stay in a shop, even if they reside out of town and the shop is in town, and they are mostly accustomed to eat there in the daytime during the entire year, nevertheless on Tabernacles they are obliged to eat in a Succah.

LAWS CONCERNING THE LULAV AND APPURTENANCES.

1. One who bought an Esrog and Lulav and knows not the laws concerning them, it is customary to show them to a Rabbi, to learn whether they are valid or not. An effort should be made to purchase a fresh Lulav, as a dry Lulav (whose greenness has gone) is not valid excepting in an extremity.

2. The required length of a Lulav is that its stock besides its upper leaves, should measure four hand-breadths. In an emergency, the length of thirteen and-one-third thumbs is sufficient.

3. The "Hadas" should be three-leaved, that is, there should be three leaves in one even row on each stem, thus, one should be neither higher nor lower than the other. It is also requisite that the leaves cover the wood, that is, the top of each leaf should lap over the stem of the leaf that is above it, and he who fears the word of the Lord should endeavour to purchase fresh and green "Hadasim" which are three-leaved and beautiful, and he should investigate whether they had not been grafted, and if they did not grow in a pot having no orifice. If one cannot obtain three-leafed "Hadasim" those that are not three-leafed should be taken, but a blessing should not be said thereon.

ד. שיעור הדסים שלשה טפחים, ובשעת הדחק סגי בעשרה אגודלין, ויהיה כל ההדס ממטה עד למעלה משולש, ובשעת הדחק אם למטה המועט אינו משולש והרוב שלמעלה משולש גם כן כשר. ואם נשרו אפילו מקצת עלין, ישאל לחכם. וידקדק על ההדסים שלא יהיו קטומים, ואם אין לו רק קטומים, ישאל לחכם.

ה. הערבה ידוע העלה משוך ופיה חלק והקנה אדום, ואפילו בעודו ירוק כשר, כיון שכשהוא שוהה באילן מתאדם. ורוב מין זה גדל אצל הנחלים. שיעור הערבה כשיעור ההדס.

ו. ערבה שיבשה או שנשרו רוב העלין שלה, או שנקטם ראש העץ שלה פסולה. וצריך ליזהר שלא יקצץ הישראל בעצמו מן האילן אחד מארבעה מינים לצרפו אפילו נתן לו בעל הקרקע רשות, אלא האינו יהודי או ישראל אחר יקצצם והוא יקנה מהם.

ז. לוקחין שלשה בדי הדס ושני בדי ערבה, כולן כדרך גדילתן מקום חתך למטה, ואוגדין אותן עם הלולב שיהיו כולן אגודה אחת. ויש לאגוד את ההדס מימין השדרה אל הלולב ואת הערבה משמאלו, דהיינו שכשיטול את הלולב והשדרה נגד פניו יהיה ההדס נגד ימינו והערבה נגד שמאלו ויהיו למטה כלם שוים כדי שכשיטול את הלולב יאחוז כולם. ומכל מקום יש לראות שיהיה ההדס מעט גבוה יותר מן הערבה. וצריך להשגיח שתצא השדרה מן הלולב למעלה מן ההדס לכל הפחות טפח. קושר כולם ביחד בקשר גמור דהיינו ב' קשרים זה על גבי זה, ומלבד מה שקשר אלו המינים ביחד, יעשה עוד בלולב שלשה קשרים, רק טפח אחד מן הלולב למעלה יהיה בלי קשר, כדי לכסכס בו בשעת הנענועין. אם יש חוט כרוך על ההדס צריך להסירו קודם האגוד שלא יהא חציצה. ואם הותרה האגודה ביום טוב אסור לאגדה ביום טוב בקשר אלא בעניבה או כמו שנוהגין שכורכין סביבותם ותוחבין ראש הכרך לתוך העגול הכרוך.

שפד

4. The requisite length of an "Hadas" is three hand-breadths. In an emergency the length of ten thumbs is sufficient. The entire "Hadas," from the bottom to the top, should be three-leafed; in an emergency, however, if part thereof at the bottom is not three-leafed, and the greater part thereof at the top is three-leaved, it is also valid. If part of the leaves had fallen out, a learned man should be consulted One should also be particular that the "Hadasim" are not broken off, and if the tops are broken off, a learned man should be consulted.

5. The Arava is known through its leaf being drawn out, its edge is smooth, and its stem is red, and even while it is green it is also valid, inasmuch as it turns red when on the tree. The greater part of this species grows near streams. The required length of the Arava is the same as that of the Hadas.

6. An Arava which is dried up or of which most of the leaves had fallen, or the top of the stem is broken off is not valid. An Israelite should be careful not to detach one of the four species from the tree himself in order to connect them, even if the owner of the ground had given him permission, but a non-Jew or another Israelite should detach them and he should purchase it from them.

7. Three Hadas and two Arava branches are taken in the way they grow, with the cut edges downwards, and bound together with the Lulav so that they all form a single band. The Hadas should be bound on the right side of the back of the Lulav, and the Arava on the left, that is, when taking the Lulav with its back towards his face, the Hadass should be towards his right hand, and the Arava towards his left, and at the bottom thereof they should all be even so that by taking the Lulav he should grasp all, nevertheless, one should see that the Hadass is a little higher than the Arava, and one should be careful to see that the stock of the Lulav is at least a hand-breadth higher than the Hadas. They should be bound all together with a perfect band, with say, two bands, one above the other. Besides binding these species together, three more bands should be placed on the Lulav, but the upper hand breadth of the Lulav should be without a band, so that it might rustle when waived. If a cord is twined round the Hadass it should be removed before binding it (with the Lulav) in order that nothing intervene. If the band becomes loose on the Festival it is forbidden to bind it again by making a knot, but only by making a loop, or as the practice is, to wrap them round and to insert the edge of the binder into its folds.

ח. ערבה שנתלשה ביום טוב, בין ביום טוב ראשון בין ביום טוב
שני, אסורה היום אפילו בטלטול בעלמא, כי היא מוקצה גמורה. ואם
נתלשה ביום טוב ראשון כשרה ביום טוב שני. אך אם חל יום ראשון
בשבת ונתלשה, אסורה גם ביום שני. אם הובאו מחוץ לתחום אתרוג או
שאר מינים מותרין לטלטל ולצאת בהם. אך אם אין העיר מתוקנת
בעירובין אסורין לטלטל לחוץ מן הבית שהם שמה, וילכו כולם שמה
לצאת בהם.

ט. מי שאין לו כל הארבעה מינים מובחרים טוב לו יותר לצאת
בשל חבירו. ומכל מקום מצוה לו שיהיו לו גם כן ארבעה מינים כפי
השגת ידו, לעשות בהם הנענועים בהלל והקפות.

דיני נטילת לולב וסדר הקפות.

א. יטול הלולב הדסים וערבות אגודים יחד, בימינו, והאתרוג יקח
בשמאלו, ויקח השלשה מינים כדרך גדילתן, מקום החתך למטה, אבל
האתרוג יקח הפוך, העוקץ למעלה והשושנתא למטה, ויברך: „ברוך אתה
ד' אלהינו מלך העולם אשר קדשנו במצותיו וצונו על נטילת לולב",
ואחרי כן יהפוך גם האתרוג כדרך גדילתו השושנתא למעלה וינענע אותם.

ב. ביום ראשון מברך גם שהחינו, ואם חל יום ראשון בשבת
שאין נוטלין בו לולב, אזי מברך שהחינו ביום שני. ויזהר לקרב האתרוג
אל הלולב שלא יהיה פירוד ביניהם, ומנענע לארבע רוחות ומעלה ומטה.
וכן בנענועים שבהלל וכן בהקפה יזהר לקרב את האתרוג אל הלולב. אם
הפך ונטל את האתרוג בימין ואת הלולב בשמאל יחזור ויטלם בלא ברכה.

ג. איטר נוטל את הלולב בימינו שהוא שמאל כל אדם, ואת
האתרוג בשמאלו, ואם הפך חוזר ונוטלם בלא ברכה. ומי שהוא שולט
בשתי ידיו הרי הוא ככל אדם.

שפה

8. An Arava that was plucked on a Festival, whether on the first or second day, is forbidden to be handled on that day, as it is absolutely "set apart," but if it is plucked on the first day of the Festival, it is valid for use on the second day thereof, but if the first day occurred on the Sabbath and it was plucked then, it is forbidden also on the second day. If an Esrog or any of the other species were brought from beyond the Sabbath boundary, it is permitted to handle them and to take them out, but if the city is not provided with an Eirouv, it is forbidden to handle them outside of the house where they are, and all must go there in order to fulfil one's obligation with them

9. One who has not a choice set of the four species should rather fulfil the precept with his friend's, nevertheless it is mandatory for one to have also four species of his own, as good as he can afford to buy, with which to perform the ceremony of waving in the Hallel and Hakafoth.

Laws Concerning the Taking of the Lulav and the Order of Hakafoth (Procession in the Synangogue).

1. The Lulav, Hadasim and Aravath, bound together, should be taken in the right hand, and the Esrog in the left hand, the three species being taken in the position in which they grow, the place where they have been cut being downward, but the Esrog, on the contrary, should be taken with the stamen upward, and the apex downward and the blessing ברוך אתה ה' אלהינו מלך העולם אשר קדשנו במצותיו וצונו על נטילת לולב should be said, then the Esrog, too, should be turned towards the position in which it grew with the apex upward and they should be waved.

2. On the first day the blessing שהחינו should also be said, but if the first day occurs on a Sabbath, when the Lulav is not taken, the blessing שהחינו should be said on the second day. One should be careful to hold the Esrog close to the Lulav, there being no separation between them; they should be waved towards the four points (of the compass) also upwards and downwards. Likewise when waving them during Hallel and in the Hakafoth he should be careful to bring the Esrog close to the Lulav. If he had done the opposite, and took the Esrog in his right hand and the Lulav in his left, he should again take them, but without saying a blessing.

3. One who is left-handed should take the Lulav in *his* right hand, (i.e., that of the normal) and the Esrog in *his* left hand. If he did the opposite, he should take them again without saying a blessing. The general law applies to one who is ambidexterous.

ד. נכון שיחלוץ את התפילין קודם נטילת לולב, ולכל הפחות יסיר את הרצועה מעל ידיו שלא תהא חציצה. גם נכון להסיר את הטבעות שבאצבעותיו.

ה. סדר הנענועים בהלל כך הם: „בהודו" יש ששה תיבות חוץ מן השם, וינענע בכל תיבה לרוח אחד, ובשם לא ינענע. הש"ץ אינו מנענע אלא „בהודו וביאמר נא ישראל", והצבור בכל פעם שאומרים הודו, „ובאנא" הש"ץ גם הצבור מנענעים, רק באנא ד' הושיעה נא. וכיון שמלבד השם יש בו ג' תיבות מנענעים בכל תיבה לשתי רוחות. ובהודו שבסוף הלל ג"כ מנענעים הש"ץ והצבור. כשמנענע למטה ישפיל רק ידיו למטה, והלולב עם שאר המינים ישארו כדרך גדילתן, ואינו צריך להפוך פניו להצד שמנענע, רק ראש הלולב יטה. ואינו צריך לנענע בחוזק אלא כסבום מעט כדי שיתנענעו העלין.

ו. אסור לאכול קודם נטילת לולב, ומי שהוא בדרך ומצפה שיבוא למקום שיש שם אתרוג ולולב. וכן הדרים בישובים ומשלחים להם אתרוג ולולב, צריכין להמתין עד חצות היום ולא יותר, כי אסור להתענות יותר ביום טוב ובחול המועד. ומי שחלש לבו להמתין עד חצות, יכול לטעום איזה דבר קודם.

ז. מותר להחזיר את הלולב ביום טוב במים, ולהוסיף עליו מים, אבל לא יחליף. ובחול המועד מצוה להחליף את המים כדי שישאר הלולב לח ומהודר. ומצוה ליקח בחול המועד בכל יום ערבה חדשה ללולב.

ח. הדס של מצוה אסור לריח בו כל שבעת ימי החג אפילו בשבת, אבל באתרוג מותר להריח בו בשבת ומברכין עליו הנותן ריח טוב בפירות, ובשאר ימי החג אין להריח בו אפילו שלא בשעת נטילה לצאת בו. הלולב אסור לטלטלו בשבת אפילו לצורך גופו ומקומו, משים דהוי מוקצה, אבל האתרוג כיון שיכולין להריח בו אינו מוקצה, ומותר

שפו

4. It is proper to remove the phylacteries before taking the Lulav, one should at least remove the strap from his hands that there should be nothing to intervene. It is also proper to remove the rings from the fingers.

5. The order of "waving" in Hallel is as follows : There are six words in הודו besides the Name, waving should be done at every word in a different direction, but at the mention of the Divine Name, there should be no waving. The Reader waves only in הודו and in יאמר נא ישראל, but the congregation waves each time they say הודו. When saying אנא the Reader waves as well as the congregation, but in אנא ה' הושיעה נא as it has but three words besides the Name, the waving should be done in two directions at each word. In the הודו at the end of Hallel, the Reader and the congregation also wave. When waving downwards, only the hands should be lowered, but the Lulav and the other species should remain in the position in which they grow, nor is he required to turn his face in the direction in which he waves, but the top of the Lulav only need be waved, nor is he required to wave it with force, only to shake it gently in order to make the leaves rustle.

6. It is forbidden to partake of food before taking the Lulav. One who is travelling and hopes to arrive at a place where there is an Esrog and a Lulav, likewise those who dwell in country places where an Esrog and Lulav are sent to them, are required to wait until noon, but no longer, as it is forbidden to fast on a Festival and during the Intermediate days of a Festival ; one, however, who feels faint and cannot wait until noon, may partake of some refreshment previous thereto.

7. It is permissible to put the Lulav back in the water on the Festival, and to add water thereto, but not to change the water. During the Intermediate days of a Festival, it is, however, mandatory to change the water in order that the Lulav remain fresh and bright. It is also mandatory during the Intermediate days of a Festival to take a new Arava for the Lulav each day.

8. It is forbidden to inhale the fragrance of the Hadas with which the precept is performed during the entire seven days of the Festival, even on the Sabbath, but an Esrog the fragrance is permitted to be inhaled on the Sabbath and the blessing הנותן ריח טוב בפירות is said, and during the other days its fragrance should not be inhaled, even during the time that it is taken to fulfil the precept therewith. It is forbidden to handle the Lulav on the Sabbath even for the requirements of itself or of its place, inasmuch as it is "set apart," but the Esrog, since it is permissible to inhale its fragrance is not "set apart," and it is permissible to handle it ; it is also permitted to put it in the cotton wherein it was before the Festival, which

לטלטלו, ומותר ליתנו לתוך המוכין שהיה בו קודם יום טוב, שכבר קלט
הריח. אבל לא יתנו לתוך מוכין חדשים או לבגד, משום דמוליד ריח.

ט. בשני ימים הראשונים של החג אין יוצאין בלולב ושאר מינים
שאולים, אלא צריכין שיהיו שלו ממש. ואם אחר נותנם לו במתנה על
מנת להחזיר הוי מתנה ויוצא בהם, ואפילו נותנם לו סתם לצאת בהן,
נחשב כאלו אמר לו בפירוש שהוא נותנם לו במתנה ע״מ להחזיר. אם
אין האיש בביתו האשה רוצה ליתנם לאחר לצאת בהם, תליא באומדן
דעת הבעל אם הוא גברא דקפיד או לא.

י. שותפין שקנו להם אתרוג ושאר המינים מסתמא אדעתא דהכי
קנאום דבשעת מצותו כל אחד מקנה חלקו לחבירו. ולכן המנהג שהקהל
קונים אתרוג וכל הקהל יוצאים בו, וכל מי שידו משגת מחויב לתת דמי
אתרוג. ועם כל זאת מוטב לצאת באתרוג של יחיד אשר לו כל המינים
מהודרים כי מה שהיחיד מקנה לחבירו עדיף טפי.

יא. ביום הראשון לא יתנו להקטנים ליטול לולב ואתרוג עד
לאחר שיטלו הגדולים.

יב. בכל ימי החג בשעת אמירת ההושענות מעלין ספר תורה
על הבימה, וכל מי שיש לו אתרוג ולולב מקיף את הבימה שעליו הספר
תורה. ומניחין את הארון הקדש פתוח עד לאחר אמירת ההושענות
שמחזירין את הספר תורה. בכל יום מקיפים פעם אחד וביום שביעי שהוא
הושענא רבא מוציאין כל הספרי תורות ומעלין אות; על הבימה ומקיפין
שבע פעמים. ההקפות צריכין להיות לצד ימין, לכן מקיפין דרך צפון וכל
מי שיש לו אתרוג ולולב ואינו מקיף רעה הוא עושה. "ואבל" אינו מקיף.

יג. בשבת אין מקיפין, ולכן אין מעלים ספר תורה על הבימה,
אלא פותחין את הארון הקודש עד לאחר אמירת ההושענות.

דיני הושענא רבא, שמיני עצרת ושמחת תורה.

א. ביום חמישי של חול המועד, הוא הושענא רבא, נוהגין להיות
נעורים בלילה שלפניו לעסוק בתורה. בשחרית מרבים קצת בנרות בבית

had already become impregnated with its fragrance, but it should not be placed in new cotton or in cloth, as an odour will be created.

9. On the first two days of the Festival, one's obligation is not fulfilled with a Lulav and the species that were borrowed but they must actually belong to him, but if one presents them to him on condition that he return it, it is a gift, and he fulfils his obligation therewith, even if they are merely given to him in order to fulfil his obligation, it is considered as if he had told him plainly that he gives it to him on condition that he return it. If the husband is not at home and the wife desires to give them to another to fulfil his obligation therewith, its validity depends on the disposition of the husband, whether he be likely to be displeased thereat or not.

10. If two bought an Esrog and the rest of the species in partnership, it is presumed that they bought them with the intention of mutually transferring their share in it to each other when each will perform the precept therewith, hence it is customary for the congregation to buy an Esrog wherewith the entire congregation may fulfil their obligation and whoever can afford it is obliged to pay the price of the Esrog. In spite of that it is best for one to fulfil his obligation with the Esrog of an individual which has a superior assortment of appurtenances, for what an individual transfers to his neighbour is more select.

11. On the first day children should not be allowed to take the Lulav and Esrog until after the adults have taken it.

12. Every day during the Festival when the Hoshanoth are said, a Scroll of the Law is brought up on the Reader's desk, and all those possessing a Lulav and an Esrog walk in procession encircling the Reading desk whereon is the Scroll of the Law, whilst the Holy Ark is left open until after the saying Hoshanoth when the Scroll of the Law is returned thereto. Every day the Reader's desk is encircled once, but on the seventh day which is Hoshana Rabba, every Scroll of the Law is taken out and brought up on the Reader's desk, and it is encircled seven times. The Hakafoth should be made towards the right, therefore they encircle it in a northerly direction. One who has an Esrog and Lulav and does not encircle the Reading Desk acts wrongly, but a mourner does not encircle the Reading desk.

13. On the Sabbath the Reading desk is not encircled, for that reason a Scroll of the Law is not brought upon the Reading desk, but the Holy Ark is kept open until after the Hoshanoth have been said.

LAWS CONCERNING HOSHANA RABBA, EIGHTH DAY OF SOLEMN ASSEMBLY AND REJOICING OF THE LAW.

2. The fifth day of the Intermediate days of the Festival is Hoshana Rabba. It is customary to be awake the whole of the preceding night and to study the Torah. In the Morning Service there is a

הכנסת כמו ביום הכפורים, והש"ץ לובש את הקיטעל. אומרים "למנצח"
כמו ביום טוב ואומרים גם "מזמור לתודה", ואין אומרים "נשמת",
אומרים "אין כמוך", "שמע ישראל" כמו ביום טוב. בקדושת מוסף
אומרים "נעריצך".

ב. מנהג נביאים שכל אחד יטול ביום זה ערבה מיוחדת מלבד
הערבה שבלולב. וכל הפוסל בערבה שבלולב פוסל בערבה זו (ולא
יקצצה הישראל בעצמו לצרכו), אלא שאם נשרו אפילו רוב עלים כשרה,
ואפילו עלה אחת בבד אחת כשרה. ומכל מקום הידור מצוה הוא
שיהיו בה עלים הרבה והבדים ארוכים. והמנהג היפה לקחת חמשה בדים
ואוגדין אותם בעלי לולב.

ג. אין נוטלין אותה עם הלולב ביחד, אלא כשמגיע "לתענה
אמינים" מניחין את הלולב והאתרוג ונוטלין אותה, ולאחר גמר ההושענות
מנענעין עמה ואחרי כן חובטין אותה בקרקע חמשה פעמים, ודי בזה
אפילו לא נחסרו עליה. ולאחר החבטה לא יזרקנה על הקרקע משום
ביזוי מצוה.

ד. ליל שמיני עצרת יש להמתין שלא לקדש עד הלילה, ומברכין
בקידוש שהחיינו, לפי שהוא רגל בפני עצמו, ואין מברכין לישב בסוכה.

ה. ליל שמיני עצרת וכל היום אוכלין בסוכה אלא שאין מברכין.
וקודם יציאתו מהסוכה אומרים יהי רצון כנדפס בסדורים.

ו. בשמיני סמוך לחשיכה יכול לפנות את הכלים מן הסוכה לתוך
הבית, אבל לא יסדרם בעוד יום, משום דהוי כמכין מיום טוב לחבירו.

ז. יום אחרון של החג שהוא גם כן שמיני עצרת נקרא שמחת
תורה, לפי שמסיימין בו את התורה ושמחים בה. ערבית לאחר התפלה
עושין הקפות ואחרי כן מכניסין הספרי תורות ומשיירין אחת שקורין בה.
אחר קריאת התורה אומרים חצי קדיש ומכניסין את הספר תורה
ואומרים עלינו.

LAWS AND CUSTOMS OF ISRAEL

slight increase in the number of candles burning, as on the Day of Atonement, and the Reader wears a white robe (קיטל). למנצח is said as on a Festival; מזמור לתודה is also said; נשמת is not said; אין כמוך is said, also שמע ישראל, as on a Festival. In the קדושה of the Additional Service נעריצך is said.

2. It is a custom instituted by the Prophets for each to take on that day a special Arava, besides the Arava which is in the Lulav. All that invalidates the Arava in the Lulav applies also to that Arava (an Israelite should not cut it for his own use) only that if most of the leaves fell out, and even if there be but one leaf on a stem it is valid, nevertheless it is a glorification of the precept if it possesses many leaves and long stems. It is a fine custom to take five stems and tie them together with the leaves of a Lulav.

3. It is not taken together with the Lulav, but when תענה אמונים is said, the Lulav and the Esrog are put down and that is taken up. On conclusion of the הושענות it is waved and then beaten against the ground five times, which is sufficient, even if its leaves are not lessened thereby. After the beating, it should not be cast upon the ground, in order not to treat a precept with contempt.

4. On the night of שמיני עצרת one should wait until night before saying the Kiddush. The blessing שהחינו is said in the Kiddush, inasmuch as it is a Festival in itself; the blessing לישב בסוכה is not said.

5. On the night of שמיני עצרת and during the entire day, the eating is done in the Succah, only that the blessing לישב בסוכה is not said. Before leaving the Succah the יהי רצון as printed in the prayer-books is read.

6. On the Eighth day, at the approach of darkness, the furniture may be removed from the Succah to the house, but it should not be put in order while it is yet day, as it is like preparing on one Festival for another.

7. The last day of the Festival which is also שמיני עצרת is called שמחת תורה, because the Torah is concluded on that day, and we rejoice therewith. In the evening after the service, the Reader's desk is encircled, after which the Scrolls of the Law are replaced in the Holy Ark, and one is left out, wherein the law is read. After the reading of the Law the Scroll is replaced and עלינו is said.

ח. ביום אחר ההקפות משיירין שלשה ספרי תורות וקורין הרבה
בספר תורה אחת פרשת „וזאת הברכה" כמה פעמים עד „מעונה". ובסוף
קוראין כל הנערים, והנכון שהגדול שבהם יברך והשאר ישמעו, וקורין
להם פרשת „המלאך הגואל" וגו'. אחר כך קוראין לחתן תורה וקורא
מן „מעונה" עד גמירא, ובספר תורה שניה קורא חתן בראשית ואומרים
חצי קדיש וקוראין בשלישי מפטיר. וראוי לקרות לחתן תורה אדם חשוב,
ואפילו מי שעלה כבר בפרשת „וזאת הברכה", מכל מקום עולה לחתן
תורה או לחתן בראשית. במקים שאין להם אלא שני ספרי תורות
קורין בראשונה „וזאת הברכה" ובספר תורה שניה „בראשית", וחוזרין
ולוקחין את הראשונה למפטיר.

ט. נוהגין שהחתן תורה וחתן בראשית נודרים נדבות וקוראין לכל
מריעיהם ועושין משתה ושמחה לסיומה של תורה ולהתחלתה.

דיני חנוכה.

א. בכ"ה בכסלו מתחילין שמונת ימי חנוכה, והם ימי שמחה
והלל, ומדליקין בהם נרות בערב על פתחי הבתים בכל לילה ולילה
בשמונה הלילות להראות ולגלות הנם שנעשה לישראל בימים אלו.
ומצוה להרבות קצת בסעודת חנוכה. ונוהגין לאכול מאכלי חלב בחנוכה.
ויש לספר לבני ביתו ענין הנסים שנעשו לאבותינו בימים אלו. ומרבים
בצדקה בימי חנוכה, וביחוד ללומדי תורה העניים להחזיקם.

ב. אין מתענין בימי חנוכה, אבל ביום שלפניהם וביום שלאחריהם
מותרין בהספד ובתענית. חנוכה מותר בעשיית מלאכה, אך הנשים נוהגות
שלא לעשות מלאכה כל זמן שהנרות שבבית הכנסת דולקות.

ג. כל השמנים כשרים לנר חנוכה. ומכל מקום מצוה מן המובחר
ליקח שמן זית, ואם אינו מצוי, יברור שאר שמן שאורו זך ונקי או נרות
של שעוה שאורו גם כן זך. ולא יהיה שניים קלועים ביחד אלא כל נר
יחידי (ולא יעשה משעוה שנשתמש בו בבית תפלת עם אחר).

שפט

8. In the daytime after the Hakafoth are over, three Scrolls of the Law are left out, and many are called up for whom the section from וזאת הברכה until מעונה is read many times. At the conclusion thereof all the boys are called up. It is proper for the eldest among them to say the blessing and for the rest to hearken thereto, then the section המלאך הגואל is read for them. After that the חתן תורה is called up, and the portion from מעונה until the conclusion is read. The חתן בראשית is then called up, and after the portion of בראשית is read for him in the second Scroll, half-Kaddish is said, then the Maftir is called up, and a portion is read for him in the third Scroll. It is proper to call up an eminent person as חתן תורה, even one who had already gone up to the law when וזאת הברכה was read, may nevertheless be called as חתן תורה or to חתן בראשית. Where there are only two Scrolls of the Law, וזאת הברכה is read in one, and בראשית in the other, then the first is again taken and the portion for the Haftorah is read therein.

9. It is customary for the חתן תורה and the חתן בראשית to make donations, also to invite all their friends to a banquet of rejoicing on the occasion of ending the Torah and its commencement.

LAWS OF CHANUCAH (חנוכה).

1. On the twenty-fifth of Kislev, the eight days of חנוכה begin; these are days of rejoicing and praise, and on every night of these eight nights lights are lit near the doors of the houses in order to display and reveal the miracle that was performed for Israel in those days. It is mandatory to slightly increase the meals on חנוכה. It is customary to eat milk food on חנוכה and it is proper to relate to one's household the story of the miracles that were performed for our ancestors in those days. On חנוכה charity should be generously dispensed, especially to those who are poor and study the Torah in order to maintain them.

2. Nobody should fast on חנוכה, but it is permissible to pronounce a funeral oration, also to fast on the day before and on the day after חנוכה. It is permitted to do work during חנוכה, but women observe the custom not to work whilst the Chanucah lights are burning in the synagogue.

3. All kinds of oil are valid for the Chanucah lights, nevertheless, the most proper way of performing the precept is to take olive oil. If it cannot be obtained, other oil which gives a clear and bright flame should be selected, or else wax candles, as their light is also clear, but there should not be two candles stuck together, but each candle by itself. (It should not be made of wax that was used in the place of worship of another people).

389

ד. כל הפתילות כשרות לנר חנוכה. ומצוה מן המובחר ליקח צמר גפן (קאטטען), ואינו צריך בכל לילה פתילות חדשות אלא מדליק גם בראשונות עד שיכלו.

ה. יתקן לו מנורה נאה של מיני מתכות, ומי שידו משגת יקנה מנורה של כסף להדור מצוה.

ו. כל אחד ואחד מבני הבית מדליק בלילה הראשונה נר אחד ובשניה שתי נרות, וכן מוסיפין עד שבליל שמיני מדליקין שמנה, וצריכין ליזהר שיתן כל אחד ואחד נרותיו במקום מיוחד, כדי שיהיה היכר כמה נרות מדליקין. ולא ידליקו במקום שמדליקין נרות כל השנה, כדי שיהיה היכר שהם נרות חנוכה.

ז. מצות נר חנוכה להדליק בפתח הסמוך לרשות הרבים משום פרסומי ניסא. ובזמן הזה שאנו דרים בין עמים אחרים, מדליקין בבית שהוא דר בו. ואם יש לו חלון לרשות הרבים ידליקם שם, ואם לאו מדליקין אצל הפתח. ומצוה שיניחנה בטפח הסמוך לפתח משמאל שתהא מזוזה מימין ונר חנוכה משמאל, ונמצא שהוא מסובב במצות. ויותר טוב להניחם בחלל הפתח.

ח. מצוה להניחם למעלה משלשה טפחים מן הקרקע ולמטה מעשרה טפחים, ואם הניחם למעלה מעשרה טפחים יצא, אבל אם הניחם למעלה מעשרים אמה לא יצא. ומי שהוא דר בעליה יכול להניחם בחלון אף על פי שהוא גבוה למעלה מעשרה טפחים. אבל אם החלון למעלה מעשרים אמה מקרקע רשות הרבים, אזי טוב יותר להניחם אצל הפתח.

ט. הנרות יהיו בשורה אחת בשוה לא אחד גבוה ואחד נמוך, ויהיה הפסק בין נר לנר שלא יתקרב הלהב של זה לזה, ובנרות של שעוה יהיה הפסק שלא יתחמם זה מזה ויטוף השעוה ויתקלקלו.

י. נר שיש לו שתי פיות או יותר לא ידליקו בו שנים אפילו בלילה הראשונה, משום דליכא היכר כמה נרות מדליקין.

4. All wicks are valid for the use of Chanucah lights, but the most preferable way of performing the precept is to take cotton. It is not necessary to take new wicks every night, but one may light the original wicks until they are consumed.

5. One should procure a beautiful metal candle-stick, and one who can afford it should buy a silver candle-stick in order to perform the precept in a glorious manner.

6. Each one of the household should light one candle on the first night, and two candles on the second night, and add thus until the eighth night when eight candles are lit. Care should be taken that each one should place his candles in a separate place in order that it be recognisable how many candles are lit; they should not be lit in a place where candles are lit the entire year in order that it be discernible that they are Chanucah lights.

7. It is mandatory to light the Chanucah lights within the door that is near the public domain in order to make the miracle known. As at the present period we dwell amongst other nations, each one lights in the house wherein he dwells, and if there be a window towards the public domain they should be lit there, if not they should be lit near the door, and it is mandatory that they be placed within the handbreadth that is near the left side of the door, so that the Mezuzah be on the right and the Chanucah light on the left, thus one finds himself surrounded by precepts. It is preferable to place them within the hollow of the door.

8. It is mandatory to place them higher than three hand-breadths above the ground and lower than ten hand-breadths, if, however, he places them higher than ten hand-breadths he has fulfilled his obliga tion, but if one places them above twenty cubits from the ground the obligation is not fulfilled. One who dwells in a garret may place them in the window even if it is higher than ten hand-breadths above the ground, if, however, the window is more than twenty cubits above the ground of the public domain, then it is better to place them near the door.

9. The lights should be in an even row, one should not be higher and the other lower, and there should be an open space between one light and the other in order that one flame should not merge into another; between wax candles there should also be an open space in order that one should not become heated by the other, so that the wax should not drip down and the candles be spoiled.

10. A candle-stick that has two or more branches should not be lit by two even in the first night as it would not be recognisable how many candles are lit.

יא. זמן הדלקתן מיד בצאת הכוכבים ולא יאחר. ואסור לעשות שום דבר קודם הדלקה אפילו ללמוד, רק אם לא התפלל מעריב יתפלל תחלה ואחרי כן ידליק. וקודם שידליק יקבץ כל בני ביתו לפרסומי מילתא. וצריך לתת שמן שידליקו לכל הפחות חצי שעה. ובדיעבד אם לא הדליק מיד יכול להדליק בברכה כל זמן שבני ביתו נעורים, אבל לאחר שבני ביתו ישנים תו ליכא פרסומי ניסא, ידליק בלא ברכה. אם לא יהיה לו פנאי להדליק בלילה יכול להקדים את עצמו ולהדליק מזמן 5/48 מהיום (או שעה ורביעית מהיום במקום שהיום שתי עשר שעות) קודם צאת הכוכבים. ובלבד שיתן שמן כדי שיהיו דולקות עד חצי שעה לאחר צאת הכוכבים, ואם אינן דולקות כך לא קיים המצוה.

יב. סדר הדלקתן: בלילה הראשונה מדליק הנר שכנגד ימינו, ובלילה שניה מוסיף עליו נר כנגד שמאלו. וכן בכל לילה מוסיף כנגד שמאלו וזה שהוא מוסיף מדליק בראשונה ופונה והולך לימינו.

יג. בליל ראשון מברך המדליק קודם ההדלקה שלשה ברכות: „להדליק", „שעשה נסים", „שהחיינו", ובשאר הלילות אינו מברך שהחינו, ולאחר שבירך הברכות, מדליק נר אחד, ובעוד שמדליק האחרות אומר „הנרות הללו" וכו'. גר אומר שעשה נסים לישראל, ואם אמר „לאבותינו", יצא. אונן ר"ל, אם יש אחר ידליק האחר בברכות והוא יענה אמן, ואי ליכא אחר, ידליק הוא בלא ברכות.

יד. נר חנוכה הדלקתן זהו מצותן, ולכן צריכין להיות הנרות בשעת ההדלקה במקומן הראוי וכשיעור הראוי, לאפוקי אם הדליקן למטה משלשה מפחים או למעלה מעשרים אמה ואחרי כן כשהן דולקות הניחן במקומן פסולין. וכן אם בשעת הדלקה לא היה שמן כשיעור ואחרי כן הוסיף, לא מהני. וכן אם העמידן במקום שהרוח שולט ועומדין לכבות, לא קיים המצוה וחייו להדליקן שנית, אבל לא יברך. אבל אם העמידן כראוי ועל ידי מקרה כבו, כבר קיים המצוה. ומכל מקום נהגין שחוזר

11. The time of lighting them is immediately at the appearance of the stars, and it should not be delayed. It is forbidden to do anything before the lighting, even to study the Torah, but the evening prayers should be said before lighting them. The entire household should be assembled in order to give the matter publicity. It is requisite to pour in oil sufficient to burn at least half-an-hour, but if by inadvertance one did not light them immediately, he may light them saying a blessing, as long as the household is awake, but after the household is asleep the miracle is no longer given publicity, and he should light without saying a blessing. If he will have no time to light at night, he may hasten himself and light them at $\frac{5}{48}$ of the day or about one hour and a quarter (where the day is twelve hours) before the stars appear, providing he pours in sufficient oil to make them burn until half-an-hour after the appearance of the stars, and if they do not burn until then he has not properly performed the precept.

12. The following is the order of lighting them : On the first night the light toward the right should be lit, and on the second night he should add one light toward his left, the one that is added should be lit first and then turn and light toward the right.

13. On the first night the one who lights them says three blessings previous to lighting them : שעשה נסים, להדליק and שהחינו, and on the other nights he does not say the blessing שהחינו : after the blessings have been said, one light is lit and while lighting the others הנרות הללו וכו' is said. A convert to judaism says שעשה נסים לישראל, if, however, he said לאבותינו his obligation is fulfilled. A mourner before his dead was interred should not light if there be another to do so, but if there be no other, he should light without saying the blessings.

14. In regard to Chanucah lights, the act of lighting them constitutes the performance of the precept, it is therefore essential that during the lighting the lights be in their place and in accordance with their proper quantity, hence, we infer that if he had lit them when they were lower than three hand-breadths above the ground, or higher than twenty cubits, and after being lit they were properly placed, they are invalid, likewise, if when lighting them there was not the proper quantity of oil, and it was added thereafter, it is of no avail. Likewise if one placed them where the wind is blowing and they are in danger of being extinguished, the precept is not properly performed, and it is incumbent to light them again, but no blessing should be said, if, however, they are placed properly and they were accidently extin-

ומדליקין. ונוהגין להחמיר שלא להדליק נר מנר, אלא מדליקין מן השמש או מנר אחר.

טו. כל זמן מצותן, דהיינו חצי שעה, אסור ליהנות מאורן. ולכן נוהגין להניח אצלן את השמש שהדליקו בו, כדי שאם ישתמש אצלן ישתמש לאור השמש. וצריכין להניחו קצת למעלה מן הנרות, שיהא ניכר שאינו ממנין הנרות.

טז. מדליקין נרות בבית הכנסת משום פרסומי ניסא, ומברכין עליהן ומניחן בכותל דרום, ומדליקן בין מנחה למעריב. ואין אדם יוצא בנרות של בית הכנסת, וצריך לחזור ולהדליק בביתו. ומי שהוא אבל ר"ל לא ידליק בלילה הראשונה בבית הכנסת משום דצריך לומר שהחיינו ואבל אין לו לומר שהחיינו בציבור, אבל בביתו מברך שהחיינו.

יז. נשים חייבות בנר חנוכה. ויכולה אשה להדליק בעד כל בני ביתה. וקטן שהגיע לחינוך גם כן חייב. סומא, אם יכול להשתתף עם אחר בפרוטה מוטב, ואם יש לו אשה היא מדלקת בשבילו, ואם אין לו אשה ויש לו דירה מיוחדת שאין לו למי להשתתף מדליק על ידי סיוע אחר.

יח. בערב שבת מדליקין נר חנוכה ואחר כך נר שבת, ובלבד שיהא 5/48 מהיום קודם הלילה, ומתפללין תחלה מנחה. וצריך שיתן שמן כדי שידליקו עד חצי שעה לאחר צאת הכוכבים, דאם לא כן הוי ליה ברכה לבטלה ואם הדליק אצל הפתח צריך ליזהר להפסיק באיזה דבר בינם לבין הדלת, שלא יכבה הרוח בפתיחת ונעילת הדלת.

יט. במוצאי שבת מדליקין נר חנוכה ואחר כך מבדילין, ובבית הכנסת מדליקין קודם „ויתן לך".

כ. מי שהוא במקום אחר, אם יודע שאשתו מדלקת בביתו ידלוק הוא במקום שהוא בלא ברכה. וטוב אם אפשר שישמע תחלה

שצב

guished, it is customary to re-light them. It is also customary scrupulously to abstain from lighting one candle by the other, but they should be lit by the candle provided for that purpose.

15. During the time prescribed for the performance of the precept, which is half-an-hour, it is forbidden to make any use of their light, hence it is customary to place near them the candle with which the lighting is done, so that if he does anything near them, it is done by the light of that candle. It should be placed slightly higher than the lights in order that it is apparent that it is not of the number of candles.

16. The Chanucah lights are lit in the synagogue to give publicity to the miracle, and a blessing is said upon them. They are placed near the southern wall, and are lit between the Afternoon and Evening Services, no one is however exempted by the lights in the synagogue, but is required to light them again in his house. A mourner should not light them in the synagogue the first night, as he is required to say the blessing שהחינו in public, but in his house he says the blessing שהחינו.

17. The observance of Chanucah lights is obligatory upon women, and a woman may light them on behalf of her entire household, it is obligatory also upon a lad who had reached the age proper for being trained in the precepts. For a blind person it is best if he can contribute something towards the purchase of the candles with another. If he has a wife, she lights them for him, but if he has no wife, and has a separate dwelling where he has none with whom to join in purchasing them, he should light through the aid of another.

18. On the Sabbath-eve, the Chanucah-light is lit first, then the Sabbath-light, but it should be $\frac{5}{48}$ of the day (about an hour and a quarter) before night, and the afternoon prayers should be said previous thereto. It is necessary to pour in oil sufficient to keep them burning until half-an-hour after the appearance of the stars, as otherwise his blessing will have been said in vain. If he lit them near the door, he should place something between them and the door, to prevent their being extinguished by the opening and closing of the door.

19. On the conclusion of Sabbath the Chanucah light is lit, and the Habdallah is said thereafter. In the synagogue it is lit before ויתן לך.

20. One who is out of town, if he knows that his wife lights them at his house, he should light them wherever he is without saying a blessing. If possible, it were well for him previously to hear the

את הברכות ממי שמדליק שם, ויכוין לצאת בברכותיו ויענה אמן, ואחר
כך ידליק הוא בלא ברכות. ואם אין אשתו מדלקת בביתו, וכן הבחורים
באכסניא שלהם צריכין להדליק בברכות או ישתתפו עם הבעה"ב שיתנו
לו איזה פרוטה שיהיה להם גם כן חלק בשמן ופתילה, והבעה"ב יוסיף
קצת שמן על השיעור בשביל השותף, אבל יש להם להדר שידליקו כל
אחד בפני עצמו. ומי שהוא בעירו אלא בבית אחר, כשהגיע זמן הדלקה
צריך לשוב לביתו ולהדליק.

כא. השמן שנשאר במנורה לאחר חנוכה, וכן הפתילות, עושה
להן מדורה ושורפן, משום שהוקצו למצותן, ואסור ליהנות מהם אלא אם
כן התנה מתחלה שאינו מוקצה מה שישאר.

כב. כל שמונת ימי חנוכה אומרים בשמונה עשרה "על הנסים",
ואם שכח ולא אמר, אם נזכר קודם שאמר את השם מן ברכת "הטוב
שמך" וכו' חוזר ומתחיל על הנסים, אבל אם לא נזכר עד לאחר שאמר
את השם, גומר את הברכה ואינו חוזר.

כג. כל שמונת ימי חנוכה גומרין את ההלל, ואין אומרים לא
תחנון ולא אל ארך אפים, ולא למנצח, ולא צדקתך צדק. קורין בכל יום
תלתא גברי בקרבנות הנשיאים שבפרשת נשא. ביום הראשון מתחיל
לכהן מן "ויהי ביום כלות משה עד לחנוכת המזבח", ללוי "ויהי המקריב
ביום הראשון" וג' עד מלאה קטרת, ולישראל "פר אחד וג' עד בן
עמינדב". ביום השני לכהן וללוי ביום השני וג' ולישראל ביום השלישי
וג'. וכן בכל יום לכהן וללוי היום שעומדין בו ולישראל היום שלאחריו.
וביום השמיני לכהן וללוי ביום השמיני, ולישראל מתחילין ביום התשיעי
וגומרין כל הסדר, וגם בפרשת בהעלותך "עד כן עשה את המנורה".

כד. בשבת חנוכה מוציאין שני ספרי תורה, באחד קורין בפרשת
השבוע, ובשניה המפטיר בשל חנוכה יומו ומפטירין "רני ושמחי", ואם
יש עוד שבת אחד מפטירין בו במלכים בנרות דשלמה. בראש חדש טבת

שצג

blessings said by another who is lighting them there and he should bear in mind that he is fulfilling his obligation by the other's blessing, and should respond אמן, after which he should light them without saying the blessings. But if his wife does not light them at his home, likewise the guests in hotels and the like, they are required to light them, saying the blessings, or else they should become "partners" with the head of the hotel and the like by giving him a coin in order that they shall also have a share in the oil and wick, and the head of the hotel and the like should add a little more oil than the required quantity for the share of the partners, they, however, should glorify the precept by each one lighting for himself. One who is in his city but in a different house should return to his house at the time of lighting them.

21. The oil that is left in the lamps after Chanucah, also the wicks, should be gathered together and burnt, inasmuch as they were set apart for the performance of the precept ; it is forbidden to make use of them unless he had originally made it a condition that he does not set apart that which will be left.

22. During the eight days of Chanucah, על הנסים should be said in the שמונה עשרה, but if one had inadvertently omitted it, and was reminded thereof before saying the Name in the blessing הטוב שמך it should be repeated, beginning with על הנסים, but if he was not reminded thereof until he had uttered the Name, he should conclude the blessing and it need not be repeated.

23. During the eight days of Chanucah, the entire Hallel is said. Neither תחנון, nor אל ארך אפים, nor למנצח, nor צדקתך צדק is said. Each day a section of the portion נשא (Nu. iv. 21) is read for three persons, as follows : On the first day the reading is begun for the Priest from ויהי until ביום כלות משה, for the Levite from ויהי המקריב ביום until לחנכת המזבח, for the Israelite from פר אחד until בן עמינדב. On the second day for the Priest and the Levite—ביום השני, for the Israelite—ביום השלישי ; thus, on each day, for the Priest and the Levite the יום at which they left off and for the Israelite the יום that follows. On the eighth day for Priest and Levite—ביום השמיני and for the Israelite the reading is begun from ביום התשיעי and the entire Portion is concluded, the reading is then continued in בהעלותך until את המנורה כן עשה.

24. On Sabbath Chanucah two Scrolls of the Law are taken out, in one the weekly portion is read, and in the other the portion for the Haphtora which is the יום of that day, and for the Haphtorah רני ושמחי is read. If there be yet another Sabbath, for the Haphtora, part of the chapter (Kings i. 7.) treating of the candlesticks of King Solomon is read thereon. On ראש חדש טבת which occurs on a week-day two Scrolls

בחול מוציאין שני ספרי תורה באחד קורין תלתא גברי בשל ראש חדש
ואחר כך הרביעי בספר תורה שניה בשל חנוכה יומו. טעו והתחילו
לקרות בשל חנוכה, ואפילו עדיין לא התחילו לקרות אלא שכבר ברך
העולה, אין צריכין להפסיק אלא העולה גומר קריאתו, ואחר כך קורין
להנשארים בשל ר"ח. אם קראו ראשונה בשל ר"ח כראוי אלא שטעו
וקראו גם את הרביעי בראש חדש, אפילו נזכרו מיד לאחר שברך הקורא,
אם לא הוציאו רק ספר תורה אחת אין צריכין לקרות יותר, אבל אם
היציאו שני ספרי תורות שיש כאן חשש משום פגמו של ספר תורה,
שלא יאמרו פסול הוא, צריכין לקרות בו חמישי בשל חנוכה, ואחר
החמישי יאמרו חצי קדיש.

כה. חל ראש חדש טבת בשבת מוציאין שלשה ספרי תורות.
בראשין קורין ששה גברי בפרשת השבוע, בשניה, שביעי בשל ראש חדש
ומתחילין וביום השבת ואומרים חצי קדיש, ובשלישי מפטיר בשל חנוכה
יומו ומפטירין „רני ושמחי".

כו. בחמשה עשר בשבט אין אומרים בו תחנון, ונוהגין לאכול בו
מיני פירות של אילנות.

דיני ארבע פרשיות.

א. שבת שלפני ראש חדש אדר הסמוך לניסן הוא שבת פרשת
שקלים, ואם חל ראש חדש בשבת אזי פרשת שקלים בו ביום, ומוציאין
שלשה ספרי תורות, בראשונה קורין ששה בפרשת השבוע, בשניה קורין
השביעי בשל ראש חדש ומתחילין וביום השבת ואומרים חצי קדיש,
בשלישית קורין מפטיר בפרשת שקלים ומפטירין הפטרת שקלים. אם טעו
והתחילו לקרות תחלה בפרשת שקלים גומרים והמפטיר קורא בשל ראש
חדש ומפטיר גם כן הפטרת שבת וראש חדש.

of the Law are taken out; in one the usual section for Rosh Chodesh is read for three persons who are called up, after which a fourth is called up and the יום relating to that Chanucah Day is read for him in the other Scroll of the Law. If by error the section of Chanucah was read first—even if the reading had not yet begun, but the one who went up had already said the blessing, it need not be interrupted, but the reading of his portion may be concluded, and for the rest who are called up, the section of Rosh Chodesh is read. If it was read in the section of Rosh Chodesh in a proper manner, but by error it was read also for the fourth person in the section of Rosh Chodesh, even if they immediately became aware of their error after the one who was called up had said the blessing, if only one Scroll had been taken out, they need not read further therein, if, however, two Scrolls of the Law were taken out, for fear lest the honour of the Scroll will be slighted, a fifth person should be called up and the portion for Chanucah should be read therein. After the fifth person has been called, the half-Kaddish should be said.

25. If Rosh Chosdesh שבת occurred on the Sabbath, three Scrolls of the Law are taken out, in the first the weekly section is read for six persons; in the second the portion of Rosh Chodesh is read for the seventh person. It is begun from וביום השבת, then half-Kaddish is said In the third Scroll of the Law, the יום belonging to that Chanucah Day is read for the Hophtorah, and רני ושמחי is read for the Haphtorah.

26. On the fifteenth of Shebat תחנון is not said, and it is customary to eat thereon different kinds of the fruits of trees.

LAWS CONCERNING THE "FOUR PORTIONS" (ארבע פרשיות).

1. The Sabbath prior to Rosh Chodesh Adar (the month before Nissan in a leap year) is called שבת פרשת שקלים. If Rosh Chodesh occurs on the Sabbath, פרשת שקלים is on that day. Three Scrolls of the Law are taken out. In the first the weekly section is read for six persons, in the second the portion of Rosh Chodesh is read for the seventh person, the reading is begun from וביום השבת, then the half Kaddish is said. In the third פרשת שקלים is read for Maftir, and the Haphtorah of שקלים is read. If by error the reading was first begun in פרשת שקלים, it is concluded, and the portion of Rosh Chodesh is read for the Maftir, and the Haphtorah of Sabbath Rosh Chodesh is read.

ב. שבת שלפני פורים הוא פרשת זכור, והשבת שלפני ראש
חדש ניסן הוא פרשת החדש, ואם חל ראש חדש בשבת אז פרשת החדש
בו ביום, ודינו כמו ראש חדש אדר שחל בשבת. והשבת שלפני פרשת
החדש הוא פרשת פרה.

ג. פרשת זכור ופרשת פרה חייבים לשמוע קריאתם מפי הקורא
בתורה, ואין קורין בהם קטן למפטיר. ובני הישובים שין להם מנין צריכין
שיבואו למקום שיש מנין, ואם אי אפשר להם, לכל הפחות יקראו אותן
בנגינות כראוי.

דיני מגילה.

א. משנכנס אדר מרבים בשמחה.

ב. כל ישראל קבלו עליהם את יום השלשה עשר לחדש אדר
לתענית צבור ונקרא תענית אסתר. ומכל מקום אין תענית זה חובה כל
כך כמו ארבעה תעניתים שכתובים במקרא, ולכן יש להקל בו בעת
הצורך, כגון מעוברות ומניקות, או אפילו חולה קצת בכאב עינים, שאם
מצטערים הרבה לא יתענו. וכן יולדת כל שלשים יום, וכן חתן בתוך
שבעת ימי משתה שלו אין צריך להתענות, ויפרעו את התענית אחר כך.
אבל שאר הבריאים לא יפרשו את עצמן מן הצבור, ואפילו מי שהולך
בדרך וקשה עליו התענית מכל מקום צריך להתענות.

ג. ביום ארבעה עשר באדר הוא פורים. ואם חל פורים ביום
ראשון מקדימין להתענות ביום חמישי, ואם יש אז ברית מילה יעשו את
הסעודה בלילה, אבל הסנדק ואבי הבן מותרין לאכול ביום. ואין צריכין
להתענות ביום ששי, אבל אדם אחר ששכח ואכל ביום חמישי, יתענה
ביום ששי.

ד. לכבוד המגילה יש ללבוש בגדי שבת מבערב, וכשבא מבית
הכנסת ימצא בביתו נרות דולקות ושולחן ערוך ומטה מוצעת. ערבית

2. The Sabbath before Purim is פרשת זכור. The Sabbath before Rosh Chodesh Nisan is פרשת החדש. If Rosh Chodesh occurs on the Sabbath, פרשת החדש is on that day, and it is governed by the same law that applies to Rosh Chodesh Adar that occurs on the Sabbath. The Sabbath before פרשת החדש is פרשת פרה.

3. It is obligatory to hear the reading of פרשת זכור and פרשת פרה from the one who reads in the Torah, and a minor is not called to the Maftir. Country people who have no Minyan are required to go to a place where there is a Minyan, and if that be impossible for them, they should at least read the Parshioth with the proper intonations.

Laws Concerning the Megillah (מגילה).

1. As soon as Adar arrives all should exceed in being joyful.

2. All Israel have taken upon themselves the thirteenth day of the month of Adar as a public fast-day. This is called the Fast of Esther. Nevertheless this fast-day is not as obligatory as the four fast days which are ordained in the Scriptures, hence, it may be relaxed in an emergency; thus pregnant and nursing women, or even one suffering slightly with his eyes, if the fast would cause them distress, should not fast. Likewise a woman within thirty days of giving birth, also a bridegroom in his seven days of rejoicing, need not fast, and they should afterwards make up for that fast, but other persons who are well, should not separate themselves from the congregation, and even one who goes on a journey and it is hard for him to fast, is nevertheless required to fast.

3. Purim is on the fourteenth of Adar. If Purim occurs on Sunday the fast is held on Thursday, if a circumcision is celebrated on that day, the feast should be held at night, but the Sandek and the father of the son are permitted to eat in the daytime, and they are not required to fast on Friday, but if another forgot and ate on Thursday, he should fast on Friday.

4. In honour of the Megillah one should attire himself in Sabbath garments in the evening, and on his return from the synagogue he should find the lights burning in his house and the table set In

395

לאחר שמונה עשרה אומרים קדיש שלם עם תתקבל וקורין את המגילה, אחר כך אומרים ואתה קדוש, ואחר כך קדיש שלם בלא תתקבל, ובמוצאי שבת ויהי נועם. ואתה קדוש, קדיש שלם בלא תתקבל, ויתן לך, ומבדילין על הכום, עלינו.

ה. נוהגין ליתן קודם פורים מחצית מן המטבע הקבוע באותו מקום ובאותו זמן, ונקרא מחצית השקל. ומנהג ליתן שלשה מחצית השקל. ונותנין בערב לפני קריאת המגילה ומחלקין אותם לעניים. קטן פטור ממחצית השקל, ואם אביו נתן בשבילו פעם אחד חייב לעולם.

ו. בפורים ערבית, שחרית ומנחה אומרים "על הנסים", ואם שכח, דינו כמו בחנוכה.

ז. חייב כל אדם בין איש בין אשה לשמוע קריאת המגילה בלילה וביום, ולכן גם הבתולות יש להן ללכת לבית הכנסת, ואם אינן הולכות צריכין לקרות לפניהן בבית, וגם את הקטנים חייבים לחנך אותם שישמעו קריאת המגילה. ומכל מקום לא יביאו לבית הכנסת קטנים ביותר, שמבלבלים דעת השומעים.

ח. מגילה של לילה אסור לקרות קודם צאת הכוכבים אף על פי שמצטער הרבה מחמת התענית, אך יכול לטעום קצת קודם המגילה כדי להתחזק מעט מחולשת התענית.

ט. מצוה מן המובחר לשמוע קריאת המגילה בבית הכנסת במקום שיש רוב עם. ולכל הפחות יראה לשמוע אותה במנין עשרה. ואם אי אפשר לקרותה במנין יקרא אותה כל יחיד מתוך מגלה כשרה עם הברכות שלפניה. ואם אחד יודע לקרותה והשאר אינם יודעין, יקרא זה שהוא יודע והם ישמעו ויוצאין, אף על פי שאינם עשרה, אבל ברכה שלאחריה אין אומרים רק בעשרה, ואך בלא שם יכול גם יחיד לאמרה.

י. הקורא את המגילה לפני הצבור פושט אותה וכופלה דף על דף כמו אגרת, אבל השומעים אינן צריכין לפושטה.

the evening after שמונה עשרה the entire Kaddish is said, also תתקבל, then the Megillah is read, after which ואתה קדוש is said, then the entire Kaddish is said, but תתקבל is omitted. If it is the conclusion of a Sabbath, ויהי נועם and ואתה קדוש is said, then the entire Kaddish without תתקבל is said, then ויתן לך, the Habdallah is then said upon a goblet of wine, and עלינו is said.

5. Before Purim has set in, it is customary to give half of a standard coin current in that place and at that time. This is called מחצית השקל (half a shekel), it is customary to give three half shekels, it is given in the evening before the Megillah is read, and that money is distributed among the poor. A minor is exempted from contributing a half-shekel, but if his father once gave on his behalf, it is ever obligatory upon him.

6. On Purim in the שמונה עשרה of the evening, morning and afternoon services על הנסים is said, and if it was omitted, it is governed by the same law that applies to Chanucah.

7. It is obligatory upon all, both male and female, to hear the Megillah read at night and in the daytime, hence, maidens too should go to the synagogue, and for those who do not go it is necessary to read in the house. Children also should be trained to hear the Megillah read, but very young children should not be taken to the synagogue as they divert the attention of the listeners.

8. At night it is forbidden to read the Megillah before the stars have appeared, even if one is much distressed on account of the fast, but some slight refreshment might be partaken of before the Megillah is read, in order to somewhat overcome the weakening effect of the fast.

9. The best way of observing the precept is to hear the Megillah read in the synagogue where there is a "multitude of people." One should at least endeavour to hear it in a Minyan (of ten), but if it is impossible to read it in a Minyan, each individual should read it out of a valid Megillah with the blessings that precede it. If one knows how to read it, and the others do not, the one who knows should read it, and they should hear and thus fulfil their obligations, even if they are not ten, but the blessing at the conclusion should not be said, excepting amongst ten, but if the Name is omitted an individual may also say it.

10. He who reads the Megillah for the congregation spreads it out and folds it folio upon folio like a letter, but the listeners are not required to spread it out.

יא. הקרא את המגילה בין ביום בין בלילה, מברך לפניה שלש
ברכות: "על מקרא מגילה, שעשה נסים, ושהחינו", ולאחר קריאתה כורכה
כולה ומניחה לפניו, ומברך ברכת "הרב את ריבנו" וכו'.

יב. אם אבל קורא את המגילה יברך אחר את הברכות משום
ברכת שהחינו.

יג. בברכת שהחינו של יום יכוונו גם על מצות משלוח מנות
ומתנות לאביונים וסעודת פורים. וכן הש"ץ צריך שיכוין להוציא את
הצבור גם על מצות אלו.

יד. הקרא את המגילה צריך לכוין להוציא את כל השומעים,
וגם השומע צריך לכוין לצאת ולשמוע כל תיבה ותיבה, שאפילו אם רק
תיבה אחת לא שמע אינו יוצא, ולכן צריך הקורא להשגיח מאד שבשעה
שמרעישים ומבלבלים כשמזכירין "המן" ישתוק עד יעבור הרעש לגמרי.
ומכל מקום ראוי וכן לכל אחד מגילה כשרה, כדי שיאמר בעצמו
מלה במלה בלחש, פן לא ישמע תיבה אחת מן הקורא.

טו. הקורא צריך שיאמר את עשרת בני המן וגם תיבת "עשרת",
הכל בנשימת אחת. ונוהגין לכתחלה לומר מן חמש מאות איש הכל
בנשימה אחת, ובדיעבד אפילו הפסיק בין עשרת בני המן, יצא. כשאומר
הקורא "בלילה ההוא נדדה" וגו', ינגביה קולו, וכשאומר "האגרת הזאת"
ינענע את המגילה.

טז. מי שיש לפניו מגילה פסולה או חומש לא יקרא עם הש"ץ.
וכן לא יסייע שום אדם בעל פה להש"ץ, ולכן אותן ארבעה פסוקי גאולה
שאומרים הקהל בקול רם, צריך הש"ץ לחזור ולקרותם מתוך המגילה
הכשרה.

יז. מי שכבר יצא בקריאת מגילה וקורא להוציא אחר, אם זה
שהוא צריך לצאת יודע בעצמו לברך את הברכות, יברך בעצמו. ואם

11. He who reads the Megillah, whether in the daytime or at night, pronounces three blessings previous thereto, על מקרא מגילה, שעשה נסים and שהחיינו, and after he had read it, he rolls it completely together, and places it before him, and says the blessing הרב את ריבנו.

12. If a mourner reads the Megillah, another should say the blessings because of the blessing שהחיינו.

13. When saying the blessing שהחיינו in the daytime, it should be borne in mind that it has reference also to the sending of portions, the making of gifts to the needy, and the Purim feast, the Reader should likewise bear in mind that he is causing the congregation to assume the obligations concerning these precepts as well.

14. He who reads the Megillah is required to have his mind centred upon causing all the listeners to fulfil their obligation, the listener also should bear in mind that he is thus fulfilling his obligation, hence he should hear every word, for if he did not hear even one word, his obligation is not fulfilled, the reader, therefore, is required to be very careful to cease reading altogether while there is a tumult at the mention of Haman, and wait until the commotion is entirely over. Nevertheless it is perfectly proper for each to have a valid Megillah in order that he himself should say word for word in an undertone, as perchance he may not hear a word from the Reader.

15. The Reader should say עשרת בני המן including the word עשרת all in one breath. It is the custom to begin with חמש מאות איש and say all in one breath, if, however, one inadvertently paused between עשרת בני המן, his obligation is fulfilled. At night, when the Reader says בלילה ההוא נדדה he should raise his voice, and when saying האגרת הזאת he should wave the Megillah.

16. One who has a Megillah that is not valid, or a Bible, should not read with the Reader, nor should anyone verbally assist the Reader, therefore the four פסוקי גאולה which the congregation say in a loud voice, the Reader is required to repeat from the valid Megillah.

17. One who had already fulfilled his obligation concerning the reading of the Megillah, and reads for the sake of another, if the one who is required to fulfil his obligation knows himself how to say the

היא אשה, טוב יותר שהקירא יברך ואומר: "אשר קדשנו במצותיו וצונו לשמוע מגילה".

יח. בשבת מותרין לטלטל את המגילה. ומכל מקום אם חל פורים ביום ראשון אין להביא בשבת את המגילה לבית הכנסת אפילו בעיר שהיא מתוקנת בעירובין, משום דהוי מכין משבת לחול.

יט. צבור שאין להם ש"ץ שיכול לקרות את המגלה עם הטעמים כראוי, יכול לקריית גם בלא טעמים, רק שיקרא את התיבות כראוי שלא ישתנה הענין, שאם קרא במקים ומרדכי יושב, ישב, או במקום והמן נופל, נפל וכדומה, אפילו בדיעבד אינו יוצא.

כ. צבור שאין להם מגילה כשרה כדינה, מכל מקום אם היא כתובה בקלף כהלכתה רק שחסרים איזה תיבות באמצעה, כיון שלא חסר בה ענין אחד שלם, יכולין לקרות בתוכה עם הברכות, והטעות יקרא הקירא בעל פה או יאמר לפניו בלחש מתוך החומש. אבל אם אין להם מגילה כלל או שחסר בה ענין אחד שלם, או שחסר בה בתחלה או בסוף קירין מתוך החומש כל אחד בפני עצמו ואין מברכין. ויחיד שאין לו רק מגילה פסולה, קורא בה בלא ברכות.

כא. אבל תוך שבעה נוהג בכל דיני אבילות, ואסור לראות כל מיני שמחה, אך בנעילת הסנדל וישיבה על גבי ספסל מותר. בלילה, אם יכול לאסוף מנין לביתו לקרות המגילה מוטב, ואם לאו יתפלל בביתו וילך לבית הכנסת לשמוע המגילה, (אם חל במוצאי שבת ילך לבית הכנסת לאחר סעודה שלישית בעוד יום) ולמחר ביום הולך לבית הכנסת לתפלה ולמגילה.

כב. מי שמת לו מת בתענית אסתר ובלילה הוא אונן קודם הקבורה, ישמע קריאת המגילה מאחר, ולא יאכל בשר ולא ישתה יין, וביום לאחר יציאה מבית הכנסת קוברין את המת, ואחר כך יתפלל ויקרא את המגילה או שישמע מאחר, ואם שמע קריאת המגילה יצא,

blessings, he should say it himself, but if it is read before a woman, it is best that the Reader should say the blessings and say אשר קדשנו במצותיו וצונו לשמוע מגילה.

18. It is permitted to handle a Megillah on the Sabbath, nevertheless, if Purim falls on Sunday the Megillah should not be brought to the synagogue on the Sabbath, even in a city that is provided with an "Eirouv," inasmuch as it is preparing from a Sabbath to a weekday.

19. If a congregation has not a Reader who is able to read with the intonations, he may read it without any intonations, providing he reads the words properly, so that the subject matter is not changed, for if he read instead of ומרדכי יָשַׁב—יוֹיֵב or instead of נָפָל—והמן נופל and the like, even if it has already been said, his obligation is not fulfilled.

20. If a congregation has not a Megillah that is legally valid, nevertheless if it is written upon parchment according to the law, only that some words in the middle are missing, but an entire subject is not missing, it may be read from and the blessings said thereon, and when coming to the error the Reader should repeat from memory, or one should say it for him from a Bible; but if they have no Megillah at all, or an entire subject is missing, each one should read for himself from a Bible, but the blessings are not said. An individual who has only a Megillah that is not valid should read therein without saying the blessings.

21. A mourner in the seven days should observe all the laws of mourning, and is forbidden to witness any manner of festivity, but is permitted to put on his boots and to sit on a chair. At night if he can gather a Minyan at his house to read the Megillah, it is well; if not he should pray at his house and go the synagogue to hear the Megillah. (If it occurs on the conclusion of the Sabbath, he should go to the synagogue after the third meal while it is yet day) and on the morrow he should go to the synagogue to pray and to hear the Megillah.

22. One who has lost a member of his family on תענית אסתר and is an אונן, at night, before the interment, he should hear the Megillah read by another, and if he heard the Megillah read before the interment, his obligation is fulfilled, nevertheless it is proper for him to

דת דיני משלוח מנות ומתנות לאביונים וסעודת פורים **ודין**

ומכל מקום נכון שיחזור ויקרא בלא ברכות, ותפלין לא יניח אפילו אחר הקבורה. ואינן בפורים ביום מותר בבשר וביין.

כג. שחרית משכימין לבית הכנסת. לאחר שמונה עשרה אימרים חצי קדיש, וקורין בתורה בפרשת "ויבא עמלק" תלתא גברי, ואחר כך חצי קדיש, ולאחר שמכניסין את הספר תורה קורין את המגילה, ולאחר שסיים "האל המושיע" אומרים "שושנת יעקב" וכו', "אשרי ובא לציון", קדיש שלם עם תתקבל, ואין לחלוץ את התפלין עד לאחר קריאת המגילה. אם יש מילה מלין קודם קריאת המגילה.

כד. עיר שהיא מוקפת חומה מימות יהושע בן נון קורין בה **בחמשה עשר.**

דיני משלוח מנות איש לרעהו ומתנות לאביונים וסעודת פורים.

א. חייב כל אדם לשלוח לכל הפחות לאדם אחד שתי מתנות, וכל המרבה לשלוח מנות לריעים הרי זה משובח. ומכל מקום מוטב להרבות במתנות לאביונים מלהרבות בסעודתו ובמשלוח מנות לריעים, כי אין שמחה גדולה ומפוארת לפני הקב"ה אלא לשמח לב עניים ויתומים ואלמנות.

ב. מנות הוא דבר הראוי לאכול כמו שהוא בלא תיקון, כגון בשר ודגים מבושלים, או מיני מתיקה או פירות או משקאית וכיוצא בו. ואפילו עני שבישראל המקבל צדקה חייב ליתן לכל הפחות שתי מתנות לשני עניים, דהיינו מתנה אחת לכל אחד. ואין מדקדקין במעות פורים אלא כל הפושט יד ליטול נותנים לו. ומי שהוא במקום שאין עניים, יעכב את המעות אצלו עד שיזדמנו לו עניים או ישלחם להם.

ג. הנשים גם כן חייבים במשלוח מנות ומתנות לאביונים. משלוח

read it again without saying the blessings, he should not put on the phylacteries even after the interment. An אונן is permitted to eat meat and to drink wine on the Purim-day.

23. In the morning it is customary to arrive early at the synagogue. After the שמונה עשרה half-Kaddish is said, and the law is read in section ויבא עמלק and three persons are called up, after which half-Kaddish is said. After the Scrolls of the Law is replaced in the Holy Ark the Megillah is read. On conclusion of שושנת יעקב—האל המושיע is said, then אשרי ובא לציון, then the entire Kaddish with תתקבל. The phylacteries should not be taken off until after the Megillah is read If there is a circumcision it takes place before the Megillah is read.

24. In a city that is surrounded by a wall since the days of Joshua the son of Nun, it is read on the fifteenth.

Laws Concerning the Sending of Portions,

Gifts to the Needy and the Purim Feast.

1. It is incumbent upon each to send at least two presents to one person, and he who exceeds in sending portions to his friends is praiseworthy. Nevertheless it is better to exceed in taking gifts to the needy than to make a great feast for himself and to send portions to friends, for there is no greater and more glorious joy before the Holy One, blessed be He, than to gladden the hearts of the poor, the orphans and the widows.

2. By portions is meant that which may be eaten as it is without preparations, such as cooked meat and fish, confectionery, fruit or liquid and the like. Even the poorest Israelite who accepts charity is obliged to give at least two gifts to two persons, that is, one gift to each. One should not be particular when distributing the Purim monies, but to everyone who puts forth his hand to take charity, money is given. If one is in a place where there are no poor, he should keep that money until he will come across some poor people, or he should send it to them.

3. Women are also obliged to send portions and make gifts to the needy. The sending of portions should be done by one woman to

399

רלת דיני משלוח מנות ומתנות לאביונים וסעודת פורים **ודין**

מנות תשלח אשה לאשה ואיש לאיש, אבל מתנות לאביונים יכולה גם אשה לתן לאיש, וכן בהיפוך.

ד. חייבין לאכול ולשתות ולשמוח בפורים. גם בליל ארבעה עשר ישמח וירבה קצת בסעודה. ומכל מקום בסעודה שעושין בלילה אין יוצאין ידי חובתן, דעיקר הסעודה מצותה שתהא ביום. מנות לרעהו ומתנות לאביונים צריך להיות ביום. בליל חמשה עשר צריך לשמוח קצת.

ה. מתפללין מנחה בעוד היום גדול, ומדליקין נרות דרך שמחה ויום טוב, ועושין את הסעודה לאחר מנחה, וצריכין לעשות על כל פנים רוב סעודה ביום. וכשחל בערב שבת עושין אותה בשחרית מפני כבוד שבת. וטוב לעסוק קצת בתורה קודם שמתחיל הסעודה.

ו. חייב אינש לבסומי בפוריא, והוא שישתה יותר מהרגלו יין או שאר משקה המשכר. ואולם מי שהוא חלוש בטבעו, וכן מי שיודע בעצמו שעל ידי כן יזלזל ח"ו באיזה מצוה בברכה או בתפלה, או שיבא ח"ו לקלות ראש, מוטב שלא להשתכר.

ז. האבל אפילו תוך שבעה חייב במתנות לאביונים, וגם לשלוח מנות לרעהו, ומכל מקום לא ישלח דבר של שמחה. אבל להאבל אין שולחין מנות כל שנים עשר חדש אפילו דבר שאינו של שמחה. אם הוא עני מותר לשלוח לו מעות או שאר דבר שאינו של שמחה. ואם אין במקום ההוא רק האבל עם אחד חייב לשלוח לו, כדי לקיים המצוה משלוח מנות.

ח. אין לעשות מלאכה בפורים, ועל ידי אינו יהודי מותר. ומותר לעסוק בפרקמטיא, וכן מותר לכתוב אפילו אגרת שלום, וכן חובותיו, וכל דבר שאינו צריך עיון גדול. וכל שכן לכתוב דבר מצוה או לעשות דבר מצוה. וכן לצורך פורים מותר לעשות אפילו מלאכות גמורות.

ט. יום חמשה עשר באדר נקרא אצלינו שושן פורים. אין אומרים בו תחנון, ולא אל ארך אפים, ולא למנצח, ואסור גם כן בהספד ותענית,

ת

another, and by one man to another, but no distinction are made in the gifts to the needy.

4. It is obligatory to eat, drink and be merry on Purim. On the night of the fourteenth one should also rejoice and make somewhat of a feast, nevertheless one does not fulfil his obligation by the feast that he makes at night, as it is mandatory to make the feast principally in the daytime. On the night of the fifteenth one should rejoice somewhat. Portions to one's friends and gifts to the needy, should be sent in the daytime.

5. The Afternoon Prayers are said while it is yet broad day, and lights are lit as on a joyful and festive occasion, and the feast is held after the Afternoon Service, at least the greater part of it should be held while it is yet day. When it occurs on a Sabbath-eve it is held in the morning in honour of the Sabbath. It is well to engage in the study of the Torah for a short time before beginning the feast.

6. "One is obliged to regale himself on Purim," that is, he he should drink more than he is accustomed to of wine or of another intoxicating beverage; one, however, who is of a weak disposition, likewise one who knows that it will cause him to despise some precept, a blessing or a prayer, or that it will lead him to levity, it is best not to become intoxicated.

7. A mourner, even in the seven days, is obliged to send gifts to the needy and portions to his friends, he, however, should not send anything of a joyful nature, but to a mourner, portions are not sent the entire twelve months, even a thing that is not of a joyful nature. If he is a poor man it is permissible to send him money or another article that is not of a joyful nature, and if only the mourner and another are at that place, it is obligatory to send to him, in order to perform the precept of sending portions.

8. No work should be done on Purim, but it is permissible to be done through a non-Jew. It is also permissible to attend to business, and it is likewise permitted to write even a letter of friendship, also one's account and everything that does not require any close attention, and especially to write something for the sake of a precept, or to perform a precept, likewise for the requirements of Purim it is permitted to perform even entire labours.

9. The fifteenth of Adar is termed שושן פורים. Neither תחנון, nor אל ארך אפים, nor למנצח is said thereon. It is also forbidden to hold a

400

דת דיני משלוח מנות ומתנות לאביונים וסעודת פורים **ודין**
ונוהגין בו קצת משתה ושמחה, אבל אין אומרים על הנסים. ומותר לעשות
בו נשואין, אבל ביום ארבעה עשר באדר אין עושין בו נשואין.

י. יום ארבעה עשר וחמשה עשר שבאדר הראשון גם כן אין
אומרים לא תחנון, ולא אל ארך אפים, ולא למנצח, ואסורין בהספד
ותענית, וביום ארבעה עשר מרבים קצת בסעודה.

funeral address and to fast thereon, and it is customary to make somewhat of a feast and to rejoice thereon, but על הנסים is not said, and it is permitted to marry on that day, but on the fourteenth of Adar no marriage should take place.

10. On the fourteenth and fifteenth of Adar Rishon, neither תחנון, nor אל ארך אפים, nor למנצח is said, and it is forbidden to hold a funeral address or to fast thereon. On the fourteenth somewhat of a feast is made.